萧纲评传

齐梁文化研究丛书

曹旭　田鸿毛　著

上海古籍出版社

图书在版编目(CIP)数据

萧纲评传 / 曹旭,田鸿毛著. —上海:上海古籍
出版社,2018.10
(齐梁文化研究丛书)
ISBN 978-7-5325-8822-0

Ⅰ.①萧… Ⅱ.①曹… ②田… Ⅲ.①梁简文帝(
503-551)-评传 Ⅳ.①K827 = 391

中国版本图书馆 CIP 数据核字(2018)第 087946 号

齐梁文化研究丛书
萧纲评传
曹 旭 田鸿毛 著
上海古籍出版社出版、发行
(上海瑞金二路 272 号 邮政编码 200020)
(1) 网址:www.guji.com.cn
(2) E-mail:guji1@guji.com.cn
(3) 易文网网址:www.ewen.co
常熟文化印刷公司印刷
开本 635×965 1/16 印张 19 插页 4 字数 247,000
2018 年 10 月第 1 版 2018 年 10 月第 1 次印刷
ISBN 978-7-5325-8822-0
Ⅰ·3268 定价:68.00 元
如有质量问题,请与承印公司联系

根柢槃深

枝葉峻茂

劉彥和語

毗陵袁行霈題

总　序

一

齐、梁，是金粉东南的符号；诗性文化的象征。

在中国思想史上，六朝与春秋战国、晚明、近代五四时期都是思想大爆发的时代，中国的哲学与宗教、历史与文学，中国人的文化精神，都在这些时代得到涅槃。文学的火凤凰，也在六朝的齐梁翩翩起舞，美轮美奂。

齐梁文化是以江南为核心的文化，因为历史、河山、家族、王朝和文学都孕育于锦绣成堆的江南。

——那是从旧石器时代就开始孕育的力量；是延陵季子季札播种文明，并派生出毗陵、毗坛、晋陵、南兰陵开发进取的力量；是从西晋末年"八王之乱"后，山东兰陵人萧整率族迁居晋陵武进县东城，即今江苏常州市孟河镇以后，在这片以古吴文化为中心的锦绣土地上萌发出来的力量；是春风化雨、催生万物的力量；是物华天宝、人杰地灵、南北文化融合的力量。这使东晋、宋、齐、梁、陈王朝在江南相继建立，并形成齐梁文化的中心。

位居长江之南、太湖之滨的常州，是一座具有三千二百多年历史的文化古城,而一千五百年前繁衍生活在这片土地上的萧氏家族,创立了齐、梁王朝,书写了崭新的历史,创造了灿烂的文化。

二

中国文学的河流,在经历建安的险滩和激流以后,在齐梁萧氏家族那里出现了平静开阔的景象。从齐高帝萧道成开始,萧家出现了不少天才诗人、理论家、编纂家、书画家、文学领袖等仰之弥高的世界文化名人。

曹操和他的儿子曹丕、曹植以及"建安七子",在鞍马间为文、横槊赋诗,反映社会动乱和人民痛苦的同时,抒发自己统一天下、建功立业的理想,形成建安文学"彬彬之盛"的局面。

曹氏家族创造了灿烂的文化,历史到了齐梁,任务落到萧氏家族肩上。比起建安曹氏,齐梁萧氏尤论在诗歌创作,还是诗歌理论方面,同样锦绣成堆,各有千秋,毫不逊色。可以说,在中国诗歌史上,萧家和曹家是旌旗相望、前后相续的两个伟大家族。

在萧家的文化根据地——常州,重视历史,弘扬传统是一种使命和伟大的目标。在常州市领导的支持、组织下,应运而生的《齐梁文化研究丛书》编委会开始着手进行齐梁文化的研究。

他们召开会议,组织全国专家,编写丛书,交付出版,像打一场场战役一样,井井有条,成绩斐然,令人钦佩。这种形式和做法,让我想到一千五百多年前,昭明太子萧统成立"《文选》编委会"召集一批才学之士编纂《文选》,简文帝萧纲命徐陵编《玉台新咏》,那种相似的使命感。人类学和基因学告诉我们,今天生活在常州齐梁故地的人,很多是当年以萧氏为中心的齐梁子孙,身上流淌着他们的血液,有着他们的基因链——那是性格的基因,勤劳勇敢的基因,真、善、美的基因;那是齐梁文化的基因,一种对文化事业的渴望,希冀以文化承载自己生命的自觉,是历史的责任感在他们身上的复制。

三

丛书第一辑已出版的有八部：

一是庄辉明先生著《南朝齐梁史》；二是龚斌先生著《南兰陵萧氏家族文化史稿》；三是陈蒲清、曹旭、王晓卫、丁福林、李华年、杨旭辉等先生合著《南兰陵萧氏人物评传》；四是刘志伟先生等著《齐梁萧氏文化概论》；五是曹旭先生等的《齐梁萧氏诗文选注》；六是张敏编审编著《南兰陵萧氏著作综录》；七是常州齐梁文化研究课题组薛锋、储佩成先生主编《齐梁故里与文化论集》；八是薛锋、储佩成先生主编《常州齐梁文化遗存》（修订本）。

第一辑八部著作，天经地纬，分别从历史学、目录学、文献学、文化学、诗学，以及实地文化遗迹等方面，全面考察了齐、梁两朝近八十年的政治生态、文化发展、思想状况和社会生活的各个侧面。以《南朝齐梁史》为指南，《南兰陵萧氏家族文化史稿》《齐梁萧氏文化概论》为要领，《齐梁故里与文化论集》《常州齐梁文化遗存》为展示，《南兰陵萧氏著作综录》为地图，《齐梁萧氏诗文选注》见诗心：每一种著作对齐梁历史、文化、文学都作了全方位的挖掘和研究。作为地方历史文化研究，其地方性和专门性，都以当代学者最新成果的方式，构建出高品位的文化丛书系列，具有越来越大的影响力。

据笔者所知，欧美、日本，特别是中国台湾研究机关及高校图书馆，很多都收藏了这些著作。尤其在台湾高校，成为他们开设本科生课程，指导研究生的重要参考教材。其中常州市齐梁文化研究课题组薛锋、储佩成主编的《常州齐梁文化遗存》，载建康京畿物质遗存照片，以及台湾省的齐梁文化遗存照片，引起了他们很大的兴趣。

比较而言，第一辑《南兰陵萧氏人物评传》每人不到四万字的评传还是粗陈梗概，如龙屈鱼池，松盘瓦盆，比较拘谨，不能施展，应该放大；每一个人物，尤其是齐、梁两代重要的标志性人物，均有独立撰写一本专著的必要。

同时,齐、梁的文化元勋自己做了什么巨大的贡献? 当我们需要零距离地阅读齐、梁文学本身的时候,和前面的动因合在一起,《齐梁文化研究丛书》第二辑八部著作就应运而生了。

四

第二辑八部著作包括五部评传、三部译注。

五部评传是:庄辉明先生撰写的《萧衍评传》;陈延嘉等先生撰写的《萧统评传》;曹旭、田鸿毛先生撰写的《萧纲评传》;林晓光先生撰写的《萧赜评传》;陈志平、熊清元先生撰写的《萧绎评传》。

第一辑《南兰陵萧氏人物评传》中的《萧赜评传》由王晓卫先生撰写,本辑由林晓光先生撰写。两者颇有不同,各有千秋;但在文献资料和观点的提升上,譬如积薪,后来居上。

齐武帝萧赜(440—493),字宣远,是齐高帝萧道成的长子,南朝齐第二任皇帝。评传分别以"盛世风云:元嘉时代诞育的寒门将种""宋末乱局:同筑开国基业的父子""建元宫斗:权力与亲情旋涡中的皇太子""永明天下:齐武帝和他缔造的时代(上、下)""亲友群从:围绕在武帝身边的镜子""永明之夜:武帝病榻旁的骨肉相残"展开。章节生动,思想活泼,语言跳跃,很好地刻画和评述了齐武帝作为英明君主矛盾的一生。萧赜和他父亲齐高帝萧道成一样感情丰富细腻,精明强干,具有领袖风范;他崇尚节俭,主张休养生息,富国强兵,并逐步改变了中国长期以来南弱北强的经济格局,外交上与北魏通好,使政治、经济、社会有一个比较安定的环境。

历史书上的齐代帝王,因为在位时间短,通常被匆匆略过,即使被提及,也多讲开国的萧道成。现在有一本专门研究齐武帝萧赜的书,这无论如何都是一个创举。和第一辑的评传一起,填补了齐梁历史文化的空白。

　　庄辉明先生在《南朝齐梁史》的基础上,再接再厉,撰写《萧衍评传》。梁武帝萧衍(464—549),字叔达,是兰陵萧氏的世家子弟,父亲萧顺之是齐高帝的族弟。代齐建梁,在位四十八年。在政治、经济、军事、管理、文学方面都卓有成就,他喜欢文学,大量拟作民歌,通过学习民歌推动文学新潮;他融合儒、释、道三教,开创了后世文化发展的新方向。

　　庄著《萧衍评传》,导论后分八章展开,即"名门之后""覆齐建梁""治国方略""南北和战""博学多才""皇帝菩萨""暮年悲剧""余祉绵延"。辨析了萧氏谱系,揭示先人萧整率族南迁的历史;以及萧衍在对魏作战中崭露头角,并在宫廷变局中做出抉择,英明果断,多才多艺,代齐建梁;令人信服地展现了萧衍重视教育、发展生产、繁荣经济的治国方略和弘扬文化的丰功伟绩。后论梁朝由盛而衰的过程及原因,昭明太子的早逝,叔侄之间的相争;末尾追述萧衍绵延的余祉,后梁政权的存废,后裔纷散的结局,不免令人感叹唏嘘。

　　对于萧衍,本评传可谓写尽他一生的变故和重要的节点。因为作者是研究六朝的历史学家,故本评传不仅文献丰富翔实,所有的评判、议论都具有历史的高度,大而能化,具体精微,在研究萧衍的生平、思想的著作中,我以为是最好的一部。

　　第一辑中的《萧统评传》,由李华年、严进军先生撰写;此辑改成陈延嘉、王大恒、孙浩宇三位先生撰写。展开的六章是:"时代与萧统""萧统生平与文学活动""《昭明文选》""萧统与陶渊明""《文选》学简介""萧统后裔及其成就"。从萧统家世所处的历史背景、萧统的时代写起,重视吴地历史文化底蕴对萧统的影响。然后深入描述萧统的泛文学创作和泛文学活动;对萧统主编的《昭明文选》进行了细致地分析;尤其对《文选》编撰动因与目的、"事出于沉思,义归乎翰藻"的选录标准,都有实事求是的评析;在对萧统与陶渊明的问题上,也寻根究底,作了中肯评价。应该说,在这五部评传中,萧统资料最少,最难写,但作者对《文选》学了如指掌的介绍,对读者理解萧统其人,多有裨益。

关于萧统的后裔,《萧统评传》写了后梁三帝及萧欢、萧誉。后梁三帝是中宗宣帝萧詧、世宗明帝萧岿、惠宗靖帝萧琮。公元587年,隋文帝废除西梁国号,征召萧琮入朝,存在三十三年的西梁,因此灭亡。和整个齐梁一样,其人、其史、其事有足悲者。如萧统的儿子萧詧,亦善属文,长于佛理,其《愍时赋》述及作者在梁末诸王混战、异族攻陷江陵背景下的人生经历,杂陈古今,场面宏大,类似史诗,远超乃父。就中国传统学问而言,集部诗文对某事件的记述,比历史的记载更具当时性,史料价值甚至胜过史部著作。但在第一辑中,萧詧、萧岿、萧琮三人的评传已由奚彤云先生写过,而且写得很精彩;故此评传于此三人忽略带过。

《萧纲评传》原由曹旭撰写,这次组合他的学生林宗毛博士以及在复旦大学戴燕教授指导下专门研究萧衍、萧绎的田丹丹、孙鸿博二位博士合力著述。包含“生在偏安江南的帝王之家”“在父亲的羽翼下成长”“萧纲和他的兄弟们”“文学友于胜过曹丕、曹植兄弟”“儒佛道糅杂的信徒”“通向东宫艰难的道路”“帝王之家的幸福与不幸”“宫体诗的旗手”“文学放荡论的理论家”“诗人皇帝悲惨的结局”“千年的拒斥与接收”。

本传不只是萧纲一个人的评传。因为萧纲不仅代表他自己,还代表了萧家在中国诗学史上的贡献,代表六朝帝王在文学史上的引领、组织作用。作者研究“宫体诗”有年,在《文学评论》《文学遗产》发表多篇论文,心得体会,熔铸于内。在中国诗歌史上,萧纲已是“宫体诗”的代言,本评传主要从诗人和皇帝两方面交叉撰写:萧纲七岁成为诗人;诗人皇帝终成傀儡;兰陵正士的结局:诗人皇帝之殇。今天我们要搬掉压死萧纲、也压在宫体诗上的“土囊”,对宫体诗作新的评价。即从建安“风骨美”—陶渊明“田园美”—谢灵运“山水美”—齐永明“咏物美”—梁宫体诗写女性“人体美”的中国诗学链条,证明宫体诗是中国诗歌审美意识重要的一环。萧纲除了自己的诗歌实践,还提出了一系列的诗歌理论,这两者,都使他成了诗歌史上一个绕不过去的人物。他的创造,具有重大意义。

第一辑中,《萧绎评传》由陈蒲清、钟锡南、陈祥华先生撰写,此辑则由陈志平、熊清元先生完成。萧绎(508—555),即梁元帝,字世诚,自号金楼子。萧绎早年封湘东王,是梁武帝萧衍第七子。后即帝位。谥元皇帝。《梁书·元帝本纪》称赞他:"既长好学,博总群书,下笔成章,出言为论,才辩敏速,冠绝一时。"评传分九章展开,分别是"联华日月,天下不贱""湘东郡王""承制勤王""梁元帝""性格与行事""吟咏风谣,流连哀思""获麟于《金楼》之制""亡国之君,多有才艺""短命帝王,千古文士",把萧绎一生的行事,他的家庭,他的才华,他的读书与著述等一网打尽。本评传对萧绎一生经学、史学、佛学、玄学、方术、兵法、绘画与书法方面的成就和巨大贡献,都作了精到的评论。像李后主和宋徽宗一样,当学者、诗人、画家是专业的萧绎,当政治家是业余的。江陵陷落,萧绎焚古今图书十四万卷,有人问他为什么要烧? 他回答说,读书万卷,犹有今日,故焚之。真是书呆子。本评传语言简洁生动,很有表现力地再现了这一段江山历史。

这五本评传之所以有意思,因为对象是四个皇帝一个太子;写的人必须根据史料揣摩皇帝、太子的心思,披露他们的内心世界和感情独白。皇帝是怎样炼成的? 太子有什么样的思想感情? 我们很感兴趣。因为六朝中的多位帝王,经常自己就是一个优秀的诗人,而且是一个诗歌群体、一种诗歌流派的开创者和领导人。

五部评传丰富翔实,角度新颖,既传且评;考据鞭辟入里,论证深刻精到,文字大多清畅、简洁、生动而富有表现力。高屋建瓴地展现了萧氏家族兴起、发展、隆盛、衰败的过程,揭示其意义和对后世的影响,填补了研究上的空白。

根据常州方面的撰写要求,五部评传各附传主年谱;这些年谱,大都是新写或经修订的,年谱的缜密和实事求是,保证了评传的精彩可靠;这是非常正确的要求和举措。

五

三部译注,分别是《文选译注》《玉台新咏译注》和《金楼子译注》。

萧统《文选》是现今我们能见到的中国古代第一部文学总集,是塑造后世文化人格的重要教科书。萧统不仅在齐梁著名,在唐宋更是无人不知,无人不晓。唐宋的读书人,可以不知道前朝某个皇帝叫什么名字,但不能不知道昭明太子萧统。因为他们的科举考试,就从萧统的《文选》里出题目。

《文选译注》我见过几种版本,1994年贵州人民出版社的《文选全译》,由张启成、徐达等先生译注,就译注而言是最早的一部,有开创之功;2000年华夏出版社的《昭明文选》,由于平等人注释;2007年吉林文史出版社的《昭明文选译注》,由陈宏天、赵福海、陈夏兴等先生译注:都各有特色,各有胜义。

本丛书的《文选译注》由张葆全、胡大雷先生共同完成。张葆全先生是广西师范大学文学院教授、广西师范大学前校长,长期从事中国古代文学教学研究工作。胡大雷先生是著名的六朝文学研究专家,尤其在《文选》研究上成绩斐然,出版过多部优秀的学术专著和高质量的论文。由他们合作是本译注质量的保证。

本译注原文据胡克家刻《文选》,因为译注,一般不作考辨与探本溯源;成语典故指明出处;今译与原文对应,文字以直译为主,兼顾韵脚。注、译简明扼要,条分缕析,释义精当,文字清丽优美,在许多方面均有出蓝之胜。

第二部《玉台新咏译注》由张葆全先生译注。2007年广西师范大学出版社曾出版有一个译注本,译注者正是张葆全。今大幅修订后列入《齐梁文化研究丛书》,注释、译文均有新的体会感想,达到新的学术高度。

《玉台新咏》是继《文选》后,于公元六世纪编成的一部诗歌选集,上继《诗经》《楚辞》,收录汉代至梁代诗歌八百余首。按编者徐陵自序说,所选为"艳歌",绝大部分作品描写女性与爱情,是一部关于女性的诗集、爱情的宝典、唯美的乐章,就认识当时的文化和文学来说,是《文选》重要的补充,现同列一部丛书,可谓合璧。

葆全先生在《文选》《玉台新咏》译注上不辞辛劳,精益求精。他充分认识到这些诗篇在文学史和审美史上的价值,故每每有新的视角和新的发现。译注分导读、正文、注释、译解展开;注释精审详明,译文准确流畅,保持了诗作原有的韵律和韵味,当可满足社会上一般读者的需要,也为学界研究提供了可以参考的文本,深可信赖。

第三部《金楼子译注》由熊清元、陈志平先生译注。萧绎生平著述甚多,最重要的有《金楼子》。他从小聪悟俊朗,五岁即能诵《曲礼》上篇。既长,工书善画,雅好文学,下笔成章,才辩敏速,冠绝一时。博综群书,又通佛典,世人称奇。承圣末,魏师袭荆州,城破之际,乃聚古画、法书、典籍十四万卷,欲与己俱焚,宫嫔牵衣得免。他的样子,完全不像皇帝,像有书生意气的诗人。

萧绎在《金楼子序》和《立言篇》里,提出了比萧纲更先进、更前卫的诗歌理论,提出了"文"(诗)应该是"绮縠纷披,宫徵靡曼,唇吻遒会,情灵摇荡",即文学作品需具备文采、音律、感情等因素,突破了前人"文笔说"囿于有韵无韵的局限,在文学理论史上具有重要意义。

《金楼子》最早由台湾学者许德平做过《金楼子校注》,作为台湾嘉新水泥公司文化基金研究论文第一〇三种,1969 年出版。虽是硕士论文,粗陈梗概,但受到学界关注,填补《金楼子》校注的空白。沉寂四十多年后的 2011 年,中华书局许逸民先生出版《金楼子校笺》,以清鲍廷博刻《知不足斋丛书》本为底本,校以《文渊阁四库全书》本等众多版本,运用他校和理校,对书中文字逐条考索史料来源,校定是非,大大有功于《金楼子》的研究。2014 年 11 月,陈志平、熊清元《金楼子疏证校注》由上海古籍出版社出版,更钩稽群籍,探究原书,疏通文字,彰显意义,附录《永乐大典》存《金楼子》

文、《金楼子》佚文、《南史·梁本纪·元帝》及历代《金楼子》著录、评论辑要,后出转精。此次出版的《金楼子译注》,把以前古籍整理型的专著,改成普及型的读物,注释方式也有变化,按原文、注释、今译顺序,加了全译,学术质量绝对高端,也更简明扼要,便于阅览。

《齐梁文化研究丛书》第一、二两辑,共十六册,从文献史料出发,全面展开,前后相继;筚路蓝缕,以启山林。在断代史学、断代文学、断代思想史,家族文化和目录学诸方面,都为地方性、家族性、集成性的研究,展示了一个高标,具有保存精神文献和还原历史的意义。

六

我是常州人,有家谱证明是曹彬的后代。曹彬是宋太祖赵匡胤手下带兵灭了南唐的大将军。曹彬死后二十年出生的司马光在他的《涑水记闻》卷三中,记载曹彬破金陵城时,对金陵百姓和李煜仁至义尽的史实,并深情地说,因为曹彬的德行,所以南京、常州等地,"(曹)彬之子孙贵盛"。我不"贵盛",但作为曹彬的后人,参与家乡《齐梁文化研究丛书》两辑的撰写工作,在编委会的建议下,为丛书第二辑作序,幸甚至哉。

曹　旭

于上海伊莎士花园

2018 年 7 月 30 日

前　言

假如《萧纲评传》只是萧纲一个人的评传，便失去了大半的意义。因为萧纲不仅代表他自己，还代表了萧家在中国诗学史上的贡献，代表了六朝帝王在六朝文学史上的引领作用。作为六朝文学的组织者和倡导者，研究萧纲具有多种层面的意义。

萧纲是一个"皇二代"；昭明太子萧统死后，他成为太子，后来即位当上皇帝，也是历史上著名的梁简文帝。

曹氏家族固然创造了灿烂的文学和文化，曹操和他的儿子曹丕、曹植以及"建安七子"，组成了一个邺下文人集团，掀起了我国文学史上建安文学的高潮，而萧氏家族同样在后来的诗歌创作、诗歌理论、诗歌流派、诗歌美学、文化贡献方面，把曹家创造的文学和文化推向更高的阶梯、更高的楼层。萧家比曹家，应该是旌旗相望，各有佳胜，均垂范千秋。其中，传主萧纲就是萧氏文学的代表，可以作为剖析萧家文学的横截面。

萧纲七岁的时候就有"诗癖"，在老师徐摛的影响下，他努力写作新体诗。成了当时"新变体"诗歌的倡导者和领袖。他在往来巡回于宫廷和边疆那么繁忙的情况下，还念念不忘改革京师的诗歌风气。在政治、军事之外，像父亲和哥哥一样，意识到当代文化和文学建设的意义。萧纲在《与湘东王书》《诫当阳公大心书》《答张缵谢示集书》中,提出了一系列划时代的诗歌理论,他和他领导的"宫体诗",成了诗歌史上一个绕不过去的流派。

一种文学样式和审美的流行,绝对不是偶然从天上掉下来的玫瑰花,而是有其自身发展的规律。这种规律,让唐初的历史学家惊恐万分;他们齐心协力,花了很长时间,用了很多篇幅,使劲地抹黑,以致今天某些人的文学观念仍然有黑的印记。

但文学不怕,诗歌不怕。文学、诗歌都有自己的规律,文学艺术的规律,会像锥子一样漏出历史的布袋。从真正意义上来说,政治家敌不过文学家。

因此,作为宫体诗的旗手,萧纲所开创的"宫体诗"派,一直流行到唐代,影响唐诗一百年;一代英主唐太宗是萧纲"宫体诗"最大的粉丝。

因为出身的富贵,性格的软弱,命运的可怜与悲惨,诗歌创作虽然辉煌,但这种辉煌至今都有争议,这些都使他成了历史上著名的"反面"皇帝,并成为我们研究的对象和为他写评传的原因;因为我们的理念并非非白即黑,而是多元的。

萧纲那么热衷文学,认识到文学的价值地位,不遗余力地写作、提倡,不是为了什么政治目的。而是从小喜欢,一个在骨子里真正喜欢文学的诗人。这种纯粹的喜欢和崇尚本性的单纯,注重感官和感觉,在物质、精神之上、享受审美、超然于历史的特性,使萧纲不仅在当时的萧家,在中国历史上,也是优秀的代表,除了弟弟萧绎,后世唯有"一江春水向东流"的李后主和他类似。

这样的人做了太子,做了帝王,假如有一个很好的体制保证他的江山不被人篡夺,那么,就可以证明历史的伟大、文明的进步。

虽然,审美,是审美者的墓志铭;卑劣,是卑劣者的通行证;"成王败寇"的规律,使胜利者经常成了"盗墓者"。

虽然,在潜移默化的宣传和急功近利的世俗中,信念甚至事实都像倒了的篱笆墙,满地狼藉,不可收拾。

　　但在我们力所能及的范围，我们正用责任、义务和人文精神把它插好，让历史和人物重新变得令人敬畏。

　　本书的作者，我和田鸿毛。

　　田是田丹丹；鸿是孙鸿博；毛是林宗毛。田丹丹和孙鸿博都是复旦大学戴燕教授的博士，几年前获得文学博士学位，现在都是各自大学里的新锐和学术中坚力量。林宗毛是我的研究生，研究六朝文学，赋和格律诗都写得好，又重视文献，是一个志存高远，不可多得，前途未可限量的青年学子。田丹丹的博士论文是《萧衍研究》，孙鸿博的博士论文是萧绎《金楼子研究》，林宗毛的论文是《两潘年谱汇考》，都是文献考据兼义理阐释的佳作。

　　我曾忝为田丹丹和孙鸿博的博士论文答辩委员会主席，写过系列宫体诗论文和《南兰陵萧氏人物评传》中的《萧纲评传》，我们的研究成果，都汇集在这本书里。

曹　旭

2017 年 8 月 30 日

赴台湾中央大学教书离沪前两天

目 录

一、生在偏安江南的
帝王之家

　　萧纲(503—551),字世讚①;小字六通,南兰陵(今江苏常州西北)人;是父亲萧衍的第三个儿子。是一个"皇二代";昭明太子萧统死后,他成为太子,后来即位当上皇帝,也是历史上著名的"梁简文帝"。

　　中国进入六朝,进入齐梁时代,北方和南方分裂对峙。注定会让所有的人,特别是偏安江南的帝王之家动荡不宁。萧纲从出生、成长、奋斗,到成为皇帝,最后悲惨地死去,都见证了这种战争、杀戮、饥荒和没有人能改变的动荡不宁。

　　萧纲的时代固然对他所有的思想行事有很大的规定性,但比时代更具体是他生活的家庭,这就不能不说到他的父亲梁武帝萧衍。萧纲生活在父亲梁武帝萧衍开创的时代里,也生活在父亲建

---

　　① 　萧纲字世讚。《梁书·简文帝本纪》作"世缵";《南史·简文帝本纪》作"世讚"。不惟字形不同,音亦不同。梁武帝诸子,除大儿萧统例外,其余诸子,其名已有"丝"字旁,故字皆用"言"字旁。如"萧综"字"世谦"、萧绩"字"世谨"、"萧续"字"世䜣"、"萧纶"字"世调"、"萧绎"字"世诚"、"萧纪"字"世询"等。故应从《南史·简文帝本纪》作"世讚"是。说详吴光兴《萧纲萧绎年谱》。

1

立的家庭里。因此,要了解萧纲,首先要了解父亲萧衍,并一起走进父亲梁武帝所创造的时代里。

(一) 父亲梁武帝创造的时代

父亲梁武帝萧衍(464—549),是中国历史上著名的文化皇帝。字叔达,小字练儿,南兰陵郡武进县东城里(今江苏常州西北万绥镇)人。为汉朝相国萧何的二十五世孙。萧衍的父亲萧顺之是南齐皇帝萧道成的族弟,为南齐的创立立下过汗马功劳,因而在南齐官居要职,他去世之前最后的官职是丹阳尹,相当于今天的北京市市长。萧顺之有将军的军衔,拥有自己的军队(当时称为“部曲”),萧衍是萧顺之的第三个儿子。

萧衍从小就很聪明,喜欢读书,少年时就学习儒家的各类经书,是个博学多才的少年,尤其在文学方面很有天赋。同时由于受家庭影响,萧衍自幼习武,尤其擅长骑射,能够亲自帅兵征战,可谓是文武双全。《梁书·武帝本纪》谓:“(萧衍)生而有奇异,两髀骈骨,顶上隆起,有文在右手曰‘武’。帝及长,博学多通,好筹略,有文武才干,时流名辈咸推许焉。”

按照当时高层贵族做官的常例,他二十岁踏上仕途。

《梁书·武帝本纪》说:

> 起家巴陵王南中郎法曹行参军,迁卫将军王俭东阁祭酒。俭一见,深相器异,谓庐江何宪曰:“此萧郎三十内当作侍中,出此则贵不可言。”竟陵王子良开西邸,招文学,高祖与沈约、谢朓、王融、萧琛、范云、任昉、陆倕等并游焉,号曰八友。融俊爽,识鉴过人,尤敬异高祖,每谓所亲曰:“宰制天下,必在此人。”

在一起游于竟陵王萧子良门下,被称为“竟陵八友”的人中,有著名文学家、历史学家沈约、谢朓、范云等。但是,在这八个人当中,萧衍的胆识,判断力、决断力,却是其他七个人无法相比的。萧衍因为有先天的南齐家族背景，是南兰陵萧氏的世家子弟，所以刚做官，就在当时的士林领袖、卫将军王俭手下任职，崭露头角。

王俭以赏识人才著称，见萧衍很有才华，言谈举止也很出众，于是就提拔他做了户曹属官。不久又提升为随王的参军。萧衍为人机敏，办事果断，和同事以及上司关系融洽，后升任太子庶子和给事黄门侍郎。

之后的十几年间，萧衍一路平稳升迁，又带兵出战北魏，屡立战功，在南齐末年被委以兵权，任雍州刺史，并掌握雍州等四州及竟陵、随郡地区军事，带兵镇守襄阳。

当时，16岁的萧宝卷继承皇位，萧宝卷本来就年幼无知，不懂得如何治国，又加上贪图享乐、猜忌残忍，辅政的大臣对他很不满，想废掉他，为了维护自己的帝位，萧宝卷任用一批小人，在朝中大开杀戒，激起了臣下的反抗，引发了持续的内乱。萧衍的哥哥萧懿忠于君主，积极带兵平乱，依然没有逃脱被赐死的厄运。原本萧衍已经对南齐政权十分不满，哥哥死后又身负家仇，遂利用手中的兵权，举起了义旗，拥立南康王萧宝融为帝，和萧宝卷对峙。起义的军队势如破竹，不到一年时间就攻下了首都建康（今江苏南京），萧宝卷被臣下杀死，首级被当作投诚的礼物献给了萧衍。

作为起义军队的发起人和领导者，萧衍一步步登上了他政治生涯的顶峰，先是贵为相国、梁王，总揽大权，到天监元年（502），他按照前代的政治惯例，迫使齐和帝萧宝融"禅位"，代齐建梁，正式登上皇帝的宝座。

（二）梁武帝的文治武功

由于战乱和灾荒，梁武帝萧衍刚即位时面临很大的考验。为了开创政通人和，百废俱兴的局面，萧衍采取了一系列让社会得到休养生息机会的积极措施。

当此之时，人才很重要，他和曹操一样，渴求贤才。他的《求贤诏》是曹操"求贤令"的翻版。他的政策宽松开明，哪怕是犯了罪的人，只要回来种田，都既往不咎，政府还给予适当的补贴①。

他的《求言诏》要求广开言路。他设立"谤木函"和"肺石函"②，如果功臣未见赏赐或提拔，或贤才未被录用，可往肺石函里投递书函；一般百姓要给国家提批评或建议，可以往谤木函里投书。真正做到知无不言，言无不尽。他吸取了齐灭亡的教训，励精图治，勤于政务；不分春夏秋冬，五更天就起床批改公文奏章，冬天把手都冻裂了。

为了对付战乱灾荒带来的贫困，他决定以勤俭为本，刚开始执政时就废除了东昏侯的各种奢侈制度，在都城当众把东昏侯制造的各种奢侈用具付之一炬，并且以身作则过节俭的生活。他衣着朴素，帽子和被子几年才换一次，整个后宫除了必要的礼服外，都不穿华丽的绮罗；受到佛教的影响，他五十岁就断绝房事，远离嫔妃。

他不吃肉，不喝酒，他改吃素食，吃饭也是蔬菜和豆类，晚年甚至一天只吃一顿；太忙的时候，就喝点粥充饥。对灾荒之年祭祀杀猪宰羊的陋习，他几次下诏，要求以素代荤，同时在国家祭祀中也改用蔬果③。

他非常重视教育事业和文化事业，《立学诏》："建国君民，立教为首。"在他即位之前，由于政局多变，所谓的国子学，即国家的最高学府已经废弃多时，梁武帝即位之后就着手恢复国子学，重新设

① 《恤民诏》："朕当宵思治，政道未明，昧旦劬劳，亟移星纪。今太簇御气，句芒首节，升中就阳，禋敬克展，务承天休，布兹和泽。尤贫之家，勿收今年三调。其无田业者，所在量宜赋给。若民有产子，即依格优蠲。孤老鳏寡不能自存，咸加赈恤。班下四方。诸州郡县，时理狱讼，勿使冤滞，并若亲览。"（《梁书·武帝本纪中》）

② 梁武帝《置谤木肺石函诏》："商俗甫移，遗风尚炽，下不上达，由来远矣，升中驭索，增其懔然，可于公车府谤木肺石傍，各置一函。若肉食莫言，山阿欲有横议，投谤木函。若从我江、汉，功在可策，犀兕徒弊，龙蛇方县，次身才高妙，摈压莫通，怀傅、吕之术，抱屈、贾之叹，其理有皦然，受困包匦。夫大政侵小，豪门陵贱，四民已穷，九重莫达。若欲自申，并可投肺石函。"（《梁书·武帝本纪中》）

③ 梁武帝《量代牲牢诏》："夫神无常飨，飨於克诚，所以西邻礿祭，实受其福。宗庙祭祀，犹有牲牢，无益至诚，有累冥道，自今四时烝尝，外可量代。"（《隋书·礼仪志》二）。

立儒学的五经博士,并请出当时最有名望的学者明山宾、沈峻等人,请他们设馆教学,每馆都有数百名学生,教师和学生的生活费用都由政府解决,学生们只要通过射策考查合格,就授以官职,很多年轻人被这一政策吸引,背负经书,来到京城求学。

有些学者认为后来科举制就源于梁武帝的这一政策。不仅中央国子学复兴,地方教育也同时开展,一些原本在京城任博士祭酒的学者被派往各个州郡,到地方上办学,让各个地方的少年子弟也能向一流的学者学习①。这一系列的政策为国家培养了人才,同时也促进了儒学的复兴,南朝的儒学在梁武帝时期达到了最高峰,甚至北魏的一些大儒也纷纷投奔南朝②。

为了给全国学子做出表率,梁武帝重修孔庙,亲自祭奠孔子,主持各位皇子和宗室、王侯子弟的入学仪式,鼓励他们努力学习,不能只依靠身份地位③,萧纲自然也参加了学习;父亲对教育和文化的重视,一定给萧纲留下了深刻的印象。

在具体的人事录用上,他也一定程度上突破了高门贵族把持朝政的政治格局,着力提拔和重用中下层贵族中的有才之士,我们要知道,这些人在当时被称为"次门""后门"或"寒门",从称谓上就能看出社会上层人物对这一人群的歧视,认为他们先天的低人一等。

以往,"寒门子弟"如果想做官为国家效力,往往面临着很多限制,高门贵族无论有没有才能,到了二十岁就可以去做官,而寒门子弟则要等到三十岁才能出仕,所能得到的职位,也远次于高门贵族,未来的升职空间也很狭窄,除非有特殊的机遇,比如十分卓越的军功,否则终其一生他们也无法进入到朝廷的中心地带,而高门贵族则往往从开始做官就把持中央要职。社会固有的政治环境让

---

① 《立学诏》:"宜大启庠学,博延胄子,务彼躬伦,弘此三德,使陶钧远被,微言载表。"

② 见赵翼《廿二史札记》"南朝经学条"。

③ 见《梁书·儒林传》。

众多有才能的寒门子弟无法一展抱负,也使得国家和政权的官僚制度缺乏新鲜血液,无法进一步发展。

梁武帝萧衍曾经在南齐为官,对这一问题有深刻的认识,他即位后,在中央国子学的招生中对寒门子弟不限人数,考查时也不拘于门第,这意味着寒门子弟能够获得更多的学习和做官的机会。而在具体的人事任命中,寒门子弟也得到了更多的机会。

天监四年春正月,他又下达诏书,提出不拘年龄和门第,只要才能出众,随时都可以出仕,这就大大降低了出仕做官的年龄限制,有利于更广泛的网罗人才①。一方面是广纳贤才,另一方面则是人才的培养和储备,梁武帝在这一点上也是颇费心力。

如太子东宫中的洗马一职,传统是要选用第一流的高门贵族,但梁武帝认为选官应该看人的才能,而不是一定要高门子弟,最后让并非高门出身但卓有文才的庾於陵(文学家庾信的伯父)担任此职②,此外梁武帝身边的亲信重臣徐勉、朱异等人也都是出身寒门,他们都十分干练,勤于政务,能够应对各种政治事务,是梁武帝治国的好帮手。

在军事上,萧衍对北魏一直非常警惕。南齐末年,北魏孝文帝趁南方局势动荡之机,率兵南征,占领了整个淮北地区,又将淮南地区几乎侵吞殆尽。

梁朝成立之后,北魏屯兵淮南,不时出兵侵扰,在军事上给梁朝带来很大压力。在国内局势基本稳定之后,梁武帝决定反守为攻,把他在齐时负责对北魏作战的战略战术和经验上升到新的高度。以他的雄才大略,积极休养生息,然后锐意北伐,仅天监年间(502—519),梁武帝就进行两次大规模的北伐。这两次北伐,取得非常好的效果,基本上将齐末失陷的淮南地区收复,在军事上重新与北方政权取得新的平衡。

---

① 《梁书·武帝本纪中》:"今九流常选,年未三十,不通一经,不得解褐。若有才同甘、颜,勿限年次。"
② 见《梁书·庾於陵传》。

由于南北双方的实力其实在伯仲之间,因此战争互有胜负,梁武帝的失误主要在攻打军事重镇寿阳的问题上。此前北魏降将王足献计,要在淮河筑堰,水淹寿阳守军。虽然经专人实地考察,证明筑堰工程的可行很低,但求胜心切的梁武帝还是决心一搏,希望出奇制胜。

天监十三年(514),徐州、扬州的民夫和士兵二十万,在大将康绚带领下前往淮河修筑河堰,因为这座河堰修筑于浮山一带,后世往往称之为"浮山堰"。结果浮山堰没能水淹北魏的寿阳城,却连连溃决,使梁朝筑堤的军民和当地民众伤亡惨重。

纵观萧衍的一生,虽然也有政策的失误和指挥的失当,但是,主导面是筚路蓝缕的开创,励精图治的奋发,运筹帷幄的北伐,文化治国的理想。他统治了中国南方长达近半个世纪。在位期间勤于政务,励精图治。

(三) 多才多艺的文化皇帝

作为一个皇帝,他大力提倡文教,极大地推动了梁朝学术文化的全面发展,在他治理之下,南方的政治、经济、军事、文化各个方面都有长足的发展;使全社会普遍提高了文化素质。特别是对江南文化,梁武帝有非常大的贡献;在萧衍的身体力行的倡导和积极影响下,梁朝文化事业的发展达到了东晋以来最繁荣的阶段。所以,《南史》作者李延寿评价说:"自江左以来,年逾二百,文物之盛,独美于兹。"这是颇为实事求是的评价。

梁武帝既是君主,又是一个文士、学者、棋手、医生、佛教徒、诗人和书法家,是"竟陵八友"文学集团的成员之一。在成为君主之前和成为君主以后,文学、诗歌、文史、书法、下棋、占卜、医学始终是他的爱好。他都是多才多艺的文士,学识广博的学者,诗人,重要的书法家和书法理论家。在历史上,像他这样多才多艺的皇帝是很少的。

不仅倡导和影响,在当时梁武帝还是一个有重要影响的学者。在他所处的时代,学术随着社会发展,儒学、经学、史学、道学和佛学,互相争鸣,互相补充,互相融合,方法新变,萧衍对各种学术兼收并蓄,融会贯通。

在经学上,萧衍曾撰有《周易讲疏》《春秋答问》《孔子正言》等二百余卷;天监十一年(512),又撰成吉、凶、军、宾、嘉五礼,共一千余卷,八千零十九条,颁布施行。

在史学上,萧衍有自己的见解。对于修史,他主张的是实录和会通。一改班固《汉书》等断代史的写法;因此,他主持编撰了六百卷的《通史》,并写了"赞序"。

他对自己的做法很自信,曾对史学家萧子显说:"我造《通史》,此书若成,众史可废。"萧衍还领修了类书《华林遍略》凡七百卷。此外,《隋志》"史部"还登录《梁武帝总集境内十八州谱》六百九十卷,这说明他对谱牒学也感兴趣。

由此来看,梁武帝熟悉文献,精通史学。此外,他还著有《金策》三十卷、《制旨孝经义》《周易冲疏》《毛诗答问》《尚书大义》《老子讲疏》等等,凡二百卷;又有赞、序、诏、诰、铭、诔、箴、颂、笺、奏等文共一百二十卷。

在佛学上,萧衍身体力行,花了大量精力;除了建造寺庙,还著有《涅盘》《大品》《净名》《三慧》等数百卷佛学著作。他在佛教上有精深的造诣,于藏佛籍、探究佛学方面颇为用力,甚至多次舍身寺院,身披法衣,布道说法;成了菩萨皇帝。他的佛学文章主要有《立神明成佛义记》《注解大品经序》《宝亮法师涅盘义疏序》《敕答臣下神灭论》《断酒肉文》《摩诃般若忏文》《金刚般若忏文》《净业赋并序》等等。

在经学、史学、道教、佛教方面,萧衍在当时是最重要的集大成的学者之一。可惜以上浩大的著作,后世有的已经失佚不传,令人遗憾。

但萧衍的功绩在于:他把儒家的"礼",道家的"无"和佛教的"涅槃""因果报应"等思想奇妙地糅合在一起,创立了"三教同源说",就是说,儒学、道教和佛教看起来不同,其实在根子上,它们是同源的。这在中国古代思想史上,占有极其重要的地位。

除了学者,萧衍还是一个重要的诗人和文学家。《梁书》本纪说他:"天情睿敏,下笔成章,千赋百诗,直疏便就,皆文质彬彬,超迈今古。"

萧衍不喜声色犬马,喜欢文学,好词赋①。在梁武帝的诸多爱好和专长当中,文学是极其重要的一项。他在青年时期就已经具有良好的文学修养,是南齐永明十年间著名的文学集团"竟陵八友"的成员,当时的诸多文学家都与他有交往,即位之后,他的文学创作活动也从未间断过。

史书记载他的文集足有一百二十卷之多,但其中很多篇目都已经散失在历史的长河中,现在我们能够看到的只是一部分,有长篇的赋文、公文一类的诏书,有关于学术和宗教的论说文,也有清丽的小诗。

萧衍现存诗歌有一百多首,内容非常广泛,描写了社会生活的各个方面。主要是咏物诗、宴游诗、赠答诗、言情诗等。但萧衍更关注的是当时新兴的民歌体诗歌,里面充满了新鲜的意象和新鲜的意思。

因此在这一百多首诗中,他的拟乐府民歌诗,数量几乎占了其全部诗作的一半。乐府民歌是音乐与文学,民间创作与文人拟作,歌舞宴乐几位一体的东西,对文人的诗歌创作产生了很大影响。而江南民歌言情的题材、内容及其绮丽的风格特点,符合当时审美的发展,同时为文人诗歌创作增添新的元素和形式美,因而被广泛模拟创作。

由于青年时代的经历,他的诗歌与永明诗人诗风相近,尤其喜爱模拟民歌,通过学习民歌提高诗歌的表现力,并通过学习民歌掀起文学新风潮。南朝著名的乐府民歌《西洲曲》《河中之水歌》等名篇,很可能是他写的,这都是了不起的在中国文学史上有地位的作品。

张溥《汉魏六朝百三家集·梁武帝集题辞》说:

---

① 《梁书·文学·袁峻传》:"高祖雅好辞赋,时献文于南阙者相望焉,其藻丽可观,或见赏擢。六年,峻乃拟扬雄《官箴》奏之。高祖嘉焉。"

帝负龙虎之相,兼文武之才,史赞其恭俭庄敬,艺能博学,人君罕有。惜羯寇滔天,台城煨烬,制旨二百余卷、五礼一千余卷、通史六百卷,后世无繇诵读。今得其诏令书敕诸篇,置帝王集中,则魏晋风烈,间有存者。雕虫小技,壮夫不为。尚幸见之朝廷,未容以"河中之水""东飞伯劳"数诗,定帝高下也。

张溥肯定了萧衍的"龙虎之相,兼文武之才",以及"恭俭庄敬,艺能博学,人君罕有"的一面;对羯寇滔天,台城煨烬,"制旨二百余卷、五礼一千余卷、通史六百卷,后世无繇诵读"深表遗憾。张溥肯定梁武帝的"其诏令书敕诸篇,置帝王集中,则魏晋风烈,间有存者",对梁武帝大力倡导文学表示赞赏,但不喜欢他的"河中之水""东飞伯劳"之类的民歌。

我们很同意张溥说梁武帝的文章"魏晋风烈,间有存者"的观点。尤其是,南齐灭亡后,萧衍对齐高帝萧道成孙子萧子恪等人的一席谈话,可以接在诸葛亮《出师表》、曹操《让县自明本志令》后面,成为鼎足而三,推心置腹的好文章。

萧衍的文治武功,都在历史上刻下深深的印记。而像"河中之水向东流,洛阳女儿名莫愁"这样的句子,不管你对它的看法如何,这些诗句传诵至今,本身就是对其作者最大的褒奖。

梁武帝除了自己写作之外,也喜爱组织各种文学活动,鼓励文学创作,奖掖文学后进,给当时的文坛营造了良好的政治气氛。即位后不久,他就通过文学殿学士省和寿光省两处机构选拔文才之士,梁代著名文学家丘迟,到沆、到溉兄弟,庾於陵等都曾在这两处机构任职。

像曹氏父子一样,梁武帝也时常举行宴会,组织在场的文士作诗撰文,或者通过其他方式与臣下唱和往来,对于其中的佳作予以奖励,有一些臣子甚至因为一篇出类拔萃的诗文被委以要职。

比如普通六年,梁武帝在文德殿饯别新任广州刺史元景隆,下诏让群臣赋诗,王规很快完成并且文辞优美,令梁武帝欣赏不已,当天就任命他为侍中(三品)①。所谓上行下效,梁武帝奖励文学的做法对文学的繁荣发展有积极的促进,直到他统治末期,梁代文坛一直新人辈出,直到如今我们说南朝文学还是会最先想到"齐梁文学";梁代,也因此成为南齐永明之后又一个文学的黄金时代。

学术研究、诗歌文学创作以外,人们最容易想到的是梁武帝在中国书法史上的贡献。

首先,他是中国书法史上著名的书法家。他的书法有当时书坛上钟繇、王羲之、王献之影响下的共性,也有他自己的个性,这在他传世的《异趣帖》,可以充分反映出来②。

在梁武帝的时代,最流行的是王献之的书法风格,至于其父书圣王羲之的书法审美趣味和名声,已经被儿子王献之所掩盖。梁武帝感到疑惑,并就此问题和他的"山中宰相"陶弘景讨论。

陶弘景是当时著名的书法家,据《梁书》《南史》记载,他年仅四五岁就开始练习书法,"恒以荻为笔,画灰中学书"。即以"荻"草在灰上练字。陶弘景在书法方面,以钟繇和王羲之为师;擅长草、隶、行书,传世的书法作品有《屈画贴》。有名的《瘗鹤铭》有一种说法也是陶弘景所书。以体势开张、疏密有致著称的《瘗鹤铭》为中国著名摩崖石刻之一,被推崇为"大字之祖",世人评价极高③。

梁武帝和他趣味相投,便经常以书信的方式,交流讨论钟繇和王羲之的书法作品;二者间的对话被整理为《与梁武帝论书启》流传于后世,成为书法史上的经典文献。

梁武帝不仅与陶弘景讨论钟繇和王羲之书法的好处,在历史上还第一个大力推崇王羲之的书法美学,并把这种美学上的推崇落到实处。梁武帝令殷铁石在王羲之书写的碑文中,拓下一千个

① 见《梁书·王规传》。
② 传世书迹有《异趣帖》,近于章草:"爱业愈深,一念修怨,永堕异趣,君不……"此帖清时入于内府。对其作者,向有萧衍和王献之两说,以倾向前者为多,明董其昌断为萧衍作品。
③ 这一铭文所刻的摩崖,曾经遭到雷击,碎成五块而掉到江里,后来慢慢被捞出,如今已经被合在一起。

不重复的汉字作字帖,供皇子们学书所用。

但由于这些字都是孤立,互不联属的,所以他又召来散骑侍郎、给事中周兴嗣,说:"卿有才思,为我韵之。"终成对仗工整,文采斐然,朗朗上口的四言韵文《千字文》。《千字文》巧构精巧,知识丰赡,音韵谐美,宜蒙童记诵,上至天文,下至地理,以及人事、修身、读书、饮食、居住、农艺、园林、祭祀等各种社会文化活动,为我们展示了中国人的生活、理想以及文化的完整轮廓;成为千百年来著名的儿童启蒙读物。

《隋书》及《旧唐书》中的《经籍志》,以及《新唐书》、《宋史》中的《艺文志》等史志,都有《千字文》的著录,在敦煌文献中,也有周本《千字文》,由此可以看出它的重要性。后世的《三字经》《弟子规》等等,都是效法它的书。所以,《千字文》被认为是这个世界上最伟大的一本启蒙书。即此一事,便可以知道梁武帝萧衍的文化功劳。

梁天监六、七年间,刘孝标注《世说新语》完成于萧统七八岁、萧纲五六岁时。作为父亲的梁武帝,他一定喜欢《世说新语》,并且想让他的儿子们也读读;但《世说新语》不像五经,有许多汉儒注过。萧衍怕孩子们读不懂,或者,《世说新语》过于简约,需要有人把它背后的事件和典故揭示出来,所以他请刘孝标注。注成了中国文化史上又一部重要的著作。好几件带启蒙性质的文化工作都在此时完成。也许,梁武帝从他自己的孩子们想到天下的孩子们,应该是有意识这么去做的吧!

梁武帝不仅自己是一个优秀的书法家,倡导书法界新的美学风格,奠定王羲之书法之正途;而且他还是一个重要的书法理论家,尤其重视二王和钟繇的作品。他的《观钟繇书法十二意》《草书状》《答陶隐居论书》《古今书人优劣评》四部书法理论著作[①],都是历代书法理论典籍中的精品。

---

① 唐天宝年间,颜真卿在洛阳裴敬宅访前辈书法家张旭,回来写成《张长史十二意笔法记》,应该承袭了梁武帝对笔法的探讨。

我们相信,以梁武帝自己的书法创作,倡导并奠定王羲之书法美学风格正途,在书法理论上的贡献,不要说在古代善书的帝王中首屈一指,即使和任何一个书法史上的大家比,也绝少有人超越。

这样说比较抽象,我们不妨读一读梁武帝《古今书人优劣评》评论历代书法家的片段,可以说言简意赅,妙语连珠:

> 钟繇书如云鹄游天,群鸿戏海,行间茂密,实亦难过。
>
> 王羲之书字势雄逸,如龙跳天门,虎卧凤阙,故历代宝之,永以为训。
>
> 蔡邕书骨气洞达,爽爽如有神力。
>
> 韦诞书如龙威虎振,剑拔弩张。
>
> 萧子云书如危峰阻日,孤松一枝,荆轲负剑,壮士弯弓,雄人猎虎,心胸猛烈,锋刃难当。
>
> 萧思话书如舞女低腰,仙人啸树。李镇东书如芙蓉出水,文采镀金。
>
> 王献之书绝众超群,无人可拟,如河朔少年皆悉充悦,举体沓拖而不可耐。①

---

① 《古今书人优劣评》,旧题梁武帝撰。始见于宋《淳化阁帖》。《淳化阁帖》收隋僧智果抄此评,郑樵《通志·艺文略》著录:"《古今书人优劣评》一卷,梁武帝。"后《宋艺·艺文志》据此著录。今核其内容,多与袁昂《古今书评》雷同。袁昂于梁普通四年(476)曾奉敕撰写《古今书评》。然今本《古今书人优劣评》除与《古今书评》雷同者外,尚有若干条,或为萧衍续写,隋僧智果抄录时,与袁昂所作混同,未可知也。《古今书人优劣评》此外尚有如:"索靖书如飘风忽举,鸷鸟乍飞。王僧虔书如王、谢家子弟,纵复不端正,奕奕皆有一种风流气骨。程旷平书如鸿鹄高飞,弄翅颉颃。又如轻云忽散,乍见白日。李岩之书如镂金素月,屈玉自照。吴施书如新亭伧父,一往见似扬州人,共语语便态出。颜蒨书如贫家果实,无妨可爱,少乏珍羞。阮研书如贵胄失品,不复排斥英贤。王褒书凄断风流,而势不称貌,意深工浅,犹未当妙。师宜官书如鹏翔未息,翩翩而自逝。陶隐居书如吴兴小儿,形状虽未成长,而骨体甚峭快。钟会书有十二意,意外奇妙。萧特书虽有家风,而风流势薄,犹如羲、献,安得相似。王彬之书放纵快利,笔道流便。范怀约真书有力,而草、行无功,故知简牍非易。郗愔书得意甚熟,而取妙特难,疏散风气,一无雅素。柳恽书纵横廓落,大意不凡,而德本未备。庾肩吾书畏惧收敛,少得自充,观阮未精,去萧、蔡远矣。孔琳之书如散花空中,流徽自得。徐淮南书如南冈士大夫,徒尚风轨,殊不卑寒。袁秘书如深山道士,见人便欲退缩。"皆字字珠玑,书界瑰宝。

13

这里,就有对王献之书法风格不满的批评。而这些品评,都和当时中国第一本诗歌评论著作钟嵘《诗品》的品评方法类似。不仅是书法理论,同时是中国艺术史上不可多得的经典。

萧衍还喜欢与书法同源的绘画。当时,在梁武帝执政的天监近二十年间,曾任武陵王国侍郎,以后又任直秘书阁知画事、右军将军、吴兴太守等职的著名画家张僧繇,擅画佛像、龙、鹰,多作卷轴画和壁画;在技法上广收博取,独辟蹊径,很受梁武帝的赏识,梁武帝就请他在江南的不少寺院里绘制了壁画。

张僧繇将晋代女书法家卫铄《笔阵图》中的书法用笔方法融入绘画;并学习天竺(今印度)传入的凹凸画法,在建康一乘寺创作壁画,所绘物象,近视则平,远观则具有立体感,因此该寺又被人称为凹凸寺,堪称一绝。最著名的"画龙点睛"的故事,说的就是他的绘画①。

由于张僧繇的画富于表现力,善写形貌,尤善于点睛画出神态。根据记载,梁武帝除了请他在寺院里绘制壁画,还请他画自己儿子的画像。

梁武帝诸子多出镇外州,他经常想念儿子们,便命张僧繇前往各州郡去画诸子之像,悬于居室之中,萧衍见图如见其子,思念顿减。可能有点夸大,但不会错的是,对于绘画的爱好和浸染,梁武帝自己也成为一个非常善于画花鸟与走兽的画家。

萧衍还是一个音乐家。他重视礼乐,精通钟律,对音乐很有研究,《隋书·音乐志》上说:萧衍:"既善钟律,详悉旧事,遂自制定礼乐。""鼓吹,宋、齐并用汉曲,又充廷用十六曲",萧衍"乃去四曲,留其十二,合四时也。更创新歌,以述功德"。他一直觉得以前的准音器有问题,便亲自创制四具准音器,命名为"通"。每"通"三弦,以推月气。在萧衍创制的新歌里,有不少是颂扬佛教的歌曲。把音乐和佛教结合起来,在当时做到的人也很少。

---

① 根据唐朝张彦远《历代名画记·张僧繇》记载:"张僧繇于金陵安乐寺画四龙于壁,不点睛。每曰:'点之即飞去。'人以为妄诞,固请点之。须臾,雷电破壁,二龙乘云腾去上天,二龙未点眼者皆在。"后来唐朝画家阎立本和吴道子都远师于他。

根据记载，梁武帝创作了"《善哉》《大乐》《大欢》《大道》《仙道》《神王》《龙王》《灭过恶》《除爱水》《断苦砖》等十篇，名为正乐，皆述佛法"。他还制十二笛和十二律相应，每律各配编钟、编磬，大大地丰富了我国传统器乐的表现能力。

围棋在古代的意义也很大，对抗性、娱乐性都很强，而且内有哲理。围棋追求的是领土，既要发展自己，又要限制对方的发展；生于一方，死于一方；现在虽偏居江山一隅，而他日占据你的宫廷；一寸长，一寸强，夫唯不争，故天下莫能与之争。在围棋中，活棋与围空相互依托，活棋即为实心。东汉的马融在《围棋赋》中就将围棋视为小战场，把下围棋当作用兵作战，"三尺之局兮，为战斗场；陈聚士卒兮，两敌相当"。

当时许多著名军事家，像三国时的曹操、孙策、陆逊等人，都把围棋看成是模拟厮杀的疆场。因此，梁武帝非常痴迷围棋，同时棋艺超群。曾经写过《围棋赋》①，只要仔细读一读，就知道，在围棋上，梁武帝是个真正的专家棋手。在此基础上，梁武帝还写了专门的研究著作《棋评要略》，国内图书馆虽然没有，但作为"敦煌石室古写本"，仍然藏在伦敦博物院里②。

---

① 梁武帝《围棋赋》："围奁象天，方局法地。枰则广羊文犀，子则白瑶玄玉。方目无斜，直道不曲。尔乃建将军，布将士，列两阵，驱双轨。徘徊鹤翔，差池燕起。用怠兵而不顾，亦凭河而必危。痴无戒术而好斗，非智者之所为。运疑心而犹豫，志无成而必亏。今一棋之出手，思九事而为防。敌谋断而计屈，欲侵地而无方。不失行而致寇，不助彼而为强。不让他以增地，不失子而云亡。落重围而计穷，欲佻巧而行促。剧疏勒之遗邃，甚白登之困辱。或龙化而超绝，或神变而独悟。勿胶柱以调瑟，专守株而待兔。或有少棋，已有活形。失不为悴，得不为荣。若其苦战，未必能平。用折雄威，致损令名。故城有所不攻，地有所不争。东西驰走，左右周章。善有翻覆，多致败亡。虽畜锐以将取，必居谦以自牧。譬猛兽之将击，亦俯耳而固伏。若局势已胜，不宜过轻。祸起于所忽，功坠于垂成。至如玉壶、银台，车厢、井栏，既见知于曩日，亦在今之可观。或非劫非持，两悬两生。局有众势，多不可名。或方四聚五，花六持七。虽涉戏之近事，亦临局而应悉。或取结角，或营边鄙。或先点而亡，或先撇而死。故君子以之游神，先达以之安思。尽有戏之要道，穷情理之奥秘。"

② 这是现存最早的围棋专门论著，现存伦敦博物院，卷首已经残缺，卷尾题"棋经一卷"及古藏文签名。内容包括：一、"棋经"七篇。二、"棋病法"。三、梁武帝《棋评要略》。著者除第三部分为梁武帝外，其余均未写明作者。

在还在齐朝为官时,他每逢闲暇,与人对弈,可以彻夜不眠;建梁称帝之后,仍然兴趣不减。如朱异、韦黯、到溉等人,都是他的大臣,也是他的棋友。梁武帝棋艺一时无敌,便问沈约何人善弈?沈约给他推荐了到溉。根据《南史·到彦之传》记载:"溉特被武帝赏接,每与对棋,从夕达旦。或复失寝,加以低睡,帝诗嘲之曰:'状若丧家狗,又似悬风槌。'"说的是有一次,萧衍约到溉下棋下了一个通宵;到溉不能熬夜,一局未终,竟低头睡着了。萧衍见状大笑,就作诗嘲讽他。

当时玄风盛行,弈风更盛,下围棋被称为"手谈"。官府设立棋官,建立"棋品"制度,对有一定水平的棋士,授予九品等级。《南史·柳恽传》载:"梁武帝好弈,使恽品定棋谱,登格者二百七十八人。"现在国际上确定围棋的段位就是"九段",就是从那时候开始的。

梁武帝不仅是学者、诗人、书法家、音乐家或者围棋高手,最有意思的是,他还通晓医术,时不时地给臣下赐方赐药;他的第七个儿子萧绎幼年时患有眼疾,别的医生看不好,他就亲自给儿子治疗,让儿子萧绎保住了一只眼睛。他能够活到八十六的高龄,一直保持着旺盛的精力,也是得益于医学修养。他在《净业赋序》里说:"因而有疾,常自为方,不服医药,亦四十年矣。"

从中我们可以发现这样一位多才多艺的君主所具有的非凡才华,他在诸多领域,都建立起自己的审美法则。

最令人揪心的是他的晚年,要不是"侯景之乱",他也许可以称得上是一个"完人"。当然,以今天的眼光看,特别是经历过长期"阶级斗争"影响下的眼光看,萧衍的做法,也许对敌人或潜在的敌人太宽松了。因为他自己也是政变上的台,凡以政变上台坐江山的人,没有人不知道是"刀把子里面出政权"的。

随着每一次改朝换代,新政权的建立,都伴随着无情的杀戮。一是杀前朝的皇子皇孙,宋之对于晋,齐之对于宋,无不血流宫廷,杀戮殆尽。清人赵翼在《廿二史札记》中说:"宋之于晋,齐之于宋,每尝革易,辄取前代子孙尽殄之。"二是对自己的旧部,对自己有功的大臣,天下已经打下来了,所谓:"高鸟尽,良弓藏;狡兔死,走狗烹;敌国破,谋臣亡。"不仅是指一个人失去了利用价值,而且留着掌握军队的将军就可能谋反,留着功高的大臣就可能生事,不如借个名义除掉。

但是,到了梁武帝萧衍这里,他的做法改变了。因为他深知杀戮的危害,他看到前朝皇帝对宗室子弟的杀戮并不能使江山永固,反而加速了自身的灭亡。所以,他宽于待下,对幸存的前朝大臣和帮助他打下江山的功臣绝少杀戮,对待自己的弟弟和侄子们更是非常宽厚,他的六弟萧宏曾想要谋反,侄子萧正德曾叛逃到北魏,他都予以宽大处理,仍然让他们身居要职。可以说,他一直在努力地维护着家族和政权内部的和谐稳定。

但是,以萧衍的聪明、精明和远见,他还是想缓和矛盾,想方设法化解社会上的各种矛盾,不要激化矛盾,要给老百姓休养生息。因此,除了因为萧衍的两个哥哥萧懿及萧融,在齐永元中为东昏侯所害,萧衍心里非常愤懑。攻入金陵后,也尽杀齐明帝萧鸾之子为哥哥报仇。此外,其他宗室子弟,他不仅不杀,有的还保全录用;特别难能可贵的是,他对同"萧"的被他推翻了的南齐宗室给予优待。甚至根据他们的爱好和才能,给他们做官。

譬如萧子恪、萧子显兄弟,在齐代的时候,齐明帝萧鸾本来就准备杀他们,因为有一个叫王敬则的人打着萧子恪的名义反叛。据《梁书·萧子恪传》:"大司马王敬则于会稽举兵反,以奉子恪为名,明帝悉召子恪兄弟亲从七十余人入西省,至夜当害之。会子恪弃郡奔归,是日亦至,明帝乃止。"好在萧子恪脱身奔回,救了这些人。现在到新朝,新朝的梁武帝还会容忍他们这些前朝未死之人吗?

据《梁书·萧子恪传》记载,一次,萧子恪及其弟祁阳侯萧子范因事入见梁武帝,梁武帝对他们进行谈话,开始齐宗室的子弟战战兢兢,以为梁武帝要一起杀了他们。但是,梁武帝对他们说:

我欲与卿兄弟有言。夫天下之宝,本是公器,非可力得。苟无期运,虽有项籍之力,终亦败亡。所以班彪《王命论》云:"所求不过一金,然终转死沟壑。"卿不应不读此书。宋孝武(刘骏)为性猜忌,兄弟粗有令名者,无不因事鸩毒,所遗唯有景和。至于朝臣之中,或疑有天命而致害者,枉滥相继。然而或疑有天命而不能害者,或不知有天命而不疑者,于时虽疑卿祖(萧道成),而无如之何。此是疑而不得。又有不疑者,如宋明帝(刘彧)本为庸常被免,岂疑而得全。又复我于时已年二岁,彼岂知我有今日。当知有天命者,非人所害,害亦不能得。

我初平建康城,朝廷内外皆劝我云:"时代革异,物心须一,宜行处分。"我于时依此而行,谁谓不可!我政言江左以来,代谢必相诛戮,此是伤于和气,所以国祚例不灵长。所谓"殷鉴不远,在夏后之世"。此是一义。二者,齐梁虽曰革代,义异往时。我与卿兄弟虽复绝服二世,宗属未远。卿勿言兄弟是亲,人家兄弟自有周旋者,有不周旋者,况五服之属邪?齐业之初,亦是甘苦共尝,腹心在我。卿兄弟年少,理当不悉。我与卿兄弟,便是情同一家,岂当都不念此……致卿兄弟涂炭。

我起义兵,非惟自雪门耻,亦是为卿兄弟报仇。卿若能在建武(明帝萧鸾)、永元(东昏侯萧宝卷)之世,拨乱反正,我虽起樊、邓,岂得不释戈推奉;其虽欲不已,亦是师出无名。我今为卿报仇,且时代革异,望卿兄弟尽节报我耳。且我自藉丧乱,代明帝(萧鸾的皇帝本来也是夺来的)家天下耳,不取卿家天下。昔刘子舆自称成帝子,光武言"假使成帝更生,天下亦不复可得,况子舆乎"。

梁初,人劝我相诛灭者,我答之犹如向孝武时事:彼若苟有天命,非我所能杀;若其无期运,何忽行此,政足示无度量。曹志亲是魏武帝孙,陈思(曹植)之子,事晋武能为晋室忠臣,此即卿事例。卿是宗室,情义异佗,方坦然相期,卿无复怀自外之意。小待,自当知我寸心。

梁武帝这篇文章于情于理于义,周知详明,言辞恳切,他说了不杀前齐宗室子弟的原因,举历史上治国平乱的缘由,曹植之子曹志为晋室忠臣的种种见解,压抑与张扬,情与理的撞击,有帝王刀斧手在侧的威严,也有亲戚设身处地的关怀,句句真话,令人震撼。

南齐南康侯萧子恪兄弟一共十六人,全都在梁朝做官,萧子恪、萧子范、萧子质、萧子显、萧子云、萧子晖一并以才能而知名,历任清高而显要的官职。

甚至萧子显向梁武帝提出要写齐的历史《南齐书》,梁武帝也同意了;也不怕萧子显借写齐代的历史,在《南齐书》里为齐代招魂。结果萧子显《南齐书》写出来以后,大家都觉得写得好。其他人也都能得到善终,在宗室子弟大多死于非命的南朝乱世,梁武帝的英明政策像一把保护伞,不能不说梁代朝廷是一片清明的天地。

梁武帝对南齐南康侯萧子恪兄弟的政策是正确的,萧子显写《南齐书》这么一件对梁朝的舆论宣传可能极其不利的事件,也以非常漂亮的结尾收场。凡是在他可见和正常轨道上进行的事情都是好的。

但是,那个时期,确实是太乱了,许多不可知因素常常影响到整个大局,一粒老鼠屎坏一锅汤。

六弟萧宏曾想要谋反,他以过人的精明借故到萧宏家喝酒,看过萧宏家的库房,发现里面尽是钱财布匹,一颗心安然放下;但他的养子,侄子萧正德曾叛逃到北魏的事件,最后竟酿成大祸,这是他没有想到的(此事放在后面章节叙述)。

由于梁武帝在政治、军事和人事等方面有无数次成功的经验,使他过于相信自己。晚年又笃信佛教,兴造寺庙,甚至到佛寺里舍身为奴,做皇帝有点分心,因此发生了"侯景之乱"。

(四) 侯景叛乱之殇

侯景(503—552),字万景,北魏怀朔镇(今内蒙古固阳南)鲜卑化羯人。因左足生有肉瘤,行走不稳,但是擅长骑射,居心叵测,干练精明,很有谋略。初任怀朔镇兵,被提升为功曹史、外兵史等低级官职。

后投靠东魏丞相高欢,高欢很欣赏他,觉得他是个人才,委以重任。其实高欢早就看出侯景的为人,但此时强敌宇文泰在侧,所以要借用侯景的力量;但高欢临终前特别嘱咐儿子高澄要小心侯景。

果然,高欢死后,侯景作乱,高澄想夺他的兵权。侯景就于太清元年(547)正月据河南十三州投降西魏,但西魏宇文泰对他有戒心;于是侯景又请求萧衍接受他归顺。

此时的萧衍不是不知道侯景的为人,但他仍然很高兴,因为他觉得,多年的北伐总是成果不大,现在侯景来降,倒是个机会。便封侯景为河南王、大将军,并派军队去接应他。

朝廷中,也有人提出疑义,觉得"乱事就要来了。"但梁武帝觉得一切尽在他的掌握之中;便命侯景驻守军事重镇寿阳,抵御北魏。我们觉得,这个时候,梁武帝并没有错。

但接下来的事,梁武帝有点麻痹大意,可见梁武帝此时完全小看了侯景。此时,东魏提出与梁和解;侯景十分担心自己的处境,感到恐慌,但梁武帝却没有意识到这一点,而是继续与东魏进行谈判。

梁武帝完全没有料到,机警狡猾的侯景为了试探,竟然假冒高澄写信给梁武帝,提出以梁朝的俘虏萧渊明交换侯景,梁武帝没有觉察,又错上加错地接受了。

侯景由此大怒,以诛杀朝中弄权的朱异为借口,发动叛变,围困都城。最后侯景入城,首都建康大好河山和锦绣江南都成了一地碎玻璃。梁朝君臣成了俘虏,受到屈辱,八十六岁的梁武帝被困饿而死,给他一世的英明带来了阴影。

魏徵说:"布德施惠,悦近来远,开荡荡之王道,革靡靡之商俗,大修文教,盛饰礼容,鼓扇玄风,阐扬儒业,介胄仁义,折冲樽俎,声振寰宇,泽周遐裔,干戈载戢,凡数十年,济济焉,洋洋焉,魏晋以来,未有若斯之盛。"①

赵翼《廿二史札记》说:"创业之君兼擅才学,曹魏父子固已旷绝百代。其次则齐梁二朝,亦不可及也。""至萧梁父子间,尤为独擅千古。武帝少而笃学,洞达儒玄,虽万机多务,犹卷不辍手。""天性睿敏,下笔成章,千赋百诗,直疏便就。""历观古帝王艺能博学,罕或有焉。"

我们的评价是,梁武帝萧衍不仅仅在南朝,即使在所有历代的帝王中,也是极有才华,极有个性和极其突出的一位。梁王朝一共存在了五十六年,而萧衍一人的执政时间超过四十八年,从公元502年登基到公元549年去世,这在南朝应该是绝无仅有的,在历史上也是罕见的,除了萧衍勤于政事,知人善任,自奉简约等有很大的关系。

他一生融合儒、道、释三教,开创了文化发展的新方向,使佛教成为中国人精神世界的一部分,可以说是中国文化的大功臣。他对中国文化的贡献,远远超过了治国有方的唐太宗。我们毫不怀疑,要是给中国历代干得比较好的皇帝排名,有平民性格的萧衍一定名列前茅。

对梁武帝的评价,除了上面我们引用过的魏徵和赵翼的话,还有很多很多。但是,没有一条说他在侯景问题上犯错,是因为他八十六岁的高龄。

梁武帝纵然一世英明,但一个人到了老年,体力、智力、精力必然大幅度下降,不如从前,梁武帝也一样;此后千年来的帝王将相

---

① 《梁书·本纪第六》。

也一样,无论他盛年时如何足智多谋,运筹帷幄,决胜千里,但到了老年,到了头歪鼻子斜流口水的时候,同样昏招迭出,八十六岁的人输侯景一招,是可以理解的。

据《梁书·武帝本纪》记载:梁武帝"凡诸文集又百二十卷"。据《隋书·经籍志》著录,梁武帝有《梁武帝集》26卷,《梁武帝诗赋集》20卷,《梁武帝杂文集》9卷,《梁武帝别集目录》2卷,《历代赋》10卷,《梁武帝净业赋》3卷,《围棋赋》1卷,《梁武帝制旨连珠》10卷。现存梁武帝所作诗有106首。

(五) 低调仁厚的丁氏

萧衍一共与八个女人生活过。

原配郗徽,出身名门,可惜早逝,没有等到萧衍代齐建梁,三十二岁就死了。

萧衍代齐建梁后,追封她为"德皇后",并迁葬于修陵。郗徽和萧衍生了三个女儿,分别是永兴公主萧玉姚、永世公主萧玉婉和永康公主萧玉嬛,生卒年均不详。

萧纲的母亲丁令光(484—526),谯国(今安徽亳州)人,兖州刺史、宣城太守丁道迁之女,十四岁时,被萧衍纳为妾。

《南史·卷十二·列传第二》说:丁令光未出嫁时,"乡人魏益德将娉之,未及成,而武帝镇樊城,尝登楼以望,见汉滨五采如龙,下有女子擘绕,则贵嫔也。又丁氏因人以相者言闻之于帝,帝赠以金环,纳之,时年十四"。

但她嫁给萧衍以后,一直生活在正室的阴影之下。《南史·卷十二·列传第二》记载:"德后(郗徽)酷忌,遇贵嫔无道,使日舂五斛,舂每中程,若有助者,被遇虽严,益小心祗敬。尝于供养经案侧,仿佛若见神人,心独异之。"

事业上如日中天的萧衍,和原配郗徽只生了三个女儿,郗徽便死了。都快四十岁的萧衍还没有一个儿子,心里自然很着急,而就在他很着急的时候,中兴元年(501)九月,丁令光在襄阳为他生下儿子萧统①,当时萧衍率兵起义讨伐东昏侯萧宝卷,战事紧迫,萧衍便把丁令光和儿子萧统留在襄阳。不久,萧衍平定都城建康(今江苏南京),把她们母子接到建康居住。

天监元年(502)四月,萧衍受禅登基,建立梁朝。

成为梁武帝的萧衍,怀念的仍然是妻子郗徽。追封她为"德皇后"以后,终身始终未立其他皇后。这年五月,礼仪部门的官员奏请梁武帝封丁令光为贵人,梁武帝没有同意;这年八月,礼仪部门的官员再次奏请梁武帝封丁令光为贵嫔,梁武帝才同意封丁令光为贵嫔,地位在另外三位夫人之上,并居住在显阳殿。这件事,《梁书》和《南史》都有记载②。有了儿子了,十一月,大臣们都劝梁武帝,萧衍才立与丁令光所生之子萧统为皇太子③。

到确立太子地位时,大臣们又上奏说,既然皇太子是皇帝的副手,普天下都对他执臣子的礼节。那么,太子的母亲,也就应该相应地加以敬重。经常得到问候的王侯、贵妃、公主和六宫的三夫人,虽然与丁令光地位同等,但也都应以敬奉皇太子的礼节敬奉她,梁武帝同意了。以后,丁令光所具备的典章礼仪,与太子系统相同,说话称为"令"④。

天监二年(503),丁令光又为梁武帝生下萧纲。

天监三年(504)又生下第五子萧续。

---

　　① 《梁书》卷八:"昭明太子统,字德施,高祖长子也。母曰丁贵嫔。初,高祖未有男,义师起,太子以齐中兴元年九月生于襄阳。"

　　② 《梁书》卷七:"天监元年五月,有司奏为贵人,未拜;其年八月,又为贵嫔,位在三夫人上,居于显阳殿。"《南史·卷十二·列传第二》:"天监元年五月,有司奏为贵人,未拜。其年八月,又奏为贵嫔,居显阳殿。"

　　③ 《梁书》卷八:"群臣固请,天监元年十一月,立为皇太子。"

　　④ 《南史》卷十二:"及太子定位,有司奏曰:'皇太子副贰宸极,率土咸执吏礼。即尽礼皇储,则所生不容无敬。王侯妃主常得通信问者,及六宫三夫人虽与贵嫔同列,并应以敬皇太子之礼敬贵嫔。宋元嘉中,始兴、武陵国臣并以吏敬敬王所生潘淑妃、路淑媛。贵嫔于宫臣虽非小君,其义不异,与宋泰豫朝议百官以吏敬敬帝所生,事义政同。谓宫僚施敬,宜同吏礼,诣神兽门奉笺致谒,年节称庆,亦同如此。且储妃作配,率由盛则,以妇逾姑,弥乖从序,谓贵嫔典章,一与太子不异。'于是贵嫔备典章礼数,同乎太子,言则称令。"

但她生活低调,不喜欢华贵的装饰,她所用的器物衣服没有珍贵奇丽的东西。也不曾为亲戚的事而私下请求梁武帝;虽然深居宫中,深得妃嫔宫女的欢心。后来梁武帝弘扬佛教,丁令光响应丈夫的号召,长年食用蔬菜;梁武帝信奉的佛经义理,丈夫喜欢什么,她就朝向什么;丈夫喜欢佛经,丁令光也悉心钻研,并懂得它们的要领,尤其精通《净名经》①。

普通七年(526)十一月,丁令光去世,时年四十二岁,灵柩迁移到东宫的临云殿。梁武帝诏令吏部郎张缵撰写哀悼策文,经有关部门官员奏请,给丁令光追加谥号为"穆"。安葬在宁陵,附祭于小庙。梁简文帝萧纲即位后,追尊她为太后②。丁氏虽然不怎么被丈夫喜欢,因为生了三个儿子,儿子使她的地位越来越高,也越来越稳固。

也许由于母亲丁氏的性格过于仁厚宽恕,过于低调、懦弱,她把这种性格遗传给了萧统,也遗传给了萧纲。对比萧统、萧纲和萧衍父子,他们之间无论是在性格还是在能力上,都是不同的,而且相差很远。太子萧统是个好人,萧纲也是个好人。但你要他们像父亲萧衍那样叱咤风云,为人机敏,办事果断,带兵出战北魏,屡立战功,掌握大量兵权,最后代齐建梁,在政治、军事上惊天动地,萧统、萧纲都是做不到的,萧纲在军事上的一点点成绩,也都在父亲的羽翼下取得的。

但是,母亲丁氏人缘好,从梁武帝信奉佛经义理,她悉心钻研,懂得其中要领,尤精通《净名经》,可以看出她人非常聪明,也喜欢读书。而这种人缘好、聪明、好学,喜欢读书这几点,也都和低调、懦弱一起,遗传给了萧统、萧纲兄弟;影响了萧统、萧纲兄弟未来的

---

① 《南史》卷十二:"贵嫔性仁恕,及居宫接驭,自下皆得其欢心。不好华饰,器服无珍丽。未尝为亲戚私谒。及武帝弘佛教,贵嫔长进蔬膳。受戒日,甘露降于殿前,方一丈五尺。帝所立经义,皆得其指归,尤精《净名经》。"

② 《南史》卷十二:"普通七年十一月庚辰,薨,移殡于东宫临云殿,时年四十二。诏吏部郎张缵为哀册文,有司奏谥曰穆,葬宁陵,祔于小庙。简文即位,追崇曰太后。"

发展和人生道路。

为什么要写这么多父亲梁武帝的事，写母亲的事，写这些看起来和萧纲无关，至少没有提到萧纲的话。其实，我们必须记住这一点：萧纲身为皇子，后来又贵为东宫太子，自幼就在父亲的羽翼下成长。

他早期受的文化教育、进行的政治活动以及他所身处的时代风尚，无一不受他父亲梁武帝的影响，成为太子之后，他又是父亲的继承人，负有"监国"的使命，父亲的一举一动都是他的榜样。如果不了解梁武帝萧衍，就不可能真正理解萧纲，不可能理解他的人生、他的文化性格。

这些耳濡目染，对萧纲的个性和文化性格的形成，起了关键的作用。天监二年十月丁未，生于显阳殿的萧纲，就是在这样的环境中，继续了父亲萧衍的因子并在父亲的政治、军事、文化的羽翼下成长。

二、在父亲的羽翼下成长

（一）皇太子萧纲出生的时代背景

萧衍多才多艺，一生戎马，事业顺遂，但是有个心病，快四十的他，还没有生儿子，没有接班人。所以，开始过继弟弟的孩子，想不到，很快就有了自己的长子萧统。

代齐建梁后的第二年，四十岁的他，又喜上加喜地有了自己的第二个儿子萧纲。这让他的接班人，在萧统以后，又有了一个接班人替补。

这是一个非常好的消息，所以萧纲出生，梁武帝一高兴，就给一些死刑的罪犯带来了好运。他在《诞皇子恩降诏》①中说："朕招树洪业，光宅寰宇，而本枝之庆，未广椒掖，滕卫之地，犹阙藩评。言念弓韣，未能忘怀。第三儿始育，磐石之基，于焉弥固。"②他还说："庆虽自己，思加覃及。"并颁布了对罪犯具体的减刑规定："凡死罪可降一等，五岁刑降二等，三岁刑以下并悉原散，唯犎加在三，

---

① 梁武帝《诞皇子恩降诏》，他书未载，唯见《文馆词林》卷六百六十六，题为梁武帝作。今据罗国威《日藏弘仁本文馆词林校证》补录。
② 《南史·梁本纪上》："(天监二年)冬十月，皇子纲生，降都下死罪以下囚。"

及杀祖父母,不在降例。"

其实,你只要翻翻司马光的《资治通鉴》,从萧衍代齐建梁开始,梁武帝几乎每年都会亲自象征性地带头耕作,然后就是免租免税,或者为罪犯减刑。现在梁武帝也不过是找了一个生儿子的借口,释放包括罪犯在内的劳动力,创造一个和谐宽松的环境,让被战火烧焦了的土地披一点绿色,让饥渴的人民和疲惫不堪的国家,有更多休养生息的机会。

何况,当时的梁政权才刚刚成立,政权的根基还不够稳固,内部齐东昏侯的残余势力还没有完全肃清,局势还不是十分稳定①,而北方的拓跋魏政权正处于强盛时期,对南方新成立的政权虎视眈眈,屡屡举兵进犯②。因此,对梁武帝萧衍来说,危机和挑战不可小视。

刚刚即位时他就曾对挚友范云说道:"我现在的情形,就像古书里所说的那样,如同用腐朽的缰绳驾驭六匹马拉的车子,十分危险。"范云回答说:"但愿陛下能够每天谨慎。"③

如范云所愿,梁武帝勤于政务,励精图治,在他的治理之下,局势逐步稳定了下来。萧纲出生于王朝建立初期,和他父亲的王朝一样是新的生命,新生的皇子和新兴的国家一起,安全地度过了弱小的婴儿期,等待着长成健硕的青年。

梁武帝对孩子这个阶段的教育是极其重视的,据《梁书·武帝纪》记载:"(天监九年)三月己丑,车驾幸国子学,亲临讲肆,赐国子祭酒以下帛各有差。乙未,诏曰:'王子从学,著自礼经,贵游咸在,实惟前诰,所以式广义方,克隆教道。今成均大启,元良齿让,自斯

---

① 《梁书·武帝本纪中》:"(天监元年)五月乙亥夜,盗入南、北掖,烧神虎门、总章观,害卫尉卿张弘策。戊子,江州刺史陈伯之举兵反……(六月)陈伯之奔魏,江州平。前益州刺史刘季连据成都反……是岁大旱,米斗五千,人多饿死。"
② 《梁书·武帝本纪中》:"(天监二年)冬十月,魏寇司州……(天监三年)二月,魏陷梁州……八月,魏陷司州。"
③ 见《梁书·范云传》。

以降,并宜肄业。皇太子及王侯之子,年在从师者,可令入学。'"①

《颜氏家训·勉学篇》也说:"梁朝皇孙以下,总丱之年,必先入学,观其志尚,出身已后,便从文史,略无卒业者。"②从"皇太子及王侯之子,年在从师者,可令入学"到"皇孙以下,总丱之年,必先入学",这是南兰陵萧氏萧衍这一支在培养子孙方面的用心,由此,也就难怪萧衍兄弟中有萧恢"年七岁,能通《孝经》《论语》义",诸子中萧统"三岁受《孝经》《论语》,五岁遍读《五经》,悉能讽诵,"更不要说我们这里要说的主角萧纲"六岁便属文",以至于萧衍"惊其早就,弗之信也,乃于御前面试,辞采甚美"。

除了按照《礼记》的规定,在适学年龄入学以外,萧衍还为诸子选择良师益友。虽然相较于其他的儿子,萧统的地位明显更高,毕竟萧统的出生对于久已无子甚至于需要过继一子的萧衍来说是一个惊喜,更何况萧统出生不久就赶上了齐梁易代,很快地就被立为太子,故梁武帝对于这位太子自然格外用心,而对于其他的儿子,萧衍也十分用心,《梁书》中颇有几段萧衍为萧纲择选师友的故事,如《梁书·徐摛传》中就有:

> 高祖谓周舍曰:"为我求一人,文学俱长兼有行者,欲令与晋安游处。"舍曰:"臣外弟徐摛,形质陋小,若不胜衣,而堪此选。"高祖曰:"必有仲宣之才,亦不简其容貌。"以摛为侍读③。

而《梁书·孔休源传》则记载了这么一段故事:

> 高祖谓之曰:"荆州总上流冲要,义高分陕,今以十岁儿委卿,善匡翼之,勿惮周昌之举也。"对曰:"臣以庸鄙,曲荷恩遇,

---

① 《梁书》卷五。
② 《颜氏家训集解(增补本)》,第 177 页。
③ 《梁书》卷三十。

方揣丹诚,效其一割。"上善其对,乃敕晋安王曰:"孔休源人伦仪表,汝年尚幼,当每事师之。"①

徐摛为萧纲侍读正是在天监八年(509),而萧衍将萧纲托于孔休源其实是天监十一年(512)的事。萧衍在为萧纲选取侍读时要求是"文学俱长兼有行者",并称"必有仲宣之才,亦不简其容貌",即对侍读的要求首要是"文学俱长","有行"当然也很重要,但更多的是一个辅佐条件,不过当他要求萧纲师事孔休源时,则谓"孔休源人伦仪表",对侍读与导师的要求不尽一致。

再来,萧衍还为萧纲精心选择府僚,比如在萧纲成石头时,让张率做他的云麾中记室,或如以王锡为晋安王友,虽遭拒绝,但至萧纲行冠礼,到底让王锡以府僚摄事。张率是吴郡张氏之后,王锡是琅琊王氏之后,王锡母义兴公主是梁武帝的妹妹,二人都是萧衍极看重的臣子,以为萧纲之僚属,毋庸置疑地,萧衍希望借助这些师友、僚属能够辅佐萧纲,让他除了能够在学业上精进,也能学会为政之法。

这一年,北魏任城王元澄与萧宝寅、陈伯之等联手攻梁②,梁出兵抵御。

那是一个交织着政治、军事、文化和诗学大背景下的生命旅程。

等待萧纲的,除了政治的纷争,边塞的烽火,血腥的杀戮以外,进一步对外发现自然,对内发现自身;在思想上不可怠慢原来的儒、道二教;又积极地向新来的佛教敬礼,让三教合一成为新的思想为社会生活服务;而娱乐和文学的新潮流,也一波一波向旧历史的帷幕袭来,伴随萧纲成长的,还有许多重要的历史事变和文化大事。

文学理论家刘勰起家奉朝请。根据刘毓松《书文心雕龙后》

① 《梁书》卷三十六。
② 萧宝寅是东昏侯萧宝卷同母弟,萧衍攻克建康之后他逃奔北魏,陈伯之原为梁征南将军、江州刺史,天监元年五月举兵反梁,兵败投奔北魏,北魏任其为江州刺史。

（《通义堂文集》卷十四）一文考证，《文心雕龙》成书于齐末和帝时（501 年 3 月至 502 年 3 月），求誉沈约，大受沈约赞赏后，不久当流行于世。

梁武帝兴建保圣寺、光福神寺、延福禅寺；扩建秀峰寺；梁武帝敕令，停止各郡县为上宫和东宫贡献物品，只准许各州以及会稽郡可以根据本土的具体情况制定贡奉物品种类，但是如果不是本地所产的，也不得上贡。

这一年，在萧纲出生前五个月，卫将军、文学家范云去世。范云和梁武帝萧衍曾同列"竟陵八友"，萧衍年少时两人就是密友，在梁朝建立的过程中，范云为萧衍出谋划策，对新生政权有很大贡献，他的离世让萧衍十分痛惜。

十分巧合的是，收拾梁代残局的陈霸先，史称陈武帝，也在天监二年生于浙江长兴，和萧纲同岁。

萧纲出生的第二年，天监三年（504）春正月，梁朝征虏将军赵祖悦与陈伯之战于东关，赵祖悦战败，秦、梁二州行事夏侯道迁带着汉中土地归顺了北魏。北魏又围困义阳，梁将马仙琕与魏将元英决战，梁军大败，三关遂为北魏所有，梁在这一阶段的南北军事对峙中处于劣势。

这一年，文学家丘迟出京任嘉兴太守，临行前与沈约、任昉、傅昭等文士共聚，丘迟将家藏书籍取出，请文士们共同研究讨论[①]。

这一年，梁武帝宣布佛教为正教；亲自率领僧俗二万人在重云殿的重云阁，撰写了《舍道事佛文》。并在镇江举行水陆大斋，佛教经忏法事，中国佛教法会道场隆重的仪式，由此开始。

雅好儒术的梁武帝，因为东晋、宋、齐虽开置国学，不到十年就废止了，即使存在，也仅仅是形式，无讲授之实。想重整儒学之旗鼓。

萧纲出生的第三年，天监四年（505），梁武帝复兴儒学，建立孔

---

① 见《金楼子·杂记篇上》。

子庙。诏置五经博士各一人,广开学馆,于是人人向学,风气为之一变①。梁武帝还规定:年不满三十岁不通一经者,不得为官。在资料建设上,由于齐末秘阁遭兵火,经籍涣散。是年,以任昉为秘书监,重新校订秘阁四部书,另为目录。

任昉也是"竟陵八友"之一,在南齐永明时就以文章见长,与沈约并称为"沈诗任笔"②,他酷爱藏书,家中所藏多是官方所无的珍本,在南齐永元年间他就执掌秘书书籍,可谓是整理秘阁书目的不二人选。

与沈约一样,任昉也是梁代文坛后进竞相师法的前辈,他爱好交游,乐于推荐人才,如果得到他的称赞,不仅能在文坛上声名大增,同时官职也会进一步提升,所以人们称他"任君",把他比作东汉"三君"。不仅一般的文士,连高门子弟、朝中权贵都争着与他交好,故而其府邸又称"龙门"③。

除了整理秘阁书籍外,又在文德林内列藏众书,让学士刘峻整理目录;在尚书阁另藏经史杂书;在华林园中列藏佛经。除佛经外,共列书二千九百六十八种,二万三千一百零六卷。又取文德林目录中术数书别为一部,让祖冲之的儿子祖暅撰写目录④,所以梁

---

① 梁武帝诏曰:"二汉登贤,莫非经术,服膺雅道,名立行成。魏、晋浮荡,儒教沦歇,风节罔树,抑此之由。可置《五经》博士各一人,广开馆宇,招内后进!"于是,将贺及平原人明山宾、吴兴人沈峻、建平人严植之补为博士,让他们各主持一馆,讲学执教,每馆有好几百名学生,由朝廷供给口粮等生活资用,其中在射策考试时应对自如,风解深刻透彻者,即被任为官吏。朝廷又挑选学生,送他们去会稽云门山跟从何胤接受学业,命令何胤选拔门徒中通晓经学、品行优秀者,上报朝廷。朝廷又分遣博士祭酒巡视各州郡的立学情况。一年之间,天下士子怀经负笈,云集而至。

② 南朝沈约以诗著称;任昉以表、奏、书、启诸体散文擅名,时人称为"沈诗任笔"。笔,谓无韵之文。既以文才见知,时人云"任笔沈诗"。昉闻甚以为病。晚节转好著诗,欲以倾沈,用事过多,属辞不得流便,自尔郁下士子慕之,转为穿凿,于是有才尽之谈矣。钟嵘《诗品·中品》"梁太常任昉诗":"彦升少年为诗不工,故世称'沈诗任笔',昉深恨之。晚节爱好既笃,文亦遒变。善铨事理,拓体渊雅,得国士之风,故擢居中品。但昉既博学,动辄用事,所以诗不得奇。少年士子,效其如此,弊矣!"

③ 萧绎《金楼子·立言》篇下:"任彦升甲部阙如,才长笔翰,善缉流略。遂有龙门之名,斯亦一时之盛。"

④ 阮孝绪《七录·序》:"齐末兵火,延及秘阁,有梁之初,缺亡甚众,爰命秘书监任昉躬加部集;又于文德殿内别藏众书,使学士刘孝标等重加校进,乃分数术之文更为一部,使奉朝请祖暅撰其名录;其尚书阁内别藏经、史杂书,华林园又集释氏经、论。自江左篇章之盛,未有逾于当今者也。"见《广弘明集》卷三。

代官方典籍共有五部目录。典籍的整理给学习带来了便利,也有利于书籍的有序保存,是国家文化建设的大事,充分显示出梁武帝萧衍对于文化的重视。

这一年,天公作美,风调雨顺,谷物大丰收,米价每斛三十钱①;粮食供给有了保证,加以国内局势已经稳定下来,对于北魏的军事反击终于得以展开。这年十月,梁武帝下诏,以扬州刺史临川王宏都督北讨诸军事,尚书右仆射柳为副,由上交封国所收之租和职田所收之谷资助军队,准备大举北伐,反击北魏。

战争需要武器粮饷,需要将军,也需要文书官出谋划策。于是,中书郎丘迟继任为记室随军;诗歌批评家钟嵘,时任中军临川王参军,后来在萧纲府中任记室②。

这一年,刘勰也转为临川王萧宏记室,丘迟、钟嵘、刘勰应同在萧宏帐下任职,或同在临川王萧宏帐下昼论军事夜谈诗。萧宏统领的北伐大军共有六十四万,又称"百万之师"。萧宏驻军于洛口,军容甚盛。

进入第二年二月之后,南北两方正式开战,临川王萧宏带兵挺进前线,驻军于洛口(今淮南市东北洛涧入淮口),意在收复淮南,萧宏帐下兵精粮足,声势浩大,向北魏初步展示了梁的军事实力③。

北魏中山王元英督军以拒梁师;陈伯之在淮南一线与梁军对垒。梁临川王萧宏命丘迟作书信招降,丘迟作《与陈伯之书》。其中"暮春三月,江南草长,杂花生树,群莺乱飞。见故国之旗鼓,感乎生于畴日,抚弦登陴,岂不怆恨"成为千古名句。陈伯之接到信

---

① 《梁书·武帝本纪中》:"是岁大穰,米斛三十。"

② 此后钟嵘《诗品》"丘迟条"谓:"丘诗点缀映媚,似落花依草。故当浅于江淹,而秀于任昉。"亲闻亲见,最为有识。

③ 《梁书·萧宏传》:"器械精新,军容甚盛,北人以为百数十年所未之有。"

件,当月即率部归降①。

梁、魏会战,裴邃、韦睿、昌义之等人所帅各部攻克梁城、合肥等地,节节胜利。但都督诸军的萧宏却畏惧北魏援军,临阵退缩,导致九月梁军大败于洛口,损兵五万。十月,魏军乘胜围钟离。梁武帝命曹景宗、韦睿领兵增员,解钟离围,大破魏军。魏军战死、溺死者各十余万,被俘五万,北伐取得了阶段性胜利。

政治军事斗争风云激荡的同时,文坛也有了一些新的动向,天监四年,梁光禄四朝诗人江淹逝世②。以上这些,都是萧纲出生三年里发生的事。

而从天监二年至六年间,柳恽在吴兴做太守,召吴均为主簿,两人诗风相近,吴均的诗歌文章,一时流行,号称"吴均体"。这样的外部世界为萧纲安排了一个登场的舞台。

衡阳王萧元简进号宁朔将军,引钟嵘为宁朔记室,专掌文翰。何胤隐居会稽若邪山,筑室而居。与萧元简过往甚密。一日,山发洪水,漂拔树石,而此室独存。元简命钟嵘作《瑞室颂》,辞甚典丽。钟嵘以后写作与刘勰《文心雕龙》同为文学批评史上双璧的《诗品》,后来成为萧纲的记室,在诗学观念上影响萧纲;而就在这一年,将来作为萧纲文学助手的徐陵出生。

范缜发表《神灭论》。梁武帝命王公及僧正等六十六人,撰文七十五篇批驳范缜,缜不为所屈,那都是文斗,没有武斗,双方都是

---

① 《梁书·陈伯之传》:"伯之自寿阳梁城拥众八千来降,魏人杀其子虎牙。诏以伯之为西豫州刺史;不使镇边,恐其复叛。未之任,复以为通直散骑常侍。久之,卒于家。"丘迟信中有"主上屈法申恩,吞舟是漏,将军松柏不翦,亲戚安居,高台未倾,爱妾尚在。而将军鱼游于沸鼎之中,燕巢于飞幕之上,不亦惑乎!想早励良图,自求多福"这样的句子,对陈伯之晓以利害,想必对其有所触动。

② 钟嵘《诗品》"梁光禄江淹条":"文通诗体总杂,善于摹拟。筋力于王微,成就于谢朓。初,淹罢宣城郡,遂宿冶亭,梦一美丈夫,自称郭璞,谓淹曰:'吾有笔在卿处多年矣,可以见还。'淹探怀中,得一五色笔以授之。尔后为诗,不复成语,故世传江淹才尽。"《南史·江淹传》谓:"淹少以文章显,晚节才思微退,云为宣城太守时罢归,始泊禅灵寺渚,夜梦一人,自称张景阳,谓曰:'前以一匹锦相寄,今可见还。'淹探怀中得数尺与之。此人大恚曰:'那得割截都尽!'顾见丘迟,谓曰:'余此数尺,既无所用,以遗君。'自尔淹文章踬矣。"

心平气和地摆事实,讲道理。

天监七年(508),萧纲六岁。梁与北魏在信阳为争夺义阳三关进行长达半年的血战。

这一年,梁诏令刘勰、僧智、僧晃等才学僧俗三十人集上定林寺,抄一切经说,以类编纂,成《众经要抄》八十八卷。

这一年,诗人丘迟逝世;与梁武帝同为"竟陵八友"的文章家任昉逝世;任昉聚书博学,奖掖后进;在齐梁间与沈约齐名。时号"沈诗任笔"。此时,父亲萧衍辈的老诗人、文学家渐渐凋零;但同时,新的元素正在诞生。新人冒出来,继徐陵以后,他的弟弟萧绎也出生了。一场政治、军事、文学的交响乐不同声部同时演奏。

萧纲的童年就是在这样的局势下度过的,新生的王朝在各方面都积极进取,各种新生的力量成长起来。

天监八年(509),梁与魏的战争仍然在拉锯进行。正月,魏拔梁三关;三月,梁于潺沟又大破魏军。

当时,不仅南朝的梁武帝信佛,北方的统治者也信佛。北魏宣武皇帝亲为朝臣及诸僧讲《维摩诘经》。西域僧侣三千余人会聚洛阳。洛阳佛教大盛,寺庙日多,佛寺文化也空前发展。虽然也有像梁中书郎范缜那样坚持"神灭论"的人,但信佛仍然是当时人认识生死本质,在意识形态上的一个飞跃。

这些政治、军事、经济、文化还有锦绣江南的大背景,都是皇太子萧纲出生的时代背景。等待着萧纲,也规定了萧纲,塑造了萧纲;是影响萧纲外部世界和内心情绪的色彩基调。

(二) 萧纲四岁开始步入政治军事舞台

天监五年(506),萧纲四岁时,开始步入政治、军事的舞台。那是父亲梁武帝封的,萧纲当上晋安王,食邑二千户。那时,萧纲还不完全懂,他只是听从父亲的安排,其实,他宁可不要当晋安王食邑二千户,而要几个玩具拼图。

为了巩固自己的家族政权,从汉代到曹魏到南朝宋,皇帝家族和皇帝的儿子们,很早就被授予各种军衔,任命为各种官职,封以各种名号,占据政治、军事、职权的各种资源。萧衍也一样,他的儿子们从三五岁开始,一个一个都封官列侯,这是一个有趣的历史现象。

天监五年(506),四岁的萧纲被封为"晋安王"开始,天监八年(509),七岁的萧纲又被封为"云麾将军",领石头戍军事,量置佐吏;

天监九年(510),萧纲八岁。这一年,武帝萧衍来到国子学堂,亲自进入讲堂视察。并诏令皇太子以下以及王侯之子适龄者都入学。

毕业期满,梁武帝又亲至国子学策试学生,监考并做答辩主持人。这一年,在其子祖暅之的推动下,祖冲之的《大明历》正式颁布施行。刘勰任南康王记室,兼东宫通事舍人。梁中书郎、诗人范缜逝世。

早在永明年间,范缜就对当时崇佛的风气不满,写作《神灭论》驳斥佛教教义,掀起一场辩论,竟陵王萧子良集结僧俗反驳范缜,未能取胜。

到了天监年间,梁武帝为了维护佛法,再次组织臣下驳斥范缜,共有萧琛、曹思文、徐勉等六十余名朝贵参与,天监六年(507),他还亲自撰写《立神明成佛义记》,对范缜神灭之说做正面回应。在这场辩论之后,佛教的地位更加巩固。

此时,八岁的萧纲,迁使持节,都督南北兖、青、徐、冀五州诸军事,宣毅将军,南兖州刺史;

天监十二年(513),十一岁入为宣惠将军、丹阳尹;

天监十三年(514),十二岁的萧纲出为使持节,都督荆、雍、梁、南北秦、益、宁七州诸军事,南蛮校尉,荆州刺史,将军如故;

天监十四年(515),十三岁时徙为都督江州诸军事、云麾将军、江州刺史,持节如故。

天监十七年(518),十六岁征为西中郎将、领石头戍军事,寻复为宣惠将军、丹阳尹,加侍中。普通元年,出为使持节,都督益、宁、雍、梁、南北秦、沙七州诸军事,益州刺史;未拜,改授云麾将军、南徐州刺史。

随着萧纲的长大和懂事,萧衍便把小权一点一点放给萧纲,让萧纲去处理,以增强他的能力。在这种培养锻炼之下,据说,萧纲"自年十一,便能亲庶务,历试蕃政,所在有称","及居监抚,多所弘宥,文案簿领,纤毫不可欺"。① 显示出一定的政治管理能力。

不仅是萧纲,包括他的兄弟在内,南朝其他的皇子,也是从小身上就挂满了勋章般的"官职",不到成年就被委派到地方做官。这就是"幼王出镇"。

幼王出镇是南朝历史上产生的一种独特政治现象。这一现象,客观上是南朝政局动荡、皇权转移频繁、皇帝大多年青、皇子未及成人的缘故。主观上则蕴含着南朝君主企图抵消世族政治、提高宗室地位、加强皇权的动机②。

很难想象,几岁的孩子是如何摄政的。萧纲七岁再怎么早慧,也是决计干不了"云麾将军",领石头戍军事,量置佐史、镇守地方州郡这一系列重要的职务的,南朝时年幼皇子出镇地方州郡,往往都是命辅佐皇子的僚佐代行政务,这样叫做"行某某州事",行事的官员仍然是听命于皇帝。

萧衍也依照惯例,把萧纲托付给辅助大臣孔休源,恳请他辅助皇子;同时又关照萧纲,要把辅助大臣当成自己的老师,要听老师的话,不可随心所欲。萧衍用心良苦,由此可见一斑③。

按照当时的制度,有了将军号就可以设军府,在府内安置僚

---

① 均见《梁书·简文帝本纪》。
② 参见陈长琦《南朝时代的幼王出镇》(《华南师范大学学报》1996年第1期)。
③ 如天监十三年(514),十二岁的萧纲出为使持节,都督荆、雍、梁、南北秦、益、宁七州诸军事,南蛮校尉,荆州刺史,将军如故。时四十七岁的孔休源,为晋安王萧纲长史、南郡太守,行荆州府州事。《梁书·孔休源传》载:"梁武帝谓(孔休源)曰:'荆州总上流冲要,义高分陕,今以十岁儿委卿,善匡翼之,勿惮周昌之举也。'对曰:'臣以庸鄙,曲荷恩遇,方揣丹诚,效其一割。'上善其对,乃敕萧纲曰:'孔休源人伦仪表,汝年尚幼,当每事师之。'"

佐,对于年幼的皇子,僚佐是必须的,比起一般僚佐,作为启蒙老师的侍读更为关键。萧衍考虑安排给萧纲的侍读,是要会读书,文、学兼长,并且要德行优秀,堪为表率的人。他问他最信任的近臣,文、学和人品同样俱佳的周舍,谁可以胜任?

周舍字升逸,汝南安城人,周颙之子。《梁书·周舍传》谓:"舍幼聪颖……既长,博学多通,尤精义理,善诵书,背文讽说,音韵清辩。""国史诏诰,仪体法律,军旅谋谟,皆兼掌之。日夜侍上,预机密,二十余年未尝离左右。"①

周舍就向梁武帝推荐了他的外弟徐摛。并且说:你别看臣外弟的样子又瘦又矮小,其实是绝对适合的人选。这就是《梁书·徐摛传》中记载的:

> 会晋安王出戍石头,高祖(梁武帝萧衍)谓周舍曰:"为我求一人,文学俱长兼有行者,欲令与晋安游处。"舍曰:"臣外弟徐摛,形质陋小,若不胜衣,而堪此选。"高祖曰:"必有仲宣之才,亦不简其容貌。"以摛为侍读。

那一年,徐摛差不多三十五六岁,他的儿子徐陵三岁。从此,徐家父子和萧纲的关系就非常亲密。萧纲调到哪里,他们就得跟到哪里。

《梁书·徐摛传》说:"后王(萧纲)出镇江州,仍补云麾府记事参军,又转平西府中记室。王(萧纲)移镇京口,复随府转为安北中录事参军,带郯令。以母忧去职。王为丹阳尹,起摛为秣陵令。普通四年(523),王出镇襄阳,摛固求随府西上,迁晋安王谘议参军。

---

① 《梁书·周舍传》谓:"高祖,召拜尚书祠部郎。时天下草创,礼仪损益,多自舍出。""舍素辩给,与人泛论谈谑,终日不绝口,而竟无一言漏泄机事,众尤叹服之。性俭素,衣服器用,居处床席,如布衣之贫者。"死后,梁武帝"诏曰:'故侍中、护军将军简子舍,义该玄儒,情穷文史,奉亲能孝,事君尽忠,历掌机密,清贞自居。食不重味,身靡兼衣。终亡之日,内无妻妾,外无田宅,两儿单贫,有过古烈。往者,南司白涡之劾,恐外议谓朕有私,致此黜免,追愧若人一介之善。外可量加褒异,以旌善人。'"

大通初,王总戎北伐,以摛兼宁蛮府长史,参赞戎政,教命军书,多自摛出。王入为皇太子,转家令,兼掌书记。"徐家父子的人生经历,就随萧纲的升迁而波动。

(三) 萧纲结婚并亲为庶务

萧纲于天监十一年(512)结婚,这一年他不过十岁。而第二年,也就是天监十二年(513),萧纲入为宣惠将军,为丹阳尹,《梁书·简文帝本纪》说他:"读书十行俱下。九流百氏,经目必记;篇章辞赋,操笔立成,博综儒书,善言玄理。自年十一,便能亲庶务,历试蕃政,所在有称。""读书十行俱下"诸句,可知萧纲尚在为学之时,而"自年十一"则已经能亲理庶务,则可说明在为丹阳尹之后,他已经开始亲政了。

此后,天监十三年,萧纲出为荆州刺史,十四年为江州刺史,十六年去江州刺史任,十七年,领石头戍军事,很快地又做了丹阳尹。其实,这期间萧纲所能做的还很有限,但还是能看出他在尽己所能。以丹阳尹任上为例,《梁书·简文帝本纪》这样记录:"(天监)十七年,征为西中郎将、领石头戍军事,寻复为宣惠将军、丹阳尹,加侍中。"

这已经是萧纲第二次任丹阳尹了,这一次萧纲已经十六岁了,连冠礼都在前一年行过了。这一次萧纲留下的痕迹再不是仅有"亲庶务",先是有刘孝仪作《为晋安王让丹阳尹表》[①],后有萧纲亲作《复临丹阳教》[②],其中有"思立恩惠,微宣风范"之志,可见,此时萧纲已经希望建立政绩,而不仅仅是随着父亲的安排就任而已了。也因此,至普通元年离开丹阳尹任时,他写了一首《罢丹阳郡往与吏民别》诗:

---

①　此文原收在《艺文类聚》卷十,未明标年月,萧纲于天监十一年、十七年两为丹阳尹,据吴光兴《萧纲萧绎年谱》系此表于天监十七年。

②　《复临丹阳教》:"昔越张修猛,用弘美绩,边延善政,实著民谣。吾冲弱寡能,未明理道,猥以庸薄,作守京河。将恐五袴无谣,两岐难颂,思立恩惠,微宣风范。"(《艺文类聚》卷五十)

久归从事麦,非留故吏钱。柳栽今尚在,棠阴君讵怜。

这是一首留别诗。起句写自己离职时候的举动,如同李恂那样,把所种小麦,交付于从事,不带走一点。然后写百姓对自己的留念,像会稽民众在刘宠离职的时候那样,赠钱相送,但自己依然不取一钱。这两句诗歌对仗工整,"久""留"二字,把萧纲作为地方官的自信充分体现了出来。

萧纲似乎是想告诉所有下属与百姓,希望在你们眼中的我不仅是皇子,是文学家,而且还是一个能够清廉自律,在政治上能够有所作为的官员。

诗歌最后有些依依不舍,因此问出:你们还会像怀念召公的棠树那样,时时想起我吗? 调回头说,萧纲能写出这样的诗来,正说明他在任上殚精竭虑,为民做事,非如此,安敢乞百姓之思?

在萧纲的历任职务中,颇值得一说的是雍州刺史一职。在离开丹阳尹任后,萧衍曾让萧纲出为益州刺史,萧纲未拜。

普通二年(521),萧纲出为南徐州刺史,四年为雍州刺史。按《梁书·简文帝本纪》:"(普通)四年,徙为使持节、都督雍、梁、南北秦四州郢州之竟陵司州之随郡诸军事,平西将军、宁蛮校尉、雍州刺史。"

普通四年,萧纲已经二十一岁,已经是个成年人了,更何况他的嫡长子萧大器也在这一年出生了,这样的他对于政事自然更为用心。

我们如果把目光稍稍往前移动,这一年正月初四的时候,他的父亲萧衍亲祠南郊,大赦天下,当时他还没有就任雍州刺史,尚在南徐州,未能亲赴典礼,因献《南郊颂》①。

献赋的行为本身很能说明他为不能亲自出席盛典而颇为遗

---

① 萧纲《南郊颂(并序)》并见于《文苑英华》卷七百七十二,又见《艺文类聚》卷三十八,《初学记》卷十三,皆有删节,序、颂文字颇长,此不赘录,谨录《上〈南郊颂〉表》:"虽周郊南甸,宗伯之官徒设;汉兴北畤,夤恪之道未隆。而体元含极,先后弗违。典盛望禋,理通孝敬。洁静之礼载光,帝郊之风斯洽。昔东平琅琊,著藻炎德,临淄中山,摛文魏美。"(《艺文类聚》卷三十八)

憾,这也表现了萧纲的政治志向。而当萧纲成为雍州刺史以后,萧绎写了一封《庆州牧书》寄给萧纲,庆贺他升为州牧,萧纲在回信中说:

> 虽心慕子文,申威涿郡,意存士雅,慷慨临江,而不能遂封狼居之山,永空幕南之地,逐北聊城,追奔瀚海,必欲卷绶避贤,辞病收迹。

这里我们要稍微说一下雍州,萧纲所牧之雍州实际上是东晋以后侨置的雍州,而原来的雍州在北方,到汉末曹魏初期,治所在长安附近,曹彰当年曾镇守此地。

曹彰是曹操与卞皇后的第二个儿子,曹丕之弟曹植之兄,以其军事才能而得到曹操的赞叹,在征讨乌丸的过程中建立了卓越功勋,曹操曾对他大为称赞,这自然是萧纲在回复萧绎对他升任雍州牧的贺信中一开头就提到了曹彰征服乌丸之事的原因。而从"心慕子文,"到"逐北聊城,追奔瀚海",都明确地表示了萧纲心中也有建功立业之志。

另一方面,南雍州在南朝时期早已成为一个军事要地,当年萧衍曾经持节雍州,并在此积聚力量,为最终取代齐做了充分的准备。因此,当萧纲成为雍州刺史时,他心中无法不有建功立业之志。所以,在雍州任上有下令图历代雍州贤能刺史像于厅事之事①。可以想见,一当机会来到,萧纲自然不会放过,而这个机会恰恰在普通五年(524)来到了。

萧纲于普通四年(523),二十一岁徙为使持节、都督雍、梁、南北秦四州郢州之竟陵司州之随郡诸军事、平西将军、宁蛮校尉、雍州刺史。普通五年(524),二十二岁进号安北将军。普通七年

---

① 萧纲有《图雍州贤能刺史教》:"冀州表朱穆之像,太丘有陈寔之画,或有留爱士氓,或有传芳史籍。昔越王镕金,尚思范蠡;汉军染画,犹高贾彪。矧彼前贤,宁亡景慕,可并图象厅事,以旌厥善。"(《艺文类聚》卷五十二)

（526），二十四岁进都督荆、益、南梁三州诸军事。

这一年十一月庚辰，生母丁贵嫔逝世，史载萧纲"哀毁骨立，昼夜号泣不绝声，所坐之席，沾湿尽烂"①。上表陈解，诏还摄本任。

中大通元年（527），二十五岁诏依先给鼓吹一部。中大通二年（528），二十六岁为都督南扬、徐二州诸军事、骠骑将军、扬州刺史。

以上的成长，都是在父亲"有形"的任命和用刀矛盾牌作保证的"羽翼"之下进行的。其实，作为几乎是"文化全能"的父亲，萧衍用自己的行为、志趣，以身作则，影响萧纲。这比"有形"的任命和刀矛保证更温柔、更油然善化，感人至深，是"无形"的羽翼。

也许就是父亲的言传身教，是父亲在文化、文学和诗歌上的因子，聪颖、敏悟的遗传，使萧纲天生就具有对文学的爱好和独特的审美感受力。在父亲的羽翼下，萧纲一点点进步成长起来。

（四）吾家之东阿：萧纲的文学天赋

尽管如此，萧纲最突出的还是他的文学才能。萧纲六岁就能写文章，开始时他的父亲不敢相信，后来，萧衍当面考察萧纲，亲眼看到儿子萧纲不仅能写文章，而且辞采甚美。惊叹地说："此子，吾家之东阿。"②而萧纲说自己："七岁有诗癖，长而不倦。"③说明萧纲写诗且成"癖"，是徐摛来之前就开始，并非是受到徐摛的影响。但侍读徐摛的到来，还是对他的诗歌创作发生了很大的影响。

《梁书·徐摛传》说："徐摛，字士秀，东海郯人也。摛幼而好学，及长，遍览经史。属文好为新变，不拘旧体。"不拘旧体的"新变"，从此成了萧纲一生追求的种子；萧纲后来的"宫体诗"，其实是徐摛"不拘旧体""新变"的发扬光大；这一诗体是萧纲对中国诗歌的贡献。

---

① 均见《梁书·简文帝本纪》。
② 《梁书·简文帝本纪》：（萧纲）"幼而敏睿，识悟过人，六岁便属文，高祖惊其早就，弗之信也。乃于御前面试，辞采甚美。高祖叹曰：'此子，吾家之东阿。'"
③ 见《梁书·简文帝本纪》。

当萧衍把萧纲比成"萧家"的"东阿王曹植"时,其实也就不知不觉地把自己比作曹操;表明了萧氏家族和曹氏家族在六朝文学上的继承关系。同时,从小种在萧纲心里的,是文学上的榜样曹植;而萧衍的这句话,成了六朝文学史和中国家族文学史上最美的提示。

也许是萧衍文学因子的遗传,萧纲天生聪颖、敏悟;爱好文学,有独特的审美感受力;萧衍言传身教,并利用他手中的权力,在政治、军事、宗教、文化各个方面培养萧纲。就这样,萧纲在父亲巨大的羽翼下成长,度过了他的少年时代。

三、萧纲和他的兄弟们

萧衍的其他配偶见载于《梁书》和《南史》的,除了丁贵嫔,还有阮修容、吴淑媛、董昭仪、丁充华和葛修容。《梁书·高祖三王列传》说:"高祖八男:丁贵嫔生昭明太子统,太宗简文皇帝,庐陵威王续;阮修容生世祖孝元皇帝;吴淑媛生豫章王综;董淑仪生南康简王绩;丁充华生邵陵携王纶;葛修容生武陵王纪。"

(一) 堪以自豪的哥哥萧统

萧纲的哥哥萧统(501—531),字德施。即后世著名的"昭明太子"。

梁武帝萧衍共有八子,其中,长子萧统是萧纲胞兄,与萧纲最为亲近。萧统、萧纲兄弟的母亲丁令光,是萧衍镇樊城时所娶的妾室。萧统于南齐中兴元年(501)九月生于襄阳,当时萧衍的正室夫人郗徽已经过世,膝下无子,而萧衍已经年近四十,对他来说,萧统是盼望了多年的子嗣,也是上天的眷顾。

当时,萧衍已经兴兵举义,大军挺进建康,合围京师。萧统出生后,东昏侯手下征虏将军王珍国兵败朱雀桁,守将李居士、徐元瑜归降义军,攻打建康的战事节节胜利;而荆州方面又传来消息,刺史萧颖胄因荆州被围,忧虑暴病身故。

萧颖胄是齐高帝萧道成从弟萧赤斧的长子,他的资历和军事实力均胜过萧衍,他与萧衍一同起兵、拥立齐和帝,当时除本官荆州刺史外,还有侍中、尚书令、监八州军事之职,加之威望,足以压倒萧衍,可以说是萧衍日后独揽大权的一大阻力,故而人们把他的死讯和萧统出生、建康东府城守将徐元瑜归降合称为"三庆",认为这一连串的好事意味着萧衍是天命所归的君王。

萧统生在一个绝佳的时间,他不满周岁的时候,萧衍攻下了建康,之后代齐称帝,他即位的当年(502)十一月就立萧统为太子,入主东宫,丁令光母凭子贵,被封为贵嫔,主管后宫事务。

萧统入主东宫之后,按照培养君主的方式接受教育。从他的名字能看出父亲对他寄予了无限的希望,名统,自然是统领国家的君主,字德施,是希望他将来的德行惠及天下,小名维摩则是含有佛教意味,寓有吉祥之意。对这个儿子,梁武帝萧衍爱护有加,因太子过于年幼,就让他住在内宫,东宫的官属入直永福省,以方便处理和太子有关的事情,等萧统长到六岁(天监五年,506),才让他离开内宫,搬到太子专属的东宫。

太子初离父母膝下,时常思念,闷闷不乐;梁武帝心疼儿子,每当朝会的时候就把他留在永福省,过个三五天之后才让他回东宫。虽然对太子疼爱有加,对于他的教育却从未放松过。为了给萧统最良好的成长环境,管理东宫事务的官员几乎全是当时最负声望的人物:沈约为太子詹事,后又为太子少傅;刘苞为太子太傅;周舍为太子洗马、太子右卫率;徐勉为太子右卫率、太子中庶子;明山宾为太子率更令;殷钧为太子家令,掌东宫书记,后又为太子中庶子;庾於陵为太子洗马,他们为太子创造了良好的文化氛围。

萧统稍大一点,就由太子中庶子殷钧、中舍人到洽、国子博士明山宾等轮流为太子讲解《五经》①。萧统自幼就十分聪慧,三岁起

---

① 见《梁书·庾黔娄传》。

就开始学习当时的启蒙经典《孝经》《论语》，五岁就遍览五经，读过的都能够背诵，显示出早慧的迹象。九岁时，萧衍特地在寿安殿为他安排了一堂"公开课"，内容让他讲《孝经》，听的人都觉得他尽通大义，是个了不起的太子。

萧统对城中和四野他不认识的老百姓，他也十分关心，在灾年，在寒冬腊月和风雪交加的黄昏，经常用各种办法接济他们①。萧统生活的核心圈在家庭，对弟弟妹妹生活上的关心，更是无微不至。

作为哥哥，萧统是弟弟妹妹们读书的表率，品行的表率，做人的表率。萧纲比他小两岁，萧绎比他小七岁；他们都喜欢读书，喜欢知识，喜欢文学，这和萧统哥哥的榜样做得好都大有关系；同样，在历史上萧家和曹家旌旗相望，除了萧衍儿子生得好，也和长子的作用、萧统的表率有很大的关系。

萧统十三岁的时候，对前辈的耆老已懂得尊敬，太子洗马陆襄的母亲年将八十，萧统每月派人去慰问，送一些衣物和吃的东西。萧纲也是这样，也许都是爸爸妈妈教的，也许他们兄弟的性格就是如此。

萧统知书达理，体贴侍臣，朝野一片好名声。《南史·萧统传》说他十二岁的时候就以仁爱之心判决犯人，有时过于宽松。但大家都不觉得判罚的尺度有多重要，而是太子的仁爱更重要②。

---

① 《南史·萧统传》："普通中，大军北侵，都下米贵。太子因命菲衣减膳。每霖雨积雪，遣腹心左右周行间巷，视贫困家及有流离道路，以米密加振赐，人十石。又出主衣襦帛，年常多作襦裤，各三千领，冬月以施寒者，不令人知。若死亡无可敛，则为备棺槥。每闻远近百姓赋役勤苦，辄敛容变色。"

② 《南史·萧统传》："年十二，于内省见狱官将谳事。问左右曰：'是皂衣何为者？'曰：'廷尉官属。'召视其书，曰：'是皆可念，我得判否？'有司以统幼，绐之曰：'得。'其狱皆罪上，统皆署杖五十。有司抱具狱，不知所爲，具言于帝，帝笑而从之。自是数使听讼，每有欲宽纵者，即使太子决。建康县谳诬人诱口，狱翻，县以太子仁爱，故轻当杖四十。令曰：'彼若得罪，便合家孥戮，今纵不以其罪罪之，岂可轻罚而已，可付冶十年。'"

（二）哥哥萧统主编的《文选》

《文选》是我们现今所能见到的第一部文学总集。

梁武帝萧衍好尚文学，作为他的长子，萧统也自幼就喜好文学，和他父亲一样，时常与文士交游，讨论文学与学术，或者吟诗作赋。在写给弟弟萧绎的信中，他这样说道："吾少好斯文，迄兹无倦：谭经之暇，断务之余，陟龙楼而静拱，掩鹤关而高卧，与其饱食终日，宁游思于文林。"①他身后有文集二十卷，不过其中作品大多散佚，流传下来的很多都不完整。

因为萧统喜欢引纳文士，东宫里聚集一大批学识深厚、文采出众的士人，像众星拱月一样围绕在太子周围，形成了一个文学集团。这个文学集团中，如张缵、张率、张缅、刘孝绰、到洽、陆倕、王筠、王锡、谢举和王规，都是中坚力量，被后世合称为"十学士"。天监十四年(515)之后，沈约、任昉等永明文学家均已谢世，萧统为首的文学集团便成为引领文学潮流的主力军。

在东宫诸文士中，萧统最为器重的是刘孝绰和王筠。

有一次，众人在玄圃园聚会，他一手拉着王筠的衣袖，一手抚在刘孝绰肩头，说道："所谓'左把浮丘袖，右拍洪崖肩'。"萧统引用的是东晋诗人郭璞《游仙诗》中的句子，把刘王二人比作超乎凡俗的仙人。

刘孝绰的父亲刘绘，曾参与永明时关于诗歌声律的讨论，钟嵘《诗品》置于下品，说他"词美英净"。刘孝绰七岁便能属文，他的舅舅王融和沈约、任昉、范云等文坛前辈都对他寄予厚望，梁武帝萧衍也十分欣赏他，当他由上虞令还都任职，转为秘书丞时，萧衍对周舍评论道："第一官当用第一人。"②

刘孝绰少年名重，不免恃才放旷，行为不甚检点，但萧统父子

---

① 《答湘东王求文集及〈诗苑英华〉书》。
② 见《梁书·刘孝绰传》。

爱惜他的才华,对此十分宽容,不予深究。刘孝绰是名副其实的东宫首席文士,萧统的首部文集就是由他编纂并作序的。

而王筠出自琅琊王氏,也是少年时就已经闻名于文坛,尤其是一代辞宗沈约,和他交游颇深,把他当作自己的知音,向梁武帝赞不绝口:"晚来名家,唯见王筠独步。"①

萧统去世,他奉旨为太子写作哀策文,写成之后受到梁武帝的赞赏。东宫文士们在萧统的文学生活中扮演着重要角色,不仅萧统自己的文集,包括萧统所编纂的《文选》等总集,都是在他们的帮助下完成。

在萧统众多的文学活动中,对后世影响最深的还是文学总集的编纂,由他组织编订的文学总集有《古今诗苑英华》(简称《诗苑英华》)、《文章英华》、《文选》。

由于推崇陶渊明的文章和为人,萧统搜集整理陶渊明作品,编成了当时最完备的《陶渊明集》,并亲自为之作序。

虽然陶渊明在后世文学家心中有着无可取代的地位,但在南朝时人们对他的评价并不高,钟嵘《诗品》仅将他列为中品,萧统在当时对于陶渊明做出高度的肯定,显示出他独到的文学眼光。他所作的《陶渊明集序》和《陶渊明传》,至今仍是研究陶渊明的重要文献。

当然,真正让萧统名垂青史的,还是《文选》的编纂。《文选》是我们现今所能见到的最早的文学总集,它上起周秦,下至齐梁,也就是萧统的"当代",共收录了一百三十多位作家的七百多篇作品。

魏晋时期,文学发展,各家文集繁多,令当时的读书人目不暇给,便有文学家开始从各种文集中精选出若干篇目,编成总集,方便读者阅读、学习。

编修文学总集时,选择哪些篇目,采用怎样的体例,都需要编者斟酌考量,一部成功的总集不仅能体现出编者的文学鉴赏力,还

---

① 见《梁书·王筠传》。

同时贯穿着编者的文学史观、文学创作理论。如晋代挚虞编纂的《文章流别集》、刘宋时临川王刘义庆编纂的《集林》都是这样的总集，梁武帝萧衍也编纂过历代赋。

萧统是诗人和文学理论家，他在《文选序》中，萧统写道："若其赞论之综辑辞采，序述之错比文华，诗出于沉思，义归乎翰藻"，说明他的《文选》是用纯文学的眼光选择篇目。他在给萧绎的信中提出过文学作品应该"丽而不淫，典而不野，文质彬彬，有君子之致"，是值得我们重视的文学理论，《文选》的编纂就充分体现了这种文学思想。

唐宋时期的读书人，可以不知道前朝某个皇帝叫什么名字，但不能不知道萧统。因为他们的科举考试，就考萧统《文选》。杜甫《宗武生日》一诗训导他的儿子说："诗是吾家事，人传世上情。熟精《文选》理，休觅彩衣轻。"宋代陆游《老学庵笔记》说："方其盛时，士子至为之语曰：《文选》烂，秀才半。"

萧统《文选》不仅对中国文化，对日本文化、朝鲜文化都发生过巨大的影响和实际的作用。《文选》在文化和文学上的意义，不仅在当时独一无二，在当今世界上仍然令人仰望。就世界上最早、影响最大的教科书，我们也有资格申报联合国非物质文化遗产。

（三）独眼的天才弟弟萧绎

在萧纲的弟弟们中，有一个人颇值得注意，那就是他的异母弟弟萧绎。

萧绎(508—554)字世诚，小字七符，是梁武帝萧衍的第七个儿子，是萧统、萧纲的异母弟。萧绎从小聪悟俊朗，五岁即能诵《曲礼》上篇。长大后工书善画，雅好文学，下笔成章，才辩敏速，博综群书，又通佛典，世人称奇。始封湘东王，后即帝位，谥为元皇帝。他比萧纲还要不像皇帝，像纯粹的书生、学者、画家和诗人。

根据《梁书》《南史》的记载，萧绎的出生伴随着几个神奇的故事。《南史·阮太后传》说，萧绎的母亲"在孕，梦龙罩其床。天监七年八月,生元帝于后宫"①。

这种孩子出生之前,母亲有感龙之梦的情况,原也并不稀奇,且《梁书》亦载。稀奇就稀奇在另一个胎梦上。另一个故事发生在阮修容未孕之先,时间上较早,虽不见于《梁书》,不过倒见载于《三国典略》,内容与《南史》所记略有差异,但大体内容、叙述次第基本一致。《南史·梁本纪》载:

> 初,武帝梦眇目僧执香炉,称托生王宫。既而帝母在采女次侍,始褰户幔,有风回裾,武帝意感幸之。采女梦月堕怀中,遂孕。天监七年八月丁巳生帝,举室中非常香,有紫胞之异。②

天监七年的冬天,他本在采女次侍的母亲在伸手拉开帷幔的时候,被秋风吹起了裙裾,适逢他的父亲经过,这一次在今人看来颇具浪漫的邂逅,催生了这个在父亲梦中化作眇目僧、在母亲梦中化为月的叫做萧绎的孩子。

这些使得萧绎的整个人生显得不平凡起来。他天资聪颖,五岁能诵《曲礼》,六岁能作诗。我们只说《曲礼》的故事好了。那是萧绎五岁时,萧衍问他在读什么书,他答以《曲礼》,萧衍显然不大相信,让他诵读,萧绎竟真的立刻诵出上篇来。

萧绎确属聪明,却也实在不幸。萧衍对此想必很惊诧,从此对他自是颇为关注,尤其是关心起他自出生时就患有的眼疾来。尽管萧衍通晓医术,也已尽力医治,但毕竟只保住了萧绎一只眼睛。

对于一般正值年幼的孩子来说,再天资聪颖恐怕也敌不过眼疾的痛苦,对于萧绎来说恐怕也是,更不要说日后他还彻底失去了这一目。由此,我们不免想起他那正妻徐氏对他心生怨念,每每在

---

① 《南史》卷十二。
② 《南史》卷八。

49

他进房的时候画半面妆来面对他。萧绎九岁便与徐氏成婚,徐氏自是知道他的禁忌,才故意用此举来惹怒萧绎。

只有眼疾也便罢了,纵观萧绎的一生,他不但曾生有病疮,肘膝皆烂,还曾患有心气疾,真是十分的不幸。这样的健康状态也就无怪乎在《金楼子》中,我们会看到萧绎自言"龀年之时诵咒,受道于法郎道人"。想来萧绎之诵咒不仅仅如他所说的"只诵咒,自是佳伎俩",还免不了有借诵咒求得健康之意。

作为皇室子弟,萧绎早早地就受封为王。天监十三年(514),萧绎八岁的时候,被封为湘东王,十六年(517)出为宁远将军,此后历任琅琊太守、彭城太守、会稽太守,普通三年(522),入为侍中、宣惠将军、丹阳尹。普通七年(526),萧绎为荆州刺史,都督荆、湘、郢、益、宁、南梁六州诸军事,控制长江中上游。大同中,为江州刺史。太清初复为荆州。及建康陷,奉密诏为侍中、假黄钺、大都督中外诸军事、司徒承制进。

自然,镇守一方可以说是萧梁皇室子弟的必然使命,值得一说的是,萧绎把这一使命完成得还是很好的,尤其是太清以前。

萧绎十五岁就做了丹阳尹,这位年轻的丹阳尹勤政为民,有"良政"之名,吏民作"善政碑";首任荆州刺史时逢梁王朝出师南郑,奉诏节度诸军;也是在荆州任上,萧绎立学校,以江陵令贺革为儒林祭酒,召学生入学;在江州任上,又曾平定叛乱。可以说政绩显著。

萧绎在《金楼子·立言篇》中曾经说:

> 吾于天下亦不贱也,所以一沐三握发,一食再吐哺,何者?正以名节未树也。吾尝欲棱威瀚海,绝幕居延,出万死而不顾,必令威振诸夏。然后度聊城而长望,向阳关而凯入,尽忠尽力,以报国家。此吾之上愿焉。次则清浊一壶,弹琴一曲,有志不遂,命也如何。脱略刑名,萧散怀抱,而未能为也。但性过抑扬,恒欲权衡称物,所以隆暑不辞热,凝冬不惮寒,著

《鸿烈》①者,盖为此也。②

虽然萧绎政绩显著,在北伐一事上也算领有军功,但离他"威振诸夏。然后度聊城而长望,向阳关而凯入"的愿望还是差之甚远。想要建功立业却不能,欲消散怀抱而不得,于是只好著书(此处指《湘东鸿烈》)立言,所求与"一沐三握发,一食再吐哺"一样,树立名节罢了。

在《金楼子·序》中,萧绎还曾说:

> 余于天下为不贱焉。窃念臧文仲既殁,其言立于世。曹子桓云:"立德著书,可以不朽。"杜元凯言:"德者非所企及,立言或可庶几。"故户牖悬刀笔,而有述作之志矣。③

萧绎不好声色,在当时颇有高名。不好声色固然是德性的一种表现,但若想要企及德者,却也是一件不容易做到的事情。如果说萧绎在政务上的努力则充分体现了他对立功的追求,那么,他的自律可以看作是立德的追求。然而,立功与立德一样都是难以实现的,相较之下,立言似乎更易通过努力获得。

萧绎勤于著述,参与撰著的书籍很多。《隋书·经籍志》著录《梁元帝集》五十二卷、《梁元帝小集》十卷。另有《汉书注》一百十五卷,《孝德传》三十卷,《忠臣传》三十卷,《显忠录》三十卷,《丹阳尹传》十卷,《怀旧志》九卷,《全德志》一卷,《研神记》十卷,《同姓名录》一卷,《补阙子》十卷,《湘东鸿烈》十卷,《金楼子》十卷,《玉韬》

---

① 此书《著书篇》中未见,《隋志》始有著录,题作《湘东鸿烈》。赵图南以为此书实有,宋时已佚,见所撰《梁元帝著作考》,载于《福建文化(季刊)》1945年第2卷第4期,第27—28页。而钟士伦、吴光兴皆疑《鸿烈》即《金楼子》,说详钟仕伦著《〈金楼子〉研究》,中华书局,2004年,第283—284页,及吴光兴《萧纲萧绎年谱》,社会科学文献出版社,2006年,第417—418页。

② 《金楼子校笺》,第810—811页。

③ 《金楼子校笺》,第1页。

十卷,《连山》三十卷,《洞林》三卷等。相较之下,《金楼子·著书》的著录应更准确,即有三十七种之多。惜流传至今者凤毛麟角,而《金楼子》即是其中一种,此书虽非完帙,却保留了大概样貌。

又加之,此书为萧绎亲撰,萧绎更在《金楼子》中数次提出欲借此书立言之企图,如《立言》上提到:"生也有涯,智也无涯,以有涯之生,逐无涯之智,余将养性养神,获麟于《金楼》之制也。"所谓"获麟于《金楼》之制也"实即以《金楼子》为毕生著作之大成之意。

萧绎得登大宝实在是一个偶然事件。如果不是太清二年爆发了侯景之乱,萧绎会如何呢?

他大概仍会是一个非常勤勉的人,勤于政事,热衷于搜纂以求立言,即便他"常贵无为,每嗤有待";同时,他也尽量压抑自己的欲望,如不好声色犬马之娱,即所谓"余性不耐奏对,侍姬应有二三百人,并赐将士",不爱饮酒,"又不憎人饮。每遇醉者,辄欣欣然而已"。

此外,他说自己"憎人治生",相应的,似乎也没有记载称他敛聚钱财。而即便中间出现了宫人李桃儿事件(详后),但相对于萧梁皇室其他成员来说,决不能算是恶中之首。或是"性乃隘急",但却也多是大宽小急,甚至上文中提到的戮萧贲尸与鸩杀刘之遴也都发生在太清乱后,此前他的所为即令不善,想也是小恶。《梁书》称他"性不好声色,颇有高名",也并非尽是虚言。

然而,太清之乱出现了。太清二年(548),萧绎四十一岁,侯景之乱爆发了。父亲与异母哥哥被困守皇城之内。皇城之外的兄弟之间的力量对比也发生了重大变化,而此时的萧绎身在两任刺史的荆州,占了天时与地利。一切过去紧守的礼与理在这一刻都无法再节制他,于是在梁简文帝大宝三年(552)十一月,萧绎即位于江陵,改元承圣。

萧绎博学,自幼好各种技术,《金楼子·自序》中称:"余将冠,方好易卜。及至射覆,十中乃至八九。"①《金楼子》中曾记萧绎大婚

---

① 《金楼子校笺》,第 1358 页。

前后之事：

> 余丙申岁婚。初婚之日,风景韶和,末乃觉异。妻至门而疾风大起,折木发屋,无何而飞雪乱下,帷幔皆白,翻洒屋内,莫不缟素,乃至垂覆阑瓦,有时飞坠,此亦怪事也。至七日之时,天景恬和,无何云翳,俄而洪涛波流,井涸俱溢,昏晓不分。从叔广州昌住在西州南门,新妇将还西州,车至广州门,而广州殒逝,又怪事也。丧还之日,复大雨霍,车轴折坏,不复得前,尔日天雷震西州厅事,两柱俱时粉碎,于时莫不战栗,此又尤为怪也。①

这里萧绎所谓的各种"怪"事显然意有所指,换言之这些"怪"现象是被作为不祥的征兆记录下来的,否则李延寿不会在《南史·徐妃传》中称"帝制《金楼子》述其淫行"后便述之以"疾风大起,发屋折木""雪霰交下,帷帘皆白"及"大雷震西州厅事两柱俱碎"等情况,并以"后果不终妇道"说为验②。

他还在为母亲所作传中提到母亲的占卜之术,事涉萧宏与刘敬躬的谋反,如果说前者对于萧绎的影响还是一个长期或潜在的情况的话,后者则与萧绎的生活密切相关。

大同八年(542)正月,刘敬躬谋反,二月萧绎被派去平反,三月擒得刘敬躬送还建康。萧绎如此详细地记载此事,除了对母亲的赞叹以外,还是因为对于易卜之术的认可。由此可见,萧绎愿意相信谶纬厌胜之术也就不足为奇了。

《南史·梁本纪下》曾载:"帝于伎术无所不该,尝不得南信,筮之,遇剥之艮。曰'南信已至,今当遣左右季心往看'。果如所说,宾客咸惊其妙。凡所占决皆然。"还说萧绎"特多禁忌,墙壁崩倒,

---

① 《金楼子校笺》,第1158—1159页。
② 《南史》卷十二。

屋宇倾颓,年月不便,终不修改。庭草芜没,令鞭去之,其慎护如此"。又说,"承圣二年三月,有二龙自南郡城西升天,百姓聚观,五采分明。江陵故老窃相泣曰:'昔年龙出建康淮,而天下大乱,今复有焉,祸至无日矣。'帝闻而恶之,逾年而遭祸。"①

萧绎在位仅仅三年,为西魏所擒,随即遇害。第二年被追尊为孝元皇帝,庙号世祖。不论是太清之乱中的举动,还是在位期间的行为,萧绎都常为后代史家诟病,我们在后文中相关处会再来分析他的这些举动。此处仅用史书中关于萧绎前所信后所恶之术的记载来为萧绎的一生作结。

(四) 萧纲的其他兄弟们

在父亲梁武帝萧衍的羽翼下成长的,除了萧纲,还有他的几个兄弟,大家互相游戏,互相影响,互相在生活、性格等方面打上对方的烙印。

其实,在梁武帝的儿子里面,也分派别的,同样的关怀,同样的养育,但来的人还是不同的。因此萧纲也有差劲的弟弟,譬如邵陵王萧纶。他既不像哥哥那么宽厚,喜欢文学、诗歌,喜欢与知识人士交往,也不像他的弟弟萧绎,好读书,而是作奸犯科。

萧纶曾派人到市场上赊购锦彩丝布几百匹,商人们都闭店不出;少府丞何智通将此事报告了朝廷。结果萧纶被责令回到府第,于是萧纶便派防阁戴子高等人在京城的一条巷子中用槊刺杀何智通,槊刃从背部刺出。何智通认识戴子高,他用手指蘸着身上的血在车壁上写下了"邵陵"二字之后才死去,因此这件事才被人发觉。庚戌(十五日),萧纶因犯罪被黜为平民,将他锁禁于府第之中,过了二十天,才去掉锁,很快又恢复了封爵。到底是自己的儿子,梁武帝就是这样的做法。

除了文学气味相投的哥哥萧统、弟弟萧绎以外,其他的兄弟,

---

① 《南史》卷八。

无疑对萧纲也有很大的影响。下面我们看一看其他兄弟的情况，就会知道这个家庭和谐不和谐，以及不稳定的因素是什么。

1. 东昏侯的遗腹子：二哥萧综

在梁武帝八个儿子当中，萧综的身世最为复杂。他的母亲吴淑媛本来是东昏侯萧宝卷的宠妃，东昏侯死后她像战利品一样被萧衍接收，七个月后生下了萧综，是梁武帝第二个儿子。虽然宫中很多人怀疑萧综可能是东昏侯的遗腹子，萧衍却深信萧综是自己的骨肉。

天监三年(504)，萧综被封为豫章王，天监十年成为云麾将军、郢州刺史，天监十三年迁安右将军、领石头戍军事，天监十五年为安前将军、丹阳尹，天监十六年为北中郎将、南徐州刺史，所在都是要职，可见萧衍对他寄予厚望。

萧综出镇外州，他的母亲吴淑媛也跟随一道上任。萧综长到十四五岁，对自己的身世起了疑心，从母亲那里得知实情之后，他又挖开了东昏侯的坟墓，将自己的血滴在骨骸上，利用民间"滴骨认亲"的方法，确定了自己的生父是东昏侯。于是，昔日的父亲变成了杀父仇人，他开始对萧衍恨之入骨，每天在静室中祭奠齐室祖宗，偷偷去齐明帝陵前拜谒。

因为梁武帝的小名是"练儿"，他在天监十六年出任南徐州刺史时，曾下令将境内所有练树砍伐掉，以影射砍萧衍的头。

听说齐建安王萧宝夤(东昏侯萧宝卷六弟)在魏，便通过人与他联系，尊称萧宝夤为叔父，同时散财聚客，笼络了一批人，准备伺机举事造反。对这一切，梁武帝萧衍并不知情，依然对他委以重任。

普通六年(525)，北魏将领元法僧归降，彭城为梁所有，梁武帝命萧综都督诸军，镇守彭城，与北魏安丰王元延明对峙。后来，梁武帝预料彭城未必能守住，担心萧综的安危，写信让他赶紧撤兵。萧综接到书信后，害怕自己的密谋被识破，连夜投奔了元延明，彭城兵将没了主帅，一时慌乱，多名兵将被北魏擒获，梁军大败。

到了北魏之后,萧综将名字改为萧赞,字世谦改为德文,正式认祖归宗,为东昏侯服丧。梁武帝得知事情的来龙去脉大吃一惊,但他还是认定萧综是自己的儿子,后来陈庆之带兵入洛阳,他还让吴淑媛写信给萧综,顺便把萧综小时候穿的衣服也一道送去,想借此感化萧综。

不过,由于战乱,信最终并没有送到萧综手里。萧综一去不返,并且正式打起南齐的旗号,梁武帝一怒之下削夺萧综的封爵和封地,撤除他的属籍;将吴淑媛废为庶人,并下令赐死,不久后又恢复了萧综的爵位,让萧综的儿子继承。

虽然受到北魏的优待,但萧综始终没能实现复仇的计划,大通元年(527),萧宝夤在长安(今陕西西安)起兵,反叛北魏。萧综前去投奔,途中被魏军俘获杀死,距他降魏仅两年,只有二十六岁。后来有人将他的遗骸从北魏盗回南方,梁武帝按照儿子的礼节,把他重新安葬在家族陵墓中。

萧综的一生短暂而坎坷,他对梁武帝一家都十分排斥,因而同其他兄弟的来往不多,现存的史料中,他同萧纲几乎没什么交往。

客居北魏时,他写了《听钟鸣》《悲落叶》二诗以申其志[1],从艺术上说,均回环往复,是很感动人的诗歌。

在萧综事件的处理中,有人认为,梁武帝处理得过于宽大,我们则认为,从大局出发,这种在家庭内部"大事化小,小事化了"的处理还是很得当的。

2. 没业余爱好的四弟萧绩

萧绩是萧衍的第四子,字世谨,小名四果,生于天监三年(504),是萧纲的弟弟。生母董淑媛,天监七年被封为南康王,天监

---

① 《听钟鸣》:听钟鸣,当知在帝城。参差定难数,历乱百愁生。去声悬窈窕,来响急徘徊。谁怜传漏子,辛苦建章台。听钟鸣,听听非一所。怀瑾握瑜空掷去,攀松折桂谁相许。昔朋旧爱各东西,譬如落叶不更齐。漂漂孤雁何所栖,依依别鹤夜半啼。听钟鸣,听此何穷极。二十有馀年,淹留在京域。窥明镜,罢容色,云悲海思徒撰抑。《悲落叶》:悲落叶,连翩下重叠。落且飞,从横去不归。悲落叶,落叶悲,人生譬如此,零落不可持。悲落叶,落叶何时还。凤昔共根本,无复一相关。

十年出镇地方,任南徐州刺史。虽然出任时只有七岁,萧绩却显示出家族遗传的早慧,善于处理事务。

他手下曾有人受贿擅自修改文件,长史王僧孺未察觉,年幼的南康王却看出破绽,亲自审理,让主事者心悦诚服。

天监十七年,他成为南兖州刺史,在任期间以善政闻名,深受百姓爱戴,开始时梁武帝想调他回京,当地百姓联名上表,请求让他留任,于是他又在南兖州任职数年,普通四年时回到建康,任侍中、云麾将军、领石头戍事。普通五年,出为江州刺史,因董淑媛病逝,解职回京服丧。萧绩服丧之后身体很不好,就不再亲自处理政务,大通三年因病去世。

萧绩生活比较节俭,没什么业余嗜好,虽然他的儿子萧会理、萧义理都爱好文史,以文才见称,他本人在文学上并没什么建树。

3. 不喜欢文学喜欢女色钱财的五弟萧续

萧续字世䜣,是萧统与萧纲的同胞弟弟,同一个母亲所生。表现却和两个哥哥截然不同。天监八年(509)萧续被封为庐陵王。他自幼好习武,膂力过人,在马上骑射屡发屡中,异于常人,梁武帝十分赞赏,以为“此我之任城也”,将萧续比作曹操的儿子任城王曹彰。中大通二年,萧续为雍州刺史,都督雍、梁、秦、沙四州诸军事,大同五年任荆州刺史,太清元年(547)逝于任上。

萧续同萧统、萧纲同为丁贵嫔所生,兄弟感情很好。他们的七弟萧绎因为母亲阮修容得到过丁贵嫔的帮助,少年时与萧统兄弟三人也十分亲近。萧绎做荆州刺史的时候,被行宫中一名叫李桃儿的宫女吸引,离任时就把她一起带走了。

这虽然违反了行宫禁令,但也算不上什么大事,萧续继任荆州刺史,发现了这件事之后,便要把这件事上报,让父亲惩罚萧绎。还是萧纲出面调解,事情才平息下去。

从此,萧绎和萧续再也不通信来往。听到萧续的死讯时,萧绎十分高兴,激动地走出房门跳了起来,把鞋子都弄坏了。

萧续平时喜欢女色和钱财,仓库里堆满了金银,宫中佳丽如云,他似乎对文学并没有什么兴趣,跟萧统、萧纲也没有什么文学交游。

4. 小时顽劣但一心抗击侯景的六弟萧纶

萧纶字世调,小名六真,是梁武帝第六子,天监十三年(514)被封为邵陵郡王,普通元年(520),领石头戍军事,普通五年,以西中郎将兼管南兖州政事①。萧纶少年时十分顽劣,而且性格暴躁。

他曾在街市上微服私访,听到卖鱼小贩说他暴虐不仁,就把小贩当场处死。一次出门遇见出殡的车辆,他把孝子的丧服夺过来穿到自己身上,趴在地上大叫。虽然萧纶本人可能只是觉得扮孝子很好玩,但这按时俗是犯忌讳的,比处死小贩性质严重多了,辅佐他的官员就把这事上报了,梁武帝狠狠地教训了他一顿。

没想到之后萧纶胡闹得更出格,他找来一个长得有点像父亲的老头,让他扮成梁武帝,先对着他朝拜,说自己没错,接着就扒掉了老人的衣服,把他暴打了一顿;大概是为了给打小报告的官员一点警告,他又弄来一口棺材,把司马崔会意硬塞进去,给崔会意办起丧事来。

得知萧纶屡教不改,梁武帝一怒之下把他抓起来,要赐他自尽,太子萧统流着眼泪请求父亲息怒,梁武帝才从轻发落,只是把他的爵位革除,大通元年(527)又恢复了他的爵位和封地。不想中大通四年(532)时,萧纶在扬州刺史任上又与少府丞何智通不合,竟派人将何智通刺死,这次的惩罚是免为庶人,并且锁在府邸,一个月后才给松开,过了些时日才重新恢复身份。

虽然萧纶年轻爱胡闹,甚至做了一些很极端的事情,但他并非不学无术之徒。他从小就十分聪慧,博学多才,擅长写作,工于书法,作有《书评》。中大通四年的风波平息之后,梁武帝设宴为新任衡州刺史元庆和送行,萧纶也参加了,并且当场赋诗,诗做得很有

---

① 《梁书·萧纶传》:"(普通)五年,以西中郎将权摄南兖州",《南史·萧纶传》作"以西中郎将权摄南徐州事"。

文采,最后一句是:"方同广川国,寂寞久无声。"对自己一直无所作为的状态颇为不满。

梁武帝从诗中看到了萧纶的才华和上进心,高兴地对他说道:"你有这样的才华,怎么会'无声'呢?"十天之后,萧纶被任命为郢州刺史。中大同元年(546),为镇东将军、南徐州刺史,镇守京口。

太清二年(548),侯景起兵作乱,萧纶被封为征讨大都督,率兵讨伐侯景,兵败撤回京口。后来攻入建康,围困了台城,官民都没有口粮,萧纶想办法为父兄送去了一批鸡蛋。

在侯景之乱中,萧纶表现得很积极,他散尽钱财招兵买马,联合南扬州刺史萧大连、郢州刺史南平王萧恪等人共同抗击侯景,但因为将领之间相互猜忌,加之萧纶本人不善于征战,始终未能成功。

在乱局中,出镇的诸王们没有尽力铲除侯景,反而相互厮杀。

大宝元年,湘东王萧绎把河东王萧誉围困在长沙,萧誉是萧统之子,萧纶和萧绎都是他的叔父。萧誉向六叔萧纶求救,萧纶想去解救,但军粮不济,便给萧绎写了封信,陈说丧乱之苦、家国之痛,希望制止骨肉相残的悲剧。

萧纶写道:"今社稷危耻,创巨痛深,唯应剖心尝胆,泣血枕戈,其余小忿,或宜容贳,若外难未除,家祸仍构,料今访古,未或不亡。夫征战之理,唯求克胜,至于骨肉之战,愈胜愈酷,捷则非功,败则有丧,劳兵损义,亏失多矣。"①言辞恳切,可谓是动之以情,晓之以理。

萧绎回信称不可撤兵,萧纶感到非常痛心,流着眼泪对手下人说道:"天下的事情,竟然到了这个地步!"于是,他与北齐议和,再次整顿人马,要讨伐侯景。

萧绎听闻之后,害怕他的势力扩大对自己不利,就命王僧辩率兵逼迫萧纶。萧纶兵败,逃往武昌,又遭到侯景和西魏军队的

---

① 《资治通鉴》卷一百六十三。

夹击。

大宝二年(551),他在汝南(今湖北武昌西南)被西魏将杨忠杀害,尸身被投置江岸①。附近的百姓十分同情他,为他立了祠庙,到陈武帝永定二年(558),陈朝政府又为萧纶立庙祭祀②,可见他在侯景之乱中的表现是得到人们认可的。

萧纶的作品留存下来的不多,逯钦立《先秦汉魏晋南北朝诗》辑有其诗歌八首,描写细致,风格与萧纲的"宫体"比较接近。《全梁文》有其文章十篇,如《隐居贞白先生陶君碑》等,辞采华美,用典贴切,显示出深厚的文学功底。

5. 最有野心的八弟萧纪

萧纪,字世询,是梁武帝第八子,排行最末,因而萧衍特别宠爱他,天监十三年(514),被封为武陵王,之后不久就被任命为扬州刺史,扬州最靠近都城建康,可见父亲对他的偏爱。

大同三年,萧纪出为益州刺史,在四川地区开垦农田,发展商业,使当地的经济得到全面发展,每年进贡的特产是前任的十倍,受到了朝廷嘉奖。

太清年间,梁武帝因为思念他,还特地让画家张僧繇到四川为萧纪画像。

侯景之乱,萧纪也受诏征讨,并在大宝元年(550)派世子萧圆照领兵与萧绎会合,听从萧绎调度。萧绎却阻止萧纪父子向东部进兵,写信让他们在蜀地安居。

但萧纪却另有打算,大宝二年四月,在接到梁武帝驾崩的消息之后,他在四川称帝,不支持他做皇帝的僚属都被处死,承圣二年(553),又再度进兵,与萧绎对峙,萧绎当时已经称帝,就写信劝萧纪还蜀,萧纪未从命,并且言辞倨傲,于是兄弟彻底反目,势成水火。萧绎在军事上占了上风,而萧纪受到西魏与萧绎两方面夹击,

---

① 《梁书·萧纶传》记载萧纶死时三十三岁,有误,详细情况参见吴光兴《萧纲萧绎年谱》324 页。

② 见《南史·陈本纪上》。

一蹶不振，只好派人同萧绎议和，萧绎不予理睬，大军一直进逼。最后萧绎手下游击将军樊猛带兵捉拿萧纪。

萧纪贿赂樊猛等人，想要和萧绎见面求情。樊猛命人把萧纪看守起来，向上请示，得到萧绎不留活口的密旨后，他拔刀砍向萧纪。萧纪的第五子萧圆满恰好跑来父亲身边，父子二人同时被砍死。之后，世子萧圆照、萧圆正兄弟也被囚禁饿死。

萧纪和萧绎年纪相仿，萧纪现存的作品中还有一首《和湘东王夜梦应令诗》，是与萧绎的唱和之作。萧绎曾给萧纪写信，直呼其小名"大智"，又有"友于兄弟，分形共气""兄肥弟瘦""让枣推梨"等句，两人应该是从少年时就很亲近。

像萧绎一样，萧纪也自幼好学，喜爱写作，文章很有风骨，《先秦汉魏晋南北朝诗》辑有其诗作六篇，风格近似"宫体"；他在四川也聚集过很多文士，他的儿子萧圆照、萧圆正也都擅长作诗。

萧绎自幼知书识礼，他和萧纪兄弟年少时相交甚欢，最终却兵戎相见，做哥哥的将弟弟及其家人处死，实在是一件极为可悲的事情。当初梁武帝萧衍曾亲眼目睹南齐宗室相残的悲剧，故而一生以身作则，强调父慈子孝、兄弟友爱，但依然没能避免家中骨肉相残的惨剧，可见政治权力斗争的残酷性。

四、文学友于胜过曹丕、
  曹植兄弟

（一）文学与曹氏兄弟相比

张溥《汉魏六朝百三家集·梁昭明集题辞》说：

> 梁武八男，唯豫章性殊，余各有文武才略。昭明简文同母
> 令德，文学友于，曹子桓兄弟弗如也。昭明天薨，简文叙其遗
> 集，颂德十四。合之史传，俱非虚美。

此说萧统、萧纲兄弟感情深厚，在文学上相互交流促进，胜过
曹丕、曹植兄弟。

拿萧氏兄弟同当年的曹氏兄弟相比，非常精彩，也非常有
意思。

曹丕、曹植兄弟也是一母所生，但他们理想兼济天下，热衷于
政治，渴望建功立业，也因此陷入争立太子的权力角逐中，骨肉
相煎。

萧氏兄弟的情况却大不相同，在萧纲出生之前，萧统就已经被

立为太子,君臣之分已定,只要他还活着,弟弟们就只有一辈子做王侯,出镇地方州郡,故而他和弟弟们之间不存在太子之位的竞争①,没有这层芥蒂,自然不会像曹丕、曹植那样各自树立党派,各自争斗。而且,萧统向来以仁孝著称,对弟弟们也是爱护有加,上一章中我们提到过,他的六弟萧纶犯了错差点被赐死,也是萧统苦苦哀求,萧纶才得以从轻发落。

萧统是家中的长子,又是储君,梁武帝萧衍优待诸弟子侄,他也跟随着父亲的脚步,为弟弟们做出榜样,努力维护家庭内部的和谐。至少萧统在世期间,萧梁皇子之间关系还比较融洽,这和当时的政治以及萧统本人的努力都有一定关系。

没有"太子之争"是一方面,另一方面,比起曹丕、曹植兄弟理想兼济天下,热衷于政治,渴望大展宏图、建功立业来,萧统、萧纲、萧绎似乎更是读书的种子,性格应该也是一方面。他们同在父亲的羽翼下成长,读书、写诗、画画,虽然开始只是出入东宫,但也一样可以做出惊天动地的大事来。事实证明,他们对中国文化、文学事业,做出了巨大的、举世瞩目的贡献。

(二) 萧纲和萧统最亲近

梁武帝萧衍一共有八个儿子。分别是:大儿子萧统,字德施;二儿子萧综,字世谦;三儿子萧纲字世讚;四儿子萧绩,字世谨;五儿子萧续,字世䜣;六儿子萧纶,字调;七儿子萧绎,字世诚;八儿子萧纪,字世询。但只有萧统、萧纲、萧续是同一个母亲丁贵嫔所生。

在萧氏兄弟之中,萧统和萧纲关系最为亲近,他们本来就是同胞兄弟,年岁相差不大,幼年时一起成长,同样的性情温和、孝顺友

---

① 对萧统的威胁来自皇子之外,如萧正德就曾公开对萧统不满。他是梁武帝六弟萧宏之子,在萧统出生之前曾过继给萧衍,萧统出生后他又被送回萧宏身边。对此,萧宏、萧正德父子一直十分不满。尤其是萧正德以被废储君自居,他曾叛逃到北魏,未受重用,又重回南土,萧衍也并未治罪,仍委以要职。萧统在世时,萧正德一直是一个潜在的威胁。

爱,又都早慧好学,喜爱文学。天监五年(506),萧纲被封为晋安王,同一年,萧统出居东宫。天监八年(509),萧纲为云麾将军,领石头戍军事,又在第二年出为南兖州刺史,此后萧统萧纲兄弟分居两处,聚少离多,但距离并没有让这对兄弟从此生疏,他们通过信件、诗文等方式继续交流,通过文字告诉对方各种事情,传递彼此的思念之情,并且赠送礼物,表达关心之情①。

也许是这个原因,也许是只要喜欢文艺的兄弟,都会志同道合,像萧绎不是同一个母亲,也志同道合一样。

(三)文学友于胜过曹丕、曹植兄弟

萧统十五岁时加冠礼,读书数行并下,过目成诵,诗歌进步,每遇游宴需要应酬的时候,他赋诗至数十韵,即使用难押的韵,也难不倒他,显示出过人的诗歌才华。在写诗方面,萧纲更是有"诗癖",兄弟二人在诗歌创作方面的交流,更是频繁。

萧统的书本知识极其丰富。《梁书》本传称他"于时东宫有书几三万卷"。萧统逝世后,有点破旧的东宫虽然修缮过,书也会搬动,但最终萧纲应该能够看到。

萧统和萧纲性情相近。历史记载萧衍有点胖,萧衍自己也这么说。儿子像老子,萧统、萧纲也都有点胖。《梁书·简文帝本纪》说萧纲"既长,器宇宽弘,未尝见愠喜。方颊丰下,须发如画。眄睐则目光烛人。读书十行俱下。九流百氏,经目必记,篇章辞赋,操笔立成。博综儒书,善言玄理"。而且都很温和、孝顺,喜欢读书、写诗、写文章。不喜欢女乐,不喜欢鼓吹,父亲赏赐他们的,他们都不热衷。

小时候在一个大家庭里,孩子们除了读书,之间的情谊,不外是兄肥弟瘦,让枣推梨,上林闻鸟,宣室披图,最后是交流读书心得,分享诗意上的满足,分析疑义上的快乐。并且,由此形成的文

① 萧纲有《谢东宫赐裘启》《谢东宫赐柿启》,见《全梁文》卷十。

学观念,就比较接近。即使长大以后,由于各人的情况有所不同,身边也都聚集了一批文士,观念上会有一定的差异,但总体上仍然会有一致的地方。

以往的文学史大多认为萧统、萧纲分属两个文学集团,有不同的文学品味,他们的文学主张甚至是相对立的。近年来,有学者指出,这种观点存在偏颇,萧统、萧纲的文学品味和文学主张其实是非常相近[①],甚至是非常一致的。

我们来看看三兄弟对建安文学、太康文学、陶渊明的文学和宋以来,包括齐梁时代沈约文学的看法,就可以得出正确的结论。

1. 萧统、萧纲、萧绎对建安文学的看法

对曹植,建安以来就有定评。在文学批评风行一时的南朝萧梁,刘勰在其《文心雕龙》的《明诗》《乐府》《谐隐》《章表》《才略》诸篇中对曹植评价甚高,至于钟嵘的《诗品》更是对其诗推崇备至,赞其:"骨气奇高,词彩华茂。情兼雅怨,体被文质。"可以说把曹植诗提到了古今独步的高度。

作为生活在此种风气下的萧统和萧纲、萧绎也分别对曹植进行了评价。

萧统的评价主要看他主编的《文选》,《文选》共收诗 532 首,录入曹植的诗就有 25 首,总数仅次于陆机和谢灵运。从《文选》诗的分类来看,《文选》共分诗为 24 类,而曹植的诗却横跨了 8 类,在这8 类中又多收曹植的赠答诗、杂诗和公宴诗。由此来看,可以说,萧统是充分肯定了曹植的诗歌创作及其艺术价值的。其中对曹植三大类诗(赠答诗、杂诗和公宴诗)尤其倾心。

萧纲的《与湘东王书》对曹植进行评价。萧纲的《与湘东王书》是看到"京师文体'懦钝殊常,竞学浮疏,争为阐缓'、'既殊比兴,正背风骚'的陈旧现状"后,在信中对其弟萧绎说道:"但以当世之作,

---

① 田晓菲《烽火与流星:萧梁王朝的文学与文化》指出萧梁皇室在文学存在共识,把萧梁皇族分为不同文学阵营并不合理,中华书局,2010 年,第 85—90 页。

历方古之才人,远则扬、马、曹、王,近则潘、陆、颜、谢,而观其遣辞用心,了不相似。"

萧纲肯定了曹植的整体文学创作继承了《风》《骚》传统的。但其在《答张缵谢示集书》中却说:"不为壮夫,扬雄实小言破道;非谓君子,曹植亦小辩破言。论之科刑,罪在不赦。"针对曹植肯定"昔扬子云先朝执戟之臣耳,犹称壮夫不为也"的偏狭文体观,萧纲是明显嗤之以鼻。又在其《答新渝侯和诗书》中说:"垂示三首,风云吐于行间,珠玉生于字里。跨蹑曹、左,含超潘、陆。"这里不免有奉承萧映的因素。

萧绎对曹植的评价主要集中在《金楼子》中,其《立言》篇多处提到曹植,如:"曹植为文,有反胃之论"、"陈思之文,有才之俊也"、"曹子建、陆士衡,皆文士也。观其辞致侧密,事语坚明,意匠有序,遣言无失,虽不以儒者命家,此亦悉通其义也。"等等。

从这些褒扬声中所透露出来的敬仰之情和其在《谢东宫赐白牙镂管笔启》中所言"徒怀曹植,恒愿执鞭"的激励之愿,共同说明了萧绎是把曹植偶像化了的,是由衷地叹服曹植其人和其文。

三萧兄弟对曹植的评价略有差异,但总体都是肯定其文学成就的。这也许和曹植自魏晋来备受文士推崇有关。

2. 三兄弟对太康文学的看法

对西晋太康体的代表诗人潘岳和陆机,在当时就有不同的评价。江淹《杂体诗三十首并序》里就说:"安仁、士衡之评,人立矫抗。"意思是,对安仁(潘岳)和士衡(陆机)的诗文孰优孰劣的问题,只要一提起,大家马上就有不同的看法,并辩论起来。

刘勰的《文心雕龙》评到了潘岳和陆机,都有很高的评价;钟嵘《诗品》,把他们都放在"上品",但对陆机的评价更高。而且说:"故知陈思(曹植)为建安之杰,公幹(刘桢)、仲宣(王粲)为辅;陆机为太康之英,安仁(潘岳)、景阳(张协)为辅;谢客(谢灵运)为元嘉之雄,颜延年(颜延之)为辅。斯皆五言之冠冕,文词之命世也。"

从汉至晋宋的诗歌史,在太康段,陆机是主将,而潘岳只是辅助的副将。

但是,萧统、萧纲、萧绎在接受前人观点的基础上,对潘岳、陆机的看法,表现得更加理性。

萧统《文选》都收有潘岳和陆机的作品。但《文选》收潘岳赋如《西征赋》共八篇,而收陆机的赋只有《叹逝赋并序》和《文赋并序》两篇,可以看出萧统在赋类文体上是肯定潘岳的成就是大于陆机的;因为,潘岳的赋以"浅而净",陆机的赋则是"深而芜"。

而萧统在《文选序》里说明其选文宗旨是"事出于沈思,义归乎翰藻"。可见潘岳的"浅净"文风更接近其文章的审美标准。

在选诗时,萧统收潘岳诗 10 首(献诗类 1 首,祖饯类 1 首,行旅类 4 首,赠答类 1 首,咏怀类 3 首),收陆机诗共 48 首(献诗类 1 首,招隐类 1 首,赠答类 10 首,行旅类 5 首,乐府类 17 首,杂诗类 2 首,杂拟类 12 首),从数量上和分布范围来看,陆机都比潘岳具有绝对优势。

这可以说明,萧统高度认可陆机诗歌创作,尤其是认可陆机乐府类、赠答类和杂拟类的诗歌,因为这三类诗歌所表达的思想都是在儒家"雅正"范围之内的,所以特别为萧统所选录,而潘岳的诗相较于陆机就略逊一筹了。

在萧统看来,潘岳、陆机都是西晋文学的大家,都具有很高的艺术成就,但潘赋胜于陆赋,潘诗不逮陆诗,潘以情真,陆以才多。

萧纲曾在多篇文章中提及潘岳和陆机,在《与湘东王书》中,萧纲致书其弟萧绎说道:"但以当世之作,历方古之才人,远则扬、马、曹、王,近则潘、陆、颜、谢,而观其遣辞用心,了不相似。"

这里它是把潘、陆并列的,说潘、陆的诗歌创作都是继承了《风》《骚》传统,这是一个很高的评价。可见潘、陆在萧纲心中并无优劣之分,但仍可从其授意编纂的《玉台新咏》看萧纲对待二人的差异。

《玉台新咏》卷二收潘岳的内顾诗和悼亡诗各 2 首,在卷三中收陆机的《拟古诗》等共 13 首,在卷四中又收了陆机拟古诗 2 首。

萧纲是高度看重陆机诗歌的。由此不难理解,在萧纲看来,潘岳和陆机在文章方面是同样优秀的,但在诗歌方面,则陆机更为优秀。

萧绎对潘、陆二人的看法,表现在他的著作《金楼子》和《与萧挹书》里。

《金楼子·立言篇上》:"潘岳赋云:'太夫人御板舆,乘轻轩……称福寿以献觞,咸一惧而一喜。'"引用潘岳赋中的语句表达自己对母亲的怀念,他赞美潘岳真切生动的叙写快乐场景为"天下之至乐,唯斯而已矣"。这是对潘岳"叙事如传"的文体特色的肯定。

接着他在《金楼子·立言篇下》中说:"潘安仁清绮若是,而评者止称情切,故知为文之难也。"又肯定了潘岳文章清绮的特点,并为其受到不公正的评价而鸣不平。由此可知萧绎是从清绮的文章风格和叙事如传的手法两方面肯定潘岳文章的。

《金楼子·立言篇下》评价陆机:"曹子建、陆士衡皆文士也,观其辞致侧密,事语坚明,意匠有序,遗言无失。"萧绎对文的定义为"惟须绮縠纷披,宫徵靡曼,唇吻遒会,情灵摇荡",他称赞陆机是文士,亦是肯定了陆机的文章符合他所定义的"文"的特质,从陆机的作品符合萧绎定义"文"的特质方面来看,陆机的诗文是略胜于潘岳的。这一点,也与哥哥萧统和萧纲的看法类似。

3. 三兄弟对陶渊明的评价

在江淹《杂体诗三十首》和钟嵘《诗品》以后,萧统是陶渊明价值的知音。萧统既推崇其人格也推崇其文学。这首先表现在其编纂的《文选》中收录了陶渊明的作品,《文选》收录陶渊明的 8 首诗和 1 篇《归去来辞并序》,虽然数量并不是很多,但在形式主义风气盛行的梁朝,能够把这样一位"世叹其质直"的诗人纳入文集之中,这是需要很大魄力的。

此外,萧统还特意为陶渊明编了文集,并在《〈陶渊明集〉序》和《陶渊明传》两篇文章中对陶渊明也表达了敬仰之情。要知道这两篇文章是继陶渊明好友颜延之《陶征士诔》之后的两篇关于陶渊明的专题性文章,这一点亦可说明萧统十分重视陶渊明。

他在《〈陶渊明集〉序》中首先称陶渊明"其文章不群,辞彩精拔,跌宕昭彰,独超众类,抑扬爽朗,莫之与京。横素波而傍流,干青云而直上。"这是萧统对陶诗独到的评价,他看出了陶渊明诗风的平淡和警拔的双重特点。紧接着称自己"爱嗜其文,不能释手,尚想其德,恨不同时"。

萧纲对陶渊明的人品和文学没有直接性的评价,但根据颜之推《颜氏家训》说"简文(萧纲)爱渊明文,常置几案,动静辄讽"的记载,可见萧纲对陶诗也是发自内心的,和哥哥萧统一样的喜欢。

萧绎和萧纲一样,喜欢陶渊明其人和其文,萧绎《金楼子》的字句存在着对陶渊明文的两层师法。

一是师其辞,如《金楼子·兴王篇》"上每析疑义",此句明显脱胎于陶渊明的《移居·其二》"奇文共欣赏,疑义相与析"句。

二是师其句法,如《金楼子·兴王篇》:"每读《孝子传》,未曾终轴,辄辍书悲痛",此句与陶渊明《五柳先生传》:"每有会意……造饮辄尽"句在句法上亦有相似之处。由此可见萧绎对陶渊明诗文的熟悉和其对陶渊明的喜爱。另据萧绎《金楼子·戒子篇》载:"陶渊明言曰:'天地赋命,有生必终。……汝其戒哉!'"

渊明戒子意在兄弟友于,萧绎在此借渊明戒子之事也用来强调兄弟友于,这是传统儒家的"兄友弟恭"观念。

4. 三兄弟对大小谢的评价

刘勰《文心雕龙·明诗篇》说刘宋初年的诗歌新貌是"庄老告退,山水方滋"。是说诗歌从东晋玄言诗风的包围圈成功突围,而山水诗开始在这一时期兴起。山水诗的兴起,要归功于努力写作山水诗的谢灵运。所以钟嵘在《诗品》中称谢灵运为"元嘉之雄"。

而真正摒除说理的恶习,将山水诗情景融合一体,同时注意诗歌中声律的运用,有了"全篇似唐人者"的山水诗,还要借用谢朓的诗笔才能完成,一前一后,人称"大小谢"。

对于"大小谢",三萧兄弟也有着自己不同于刘勰和钟嵘的看法。

萧统《文选》共收录谢灵运诗 41 首(述德类 2 首,公宴类 1 首,祖饯类 1 首,游览类 9 首,咏怀类 1 首,赠答类 3 首,行旅类 10 首,乐府 1 首,杂诗 5 首,拟诗 8 首);收录谢朓诗 22 首(祖饯类 1 首,游览类 1 首,哀伤类 1 首,赠答类 5 首,行旅类 5 首,乐府 1 首,杂诗 8 首)。

萧统很喜欢大小谢诗歌;尤其是收录了二人大量的行旅类的诗歌,可见萧统是尤其肯定二人的山水诗创作。

萧统喜爱山水诗,可能与他喜爱山水有关。《梁书》萧统传说萧统"性爱山水于玄圃穿筑,更立亭馆,与朝士名素者游其中。……咏左思《招隐诗》曰'非必丝与竹,山水有清音'"。可见萧统不仅爱山水,而且具备了很高的审美的能力,那么对于大小谢的山水诗自然也是手不释卷了。

这一点也可以从刘孝绰的喜好来旁证,《梁书》说萧统"起乐贤堂,乃使画工先图孝绰焉"。其见重如此,可以知道萧统非常信任刘孝绰,并与刘孝绰爱好、审美一致,气味相接。

据《颜氏家训·文章》载:"刘孝绰当时既有重名,无所与让;唯服谢朓,常以谢诗置几案间,动静辄讽味。"[1]是刘孝绰喜欢谢朓的山水诗才受到萧统的特殊礼遇吗? 也许萧统在山水诗的喜爱上,受到刘孝绰的影响更加实际。

比较大小谢,《文选》收录大谢的诗歌数量更多一点,这应该和社会的评价有关,当时社会的评价,大谢更高一点,小谢略低一点。

但是,考虑到萧统同时热爱玄学佛理,《梁书·昭明太子传》中说他:"自立二谛、法身义,并有新意。"因此,萧统更喜欢谢灵运"带有哲理尾巴"的山水诗也说不定。

萧纲在其《与湘东王书》中,把谢灵运提出来,当作一个文章具有风骚传统的典型和扬雄、曹植等人并列,这是对谢灵运文章的高

---

[1] 参见《梁书·昭明太子传》。

度肯定。他说谢灵运吐言天拔,具有出于自然的特点。只是"时有不拘,是其糟粕",但瑕不掩瑜。

《与湘东王书》的下文说:"至如近世谢朓、沈约之诗,任昉、陆倕之笔,斯实文章之冠冕,述作之楷模。"在这里,他以"近世",区分了"大小谢"的关系。把谢朓的诗歌与沈约的诗、任昉和陆倕的文章,奉为"文章冠冕"和"述作楷模"。

萧纲《与湘东王书》中的"湘东王"正是萧绎,萧纲在写给弟弟的信中,几乎没有写什么问寒问暖,关心弟弟生活的话,而是对当时的诗风,历史上的诗歌、文章大家、名家大谈特谈。也许他知道,弟弟萧绎和他一样,对生活上琐细不感兴趣,感兴趣的除了诗文,还是诗文。

萧绎在读了哥哥的《与湘东王书》以后,立刻写了一封回信。

回信的内容也是一封"论诗"的书信。在这封回信,萧绎固然有着迎合哥哥萧纲的嫌疑;但也进一步发展了哥哥萧纲的意思。《论诗》一文说:"诗多而能者沈约,文少而能者谢朓、何逊。"说得更加巧妙,"多"是一种"能";"少"也是一种"能",由此表达对沈约、谢朓、何逊的比较。

在《金楼子·说藩》篇中,萧绎也说到了谢朓,并赞其为"皆当时之杰,号士林也"。

5. 三兄弟对当代名公沈约的评价

最后,我们看一看三兄弟对当代文学的看法,也是很有意思的。

沈约是萧梁时期的文坛宗主。在萧齐永明时期沈约与谢朓诸人共同将声律说熔入了五言诗的创作之中,从而煅造出了风靡一时的"永明体"。在"永明体"弥漫下成长的钟嵘固然有着"伤其真美"的指责和将沈约列入中评的暗贬,但他对沈约诗"长于清怨"的评价还是恰如其分的。

生活在"永明体"消歇未久的三萧兄弟,对这位仍然活跃在萧梁政坛兼诗坛耆老也有着不同于钟嵘的评价。

根据《梁书》的记载,沈约在天监初曾为太子詹事和太子少傅,可以说他和少年萧统有着师生之谊。虽然萧统在其文章中没有提及沈约,但沈约却有着大量的和萧统有关的诗歌,如《侍皇太子释奠宴诗》等应制诗,而这些诗的主旨在于称赞萧统。

按照常理,学生看到老师这些褒扬的言语,应该和一首称赞老师的诗,更何况还是才华横溢的萧统。

萧统对沈约这位文坛领袖似乎有所否定,因为在萧统现存的全部诗文中都没有提到沈约,这是难以想象的。

但是他的诗集中不仅没有回应的诗,更没有提及沈约。萧统的《文选》收录沈约作品的情况,他在赋类文体中没有收录沈约的一首赋作,要知道沈约可是以他创新赋作而沾沾自喜的,这在《梁书·王筠传》里他以自己《郊居赋》音律严谨而得意就可以看出来。

萧统固然有着详古略今的意图,但沈约身为当时的文宗其"构思积时"的赋作应不亚于入选的颜延年之辈,可惜仍然被其"割爱"。再来看其诗的收录情况,收录了以其杂诗类为主的诗歌共 13 首,但这却远比同时代诗人江淹的 32 首少得多。最后看文章类,只收了沈约 4 篇,而这也远远少于同时代的作家任昉 17 首的数量。再从题材范围上来看,沈约也远远比不上与他齐名的谢朓,可见在萧统心目中,沈约还远远够不上一代文宗的殊荣。

萧统为何轻视沈约,这恐怕是沈约人品和文品的原因。沈约的人品,据《梁书·沈约传》说他"昧于荣利,乘时藉势"、"用事十余年,未尝有所荐达,政之得失,唯唯而已"。这样一个文坛与政坛上的泰斗竟然是一个政治上的投机者,这一点实在有违儒家的道义。"汲汲役于"功名的沈约在显要后却变得无所作为,这无疑会引起储君萧统的强烈不满。令萧统很难接受。

再看其诗文,也是这类应酬性质的诗为多数,但最令萧统厌恶的是沈约的诗中竟然有着如《梦见美人》《携手曲》这类大胆描写女子的内容,这在深受"非礼勿言"传统儒家礼教下的萧统看来是不能容忍的。

因为萧统是封建正统的代表,其所奉行的依然是儒家那套传统的文学观,而且他有责任去维护这种封建礼教。所以,萧统编纂《文选》的动机是想为后代确立一种"文质兼美"的文学观,但面对着沈约这样一位德行文章俱亏的文坛宗主,他必然会有所轻视,在选文数量上有意地抑制沈约也是势所当然。

但是萧纲对沈约是钦佩之至的。首先从他的文章来看,他在《与湘东王书》中盛赞沈约的诗"斯实文章之冠冕,述作之楷模"。这是对沈约特别的尊崇。再来看萧纲的诗,萧纲的乐府诗中与沈约有着大量的同题之作,如《长歌行》《君子行》等共 7 首之多,另外乐府中还有两篇和沈约虽不同题但共咏一事(如昭君)的诗,这样一共达 9 首之多,从这一点可以看出萧纲对沈约诗歌的肯定。

沈约有两首《夜夜曲》,我们试看一首:

> 河汉纵且横,北斗横复直。
> 星汉空如此,宁知心有忆?
> 孤灯暧不明,寒机晓犹织。
> 零泪向谁道,鸡鸣徒叹息。

此写银河西流,星斗已直;但银河与北斗星都是无情地流转,它们怎么知道此刻我心中在想念一个人?孤灯半明不灭,织机仍然不息。向谁诉说我的泪水呢?只听见鸡鸣声天晓的叹息。诗歌描写思妇彻夜不眠,盼归的悲愁情绪,语言凝练,有民歌色彩。体现了"永明体"贴近生活,讲求声律的艺术风格。这让萧纲倾慕不已。激动之余,萧纲也写了《拟沈隐侯夜夜曲》,学习沈约诗的风调,韵律和贴近生活的写作方法:

> 蔼蔼夜中霜,何关向晓光。
> 枕啼常带粉,身眠不著床。
> 兰膏尽更益,薰炉灭复香。

但问愁多少，便知夜短长。

这是一首典型的比沈约的《夜夜曲》更"怨"的怨诗。沈约的诗，一半篇幅写了夜空、星星和河汉，写法上还是"陈旧"了一点。而萧纲的拟诗中，通篇是女子弥漫的愁情；中间四句，对女子"带粉"的"枕啼"，"兰膏"、"薰炉"的刻画，更精细入微，具有细节的想象，更具张力。而"身眠不著床"、"但问愁多少，便知夜短长"，比喻巧妙，景象切合，含蓄动人，离开唐诗的城池更近。

《夜夜曲》虽然为沈约所开创，但沈约此诗其实仍然是"拟民歌"，寒女夜织，篷窗对天，星汉西流，那是民间的景象，而萧纲的这首"拟诗"，不仅把描写的场景不自觉地搬到了宫廷，而且在诗歌的审美意识上，已经告别了沈约的"永明体"，而具有"宫体诗"的特色。

萧纲一是尊重前辈诗人当代文坛领袖沈约，另一方面，也有后来居上，对自己倡导的宫体诗的审美意识新变和具体的写作方法，具有超越前人的自信。就在这种自信中，我们仍然可以看到，萧纲的"宫体诗"受了沈约"永明体"影响的，他们共同的方面都是追求新变；"宫体诗"可以说是在"永明体"以后的又一次新变。

萧绎在《论诗》中对沈约的评价是："诗多而能者沈约，文少而能者，谢朓、何逊。"也许是对哥哥萧纲的附和。

总体来说，萧统和萧绎有着相近的文学观念，他们对沈约的诗文也许并不十分推崇，相反，倒是有意有点抑制。原因在于沈约诗文和他们的文学观念的冲突，而沈约的人品也是一个很重要的因素。

对古典的，离开当下生活比较远的，一般都有定评，相差也不会太大，但是，对当今文坛，看法就可能多起来，意见也不一致起来，这是很正常的。

为什么举这么多的例子？一是想说明萧统、萧纲、萧绎兄弟对建安文学、太康文学、晋宋文学乃至齐梁当代文学比较一致的看法，系统地理清他们的文学观念，弄清萧统、萧纲、萧绎各自的文学集团,不像有的学者强调得那么偏颇;同时,明代张溥《汉魏六朝百三家集题辞》中说的萧家的文学友于,胜过曹丕、曹植兄弟,到底胜过了多少? 现在看来,两者相差很大,完全不在同一个级别上。

(四) 三兄弟文学观的异同

萧氏三兄弟不仅文学观念相同或相近,在文学创作上也存在共性,这使萧统、萧纲的诗歌风格就有很多相似的地方。这种相似的结果,使萧统和萧纲的文章经常混同。有的诗歌,作者是萧统还是萧纲已经弄不清楚。

根据逯钦立的研究:《艺文类聚》卷七十三,《御览》卷七百五十九收录的《谢敕赍广州瓯等启》:"淮南承月之杯,岂均符彩;西国浮云之碗,非谓瑰奇。臣南珍靡究,未读奏曹之表;方物罕逢,不识议郎之画。"应该是"梁皇太子(萧统)作,张溥编入《简文帝集》,非。"

《艺文类聚》卷七十七收录的《谢敕赍铜造善觉寺塔露盘启》:"是称邢阳之珍,实亦昆吾之珤。燥湿无变,九市见奇。寒暑是宜,六律成用。况复神龙负子,光斯妙塔;金鸟衔带,饰兹高表。函谷耻其咏歌,临淄恧其祥应。阳燧含影,还辟日轮;甘露入盘,足称天酒。辞林本阙,心辨又惭;徒戴重恩,终难陈谢。不任铭荷之至,谨奉启闻。"张溥编入《简文帝集》。逯钦立案:张溥本有《东宫上堀得慈觉寺钟启》,今据《艺文类聚》编入《简文帝集》。

《谢敕赍河南菜启》:"海水无波,来因九译;周原泽洽,味备百羞。尧韭未俦,姬歜非喻。"《艺文类聚》卷八十二引梁皇太子作,张溥编入《简文集》。《谢敕赍边城橘启》:"结根龙首,垂阴渐土。甘逾石蜜,味重金衣。晖章缥李,岂止称于晋世;上林美枣,非独高于汉日。"《艺文类聚》卷八十六,张溥误入《简文集》。

有的诗歌仍然莫衷一是。如《晚春诗》:"紫兰叶初满,娇莺弄始稀。石蹲还惟兽,萝长更胜衣。水曲文鱼聚,林暝雅鸟飞。渚蒲变新节,岩桐长旧围。风花落未已,山斋开夜扉。"此诗载于《昭明集》,然《玉台新咏》《艺文类聚》并作简文帝萧纲作。

如《林下作妓诗》:"炎光向夕敛。徙宴临前池。泉深影相得。花与面相宜。篪声如鸟弄。舞袂写风枝。欢乐不知醉。千秋长若斯。"诗载《昭明集》,《初学记》作萧统作,《玉台新咏》作萧纲作。

又如《拟古诗》:"窥红对镜敛双眉,含愁拭泪坐相思。念人一去许多时。眼语笑靥迎来情,心怀心想甚分明。忆人不忍语,衔恨独吞声。"诗载《昭明集》,《玉台新咏》作简文帝萧纲作。

总体来说,萧氏三兄弟有相同的知识结构,这些相同或相近的儒、道、佛的知识,对文学和诗歌的爱好,同时都具有超强领悟力,成了他们共同的语言。

虽然萧氏兄弟在注重文学的独立性、诗歌的抒情审美功能和诗歌的新变上,他们的可能看法不完全一致,在文学才能上各有其侧重。但是,更多时候他们是求同存异,相互欣赏,营造良好的文学氛围,以求得进步。

在创作上,萧氏三兄弟从小都是"幼王出镇"的主角,出镇一方的经历也基本相同,萧统、萧纲、萧绎小时候就挂满了勋章般的"官职"。短暂的分离,都成了他们诗歌书写的对象,成了彼此关心的素材。

在写给萧绎的书信中,萧统谈到"密亲离则手为心使,昆弟晏则墨以亲露"①,无论相聚一室,还是相距千里,文学都是最佳的交流方式。尤其是萧纲出镇时,兄弟的分离,更是他们文学书写的对象,彼此关心的写照。

(五)萧纲与萧统的唱和诗文

天监十三年(514)萧纲出为使持节,都督荆、雍、梁、南北秦、益、宁七州诸军事,南蛮校尉,荆州刺史,将军如故。驻扎在荆州,而十四岁的昭明太子正好奉命来荆州。这使萧统、萧纲兄弟有机会见面相聚,其乐融融。

两年以后,十四岁的萧纲在江州,萧统写了七言诗《示云麾弟诗》:

---

① 《答湘东王求文集及〈诗苑英华〉书》。

白云飞兮江上阻,北流分兮山风举。山万仞兮多高峰,流九派兮饶江渚。山岩峣兮乃逼天,云微濛兮后兴雨。实览历兮此名地,故遨游兮兹胜所。尔登陟兮一长望,理化顾兮忽忆予。想玉颜兮有目中,徒踟蹰兮增延伫。

萧纲也写了一首七言骚体《应令》诗一首:

蠡浦急兮川路长,白云重兮出帝乡。平原忽兮远极目,江甸阻兮羁心伤。树庐岳兮高且峻,瞻派水兮去决决。远烟生兮含山势,风散花兮传馨香。临清波兮望石镜,瞻鹤岭兮睇仙庄。望邦畿兮千里旷,悲遥夜兮九回肠。顾龙楼兮不可见,徒送目兮泪沾裳。

也许因为萧纲的任所荆州、江州都是楚国故地,萧统特意采用了楚辞七言骚体,诗中对楚地的文学想象,饱含着对弟弟的关切和思念,萧纲应令和诗同样楚辞七言骚体,处处呼应着萧统的诗句对楚地的文学描写更为具体细致,对京畿和家人的思念真切动人。

兄弟之间,被高山阻断,被白云遮蔽,被河水淹留。但是,隔不断的是彼此的思念。思念凝成的诗句,无论对历史还是对他们自己,都是最好的纪念。

就诗论诗,萧统虽然比萧纲大两岁,但对比起来,萧纲的诗似乎更具文学性,更有文学才能。

天监十七年(518)萧纲征为西中郎将,领石头戍军事,寻复为宣惠将军,丹阳尹,加侍中。萧纲回朝任职,与胞兄萧统再次相聚。这时东宫已经成为一个文学中心,天监十五年(516)时,太子詹事徐勉奉旨举荐学士五人编撰佛学类书《华林遍略》,以供皇族学习,萧纲府中参军刘杳也在其列,大约在天监十八年(519),编修完成;由萧统和刘孝绰主编的《古今诗苑英华》也在编修中。这次回朝,萧纲积极参与东宫的各种活动。

当时,梁武帝萧衍发愿受菩萨戒,太子萧统则于玄圃园设讲,讲论佛教二谛、法身义,名僧大德和朝中显贵汇聚一堂,前去听讲讨论,可谓一时盛世。萧纲也参与了听讲并提出疑问,萧统逐一解答[①]。事后萧纲又作《玄圃园讲颂》,并且作《上皇太子玄圃园讲颂启》,把颂文献给萧统:

> 窃以舜韶始唱,灵仪自舞,陈律才暄,风心竞萼,轻禽短叶,尚识音光,沐善欢心,宁忘抚扴。伏惟殿下,体高玄赜,养道春禁,牢笼文圃,渔猎义河,注意龙宫,研心宝印,云聚生什之材,并命应王之匹,探机析理,怡然不倦,朱华景月,讵此忘罢。属素藏晚节,玄英初气,霜竹浮阴,风梧散叶,从容雅论,实会神衷。纲经生多幸,属此休世,踌躇奉渥,得备磐藩,而黏蝇未拔,迷象不羁,宝没醉衣,珠沈勇额,得闻胜善,宁忘歌咏,谨上玄圃园讲颂一首,文惭绮发,思阙雕英,徒怀舞蹈之心,终愧清风之藻,冒昧呈闻,追深赧汗,谨启。

萧纲文中用了很多典故和华丽的辞藻,表达对兄长学问的敬仰,萧统也写了《答玄圃园讲颂启令》,对于萧纲的文采十分赞赏:

> 得书并所制讲颂,首尾可观,殊成佳作,辞典文艳,既温且雅。岂直斐然有意,可谓卓尔不群。览以回环,良同愈疾。至于双因八辩,弥有法席之致;银草金云,殊得物色之美。吾在原之意,甚用欣怿。迟回乃悉,此不尽言。统报。

在文中,萧统不失时机地表明了自己在文章学上的观点,这就是文中"辞典文艳,既温且雅"。文章要华美而不失质朴,温文尔雅,是很难达到的理想状态。萧统这样说,表明萧纲的《玄圃园讲

---

① 见萧统《令旨解二谛义》,《广弘明集》卷二十四,《全梁文》卷二十一。

颂》文字是符合他本人的文学审美标准的。这与他在《答湘东王求〈文集〉及〈诗苑英华书〉》中提出"能丽而不浮,典而不野,文质彬彬,有君子之致"。在《文选序》中提出"事出于沉思,义归乎翰藻"的美学要求,是一脉相承的。

故而谓之"卓尔不群","双因八辩"是指萧纲《玄圃园讲颂》中"宾从无声,芳香动气,七辩①悬流,双因俱启","银草金云"则是指"日映金云,风摇银草,肩随接武,握宝灵珠"一句,萧统特别称赞萧纲这几句有"法席之致"和"物色之美",也许因为秉性,也许因为德行,也许是因为太子的身份,萧统对萧纲的关心是全方位的,特别在读书写文章,甚至文章的风格上,言辞中对弟弟寄予厚望。

梁普通元年(520),萧纲十八岁,这一年他被任命为益州刺史,也许是因为益州离京城太过遥远,他并没有赴任,第二年又改授云麾将军,南徐州刺史,到南徐州赴任。

其实也不是弟弟第一次出远门,但是,二十岁的萧统和十八岁的弟弟,心里都有恋爱的成分。那正是渴望爱人,也渴望被人爱的年龄。

从礼的角度,哥哥应该关心、爱护弟弟,兄弟友于也是一份值得珍惜的感情,也要培养。因此,哥哥萧统写诗给弟弟萧纲,写了十二首四言组诗《示徐州弟诗》②。概括了从古到今一个哥哥对弟

---

① "七辩"与萧统文中"八辩"不一,两者必有一处有误。

② 其一:"载披经籍,言括典坟。郁哉元气,焕矣天文。二仪肇建,清浊初分。粤生品物,乃有人伦。"其二:"人伦惟何? 五常为性。因以泥黑,犹麻违正。违仁则勃,弘道斯盛。友于兄弟,是亦为政。"其三:"伊予与尔,共气分躯。顾昔髫发,追惟绮襦。绸缪紫掖,兴寝每俱。朝游青琐,夕步彤庐。"其四:"惟皇建国,疏爵树亲。既固盘石,亦济蒸人。亦有行迈,去此洛滨。自兹厥后,分折已频。"其五:"济河之隔,载离寒暑。甫旋皇邑,遽临荆楚。分手澄江,中心多绪。形反桂宫,情留兰渚。"其六:"有命自天,亦徂梦菀。欣此同席,欢焉忘饭。九派仍临,三江未反。滔滔不归,悠悠斯远。"其七:"长赢届节,令弟旋兹。载睹玉质,我心则夷。逍遥玉户,携手丹墀。方符昔语,信矣怡怡。"其八:"晏居书室,靖眺铜池。三坟既览,四始兼摛。嘉肴玉俎,旨酒金卮。阴阴色晚,白日西移。"其九:"西移已夕,华烛云景。屑屑风生,昭昭月影。高宇既清,虚堂复静。义府载陈,玄言斯逞。"其十:"纶言遄降,伊尔用行。有行安适,义乃维城。载脂朱毂,亦抗翠旌。怒如朝饥,独钟引情。"其十一:"远于将之,爱适上菀。霭霭云浮,暖暖景晚。予叹未期,尔悲将远。日夕解袂,鸣笳言反。"其十二:"言反甲馆,雨面莫收。予若西岳,尔譬东流。兴言思此,心焉如浮。玉颜虽阻,金相嗣丘。"

79

弟的所有的教导、关心、思念和送别望归的感情。

第一首从为兄为弟的人伦写起:"郁哉元气,焕矣天文。二仪肇建,清浊初分。粤生品物,乃有人伦。"

第二首接着写:"人伦惟何?五常为性。"指出兄弟的名分和关系:"违仁则勃,弘道斯盛。友于兄弟,是亦为政。"

第三首写我们虽然是不同的人,但我们的父母是相同的,气息是相通的。回忆我们小时候曾经是形影不离:"顾昔髫发,追惟绮襦。绸缪紫掖,兴寝每俱。朝游青琐,夕步彤庐。"

第四首写长大以后,为了国家的安危,也为了黎民百姓,我们不得不:"亦有行迈,去此洛滨。自兹厥后,分折已频。"从此以后,恐怕是见面的时间少,分离的日子多了。

第五首写情人似的送别,那是一条水路,送别的地点是"兰渚",感情也是江淹《别赋》里的写的"送君南浦,伤如之何!"弟弟的帆影已经不见了,自己回到东宫,心还留在兰渚。这就是:"分手澄江,中心多绪。形反桂宫,情留兰渚。"其中"济河之隔,载离寒暑",指的是萧纲天监九年至十一年为南兖州刺史;而"甫旋皇邑,遽临荆楚",指萧纲在天监十二年返回京城后不久,十三年又出为荆州刺史。

第六首"有命自天,亦徂梦菀",指梁武帝命萧纲去荆州;"欣此同席,欢焉忘饭",指兄弟相见欢乐的样子。现在"九派仍临,三江未反。滔滔不归,悠悠斯远",说萧纲又转江州刺史,后面写自己一个人书房里读书,心里想的仍然是弟弟的姿影。"予叹未期,尔悲将远。"我如西岳的山峰,你像滔滔不绝的东流。最后用安慰作结:"玉颜虽阻,金相嗣丘。"感情回环往复,有的地方还用了"顶针格",要是对照曹植的《赠白马王彪》写自己受到曹丕的迫害,张溥《汉魏六朝百三家集题辞》的话真不错:"文学友于,曹子桓兄弟弗如也。"

诗中"有命自天,亦徂梦菀。欣此同席,欢焉忘饭"一句,文学研究者大多认为是萧统叙述自己曾奉命到荆州,与萧纲兄弟欢聚,并认为萧统在天监十四年(515)曾往荆州①。

但也有学者指出这种说法有误,是把"亦"字理解为"也"而导致的,实际上这里的"亦"是发语助词,并且按照当时政治惯例,皇太子是不可能离开京城到某一个遥远的州郡②。这种说法也有一定道理,我们在这里暂时对此事存疑,不论萧统是否去过荆州,《示徐州弟诗》中对将要远行赴任的弟弟那份关爱都是无可置疑的。

萧统萧纲时常书信来往,交流文学。某一年的五月二十八日,萧纲写信给萧统,并附上诗一首,请哥哥批评指正。萧统收到来信,读了觉得很亲切,就像兄弟二人面对面晤谈一样,于是回信给萧纲,这就是著名的《答晋安王书》③,信中赞扬萧纲的诗文:"汝本有天才,加以爱好,无忘所能,日见其善,首尾裁净,可为佳作。吟玩反覆,欲罢不能。相如奏赋,孔璋呈檄;曹刘异代,并号知音。"又说自己在京邑的生活:"居多暇日,殽核坟史,渔猎词林,上下数千年间,无人致足乐也。""静然终日,披古为事,况观六籍,杂玩文史。见孝友忠贞之迹,睹治乱骄奢之事,足以自慰。"

由于弟弟书信和诗歌的刺激,哥哥也回信也焕发出灿烂的文采,以恬然的心情,新颖的思想和理论,表达了哥哥的深沉。如同宗炳的"卧游"一般,绝少出户,披阅典籍以为乐事,正是萧氏兄弟文化生活的真实写照。

(六) 萧纲、萧统与文学侍臣的感情

大通元年(527),昭明太子侍读明山宾、太子舍人到洽以及太

---

① 俞绍初《昭明太子集校注》:"据此可知昭明曾往荆州,其事史传缺载。"另参见吴光兴《萧纲萧绎年谱》,社会科学文献出版社,2006 年,第 55—56 页。

② 田晓菲《烽火与流星:萧梁王朝的文学与文化》,中华书局,2010 年,第 198 页。

③ 田晓菲认为此文作于天监十四年,萧纲任江州刺史之时,见前引氏著第 198—199 页。

子舍人、太子中庶子陆倕相继去世;而跟随晋安王萧纲长达十年的张率也在这一年不幸逝世。

明山宾是一代大儒,颇有声望,萧统幼年时就听他讲解《五经》,他离世时萧统为之举哀,赠赙十万,并写信给他的旧僚属殷芸称赞并哀悼明山宾①。

张率从天监八年(509)萧纲出戍石头时就追随其后,萧纲调任到哪里他也跟到哪里,萧纲对他十分信任尊敬,张率去世,萧统也赠赙以示哀悼②。陆倕是“竟陵八友”之一,天监十四年曾为晋安王长史、寻阳太守、行江州府事,辅佐萧纲,同萧统、萧纲都有一定关系。

到洽去世时③,萧统惋叹人物相继凋落,于是写信给萧纲,这就是著名的《与晋安王纲令》,《与晋安王纲令》是萧统写得最好最感人的一篇文章:

> 明北兖、到长史遂相系凋落,伤怛悲惋,不能已已。去岁陆太常殂殁,今兹二贤长谢。陆生资忠履贞,冰清玉洁,文该四始,学遍九流,高情胜气,贞然直上。明公儒学稽古,淳厚笃诚,立身行道,始终如一,傥值夫子,必升孔堂。到子风神开爽,文义可观,当官莅事,介然无私。皆海内之俊义,东序之秘宝。此之嗟惜,更复何论。但游处周旋,并淹岁序,造膝忠规,岂可胜说,幸免祇悔,实二三子之力也。谈对如昨,音言在耳,零落相仍,皆成异物,每一念至,何时可言。天下之宝,理当恻怆。近张新安又致故,其人文笔弘雅,亦足嗟惜,随弟府朝,东西日久,尤当伤怀也。比人物零落,特可伤惋。属有今信,乃复及之。

---

① 见《梁书·明山宾传》。

② 见《梁书·张率传》。

③ 《梁书·到洽传》:“(到洽)卒于郡,时年五十一,赠侍中,谥曰理子。”

在这里,萧统以哥哥的口吻,对弟弟萧纲诉说失去良师益友的哀痛。

萧统说:"陆生资忠履贞,冰清玉洁,文该四始,学遍九流,高情胜气,贞然直上。明公儒学稽古,淳厚笃诚,立身行道,始终如一,傥值夫子,必升孔堂。到子风神开爽,文义可观,当官莅事,介然无私。皆海内之俊义,东序之秘宝。此之嗟惜,更复何论。"说的不是这些人的品德评语,不是理智,而是感情,是对他们品行和为人的了解;说的是平日相处的情景。以下说到萧纲的张率:"近张新安又致故,其人文笔弘雅,亦足嗟惜,随弟府朝,东西日久,尤当伤怀也。比人物零落,特可伤惋。""谈对如昨,音言在耳,零落相仍,皆成异物,每一念至,何时可言。天下之宝,理当恻怆。"

也许有曹丕《与吴质书》的先例可供参考,但萧统、萧纲兄弟痛失最知心的侍臣,伤惋之情,彼此都有切身感受,通过书信相互安慰,其中深厚的兄弟情谊,即使千余年后的今天,读来仍让人为之感动。

五月二十八日,萧纲写了一封信给萧统,并附上诗一首,请哥哥批评指正。

萧统收到来信,读了觉得很亲切,就像兄弟二人面对面晤谈一样。

萧统深知萧纲对诗歌的热爱超过自己,同时,在诗歌创作上也比自己更有天才。渐渐地萧纲的诗越写越好,萧统鼓励以后,联想到历史上司马相如、陈琳等人。说明自己虽足不出户,但天地丘壑,古今千年,无不在胸中。而自己居多暇日,披古为事,观览六籍,得到的是"见孝友忠贞之迹,睹治乱骄奢之事,足以自慰,足以自言。"想到萧纲在外作藩,不能见面,只能通过书信往来,既是觉得难受的事,也是值得高兴的事。于是,萧统回书信一封,《答晋安王书》说:

　　得五月二十八日疏并诗一首,省览周环,慰同促膝。汝本有天才,加以爱好,无忘所能,日见其善,首尾裁净,可为佳作。吟玩反覆,欲罢不能。相如奏赋,孔璋呈檄;曹刘异代,并号知音。发叹凌云,兴言愈病。尝谓过差,未以信然。一见来章,而树谖忘痗;方证昔谈,非为妄作。炎凉始贸,触兴自高,睹物兴情,更向篇什。昔梁王好士,淮南礼贤,远致宾游,广招英俊,非惟藉甚当时,故亦传声不朽。必能虚己,自来慕义。含毫属意,差有起予。摄养得宜,与时无爽耳。既责成有寄,居多暇日,觳核坟史,渔猎词林,上下数千年间,无人致足乐也。知少行游,不动亦静,不出户庭,触地丘壑。天游不能隐,山林在目中。冷泉石镜,一见何必胜于传闻;松坞杏林,知之恐有逾吾就。静然终日,披古为事,况观六籍,杂玩文史。见孝友忠贞之迹,睹治乱骄奢之事,足以自慰,足以自言。人师益友,森然在目;嘉言诚至,无俟旁求。举而行之,念同乎此。但清风朗月,思我友于,各事藩维,未克棠棣。兴言届此,梦寐增劳;善护风寒,以慰悬想。指复立此,促迟还书,某疏。

　　因为萧统要表现出比弟弟更深沉一点,更懂一点,要以自己更加成熟的姿势,把自己知道的东西告诉给弟弟听,所以越写越兴奋。假如把萧统、萧纲之类轻论文和刘勰《文心雕龙》、钟嵘《诗品》比一比的话,就可以知道,当时人写这样的理论和批评,就是这样用力,也是这样深刻和词采翩翩的。

　　这就是辉煌的萧氏家族,灿烂的萧氏家族,文采斐然的萧氏家族,和曹氏家族一前一后辉煌在六朝。

　　因为“各事藩维,未克棠棣”,“清风朗月,思我友于,兴言届此,梦寐增劳;善护风寒,以慰悬想”。这就是张溥说的胜过丕、植兄弟的情谊友于了。

　　也许就在这一时期,昭明太子在东宫首席文学侍从刘孝绰的帮助下,收集古今诗歌,编成《古今诗苑英华》;简称《诗苑英华》^①。同时,萧统还把自己写的诗歌以及和文学人士唱和的诗歌编成一集。

《古今诗苑英华》的编纂,应该是成功的。就是萧统说的"虽未为精核",但"亦粗足讽览"。《古今诗苑英华》的编纂,在当时也是编辑出版的大事,是一件具有开创意义的工作。尤其是到了陈和隋、唐时期,这本在社会上流传非常广泛。在不同的社会和不同的朝代,不仅被读书界著录;更有不少模仿者续之。

如有记录可查的就有两《唐志》著录的初唐人释惠净有《续古今诗苑英华》二十卷;《日本国见在书目》载有"《续古今诗苑英华集》十卷;《注续古今诗苑英华》二十卷;《续诗苑英华抄》一卷"。

至宋人晁公武《郡斋读书志》仍有记载^②。可知,由梁入唐的诗集编选,还是昭明太子萧统开的风气。其实不奇怪,在那个时间段里,恐怕没有一个朝代像梁代有那么长相对稳定的社会局面,和那样好的可以安放读书桌的地方,那么多的文人集团和萧家那么多孩子是读书的种子。这就是《古今诗苑英华》对于萧统,对于六朝和中国文化的意义。

从《古今诗苑英华》的编成,到影响社会之前,首先在东宫和皇族内部流传。影响了萧家喜欢读诗的孩子,有了一本教科书,以后

① 关于萧统此书的名称,根据《隋书·经籍志》著录:"《古今诗苑英华》十九卷,梁昭明太子撰。"两《唐志》著录:《古今诗苑英华》二十卷,梁昭明太子萧统撰。而萧统《答湘东王求〈文集〉及〈诗苑英华〉书》:"得疏。知须《诗苑英华》及诸文制。"自称《诗苑英华》,应该是《古今诗苑英华》的省称。其他如《梁书·昭明太子传》谓:"(昭明太子编古今)五言诗之善者,为《文章英华》二十卷。"《南史·昭明太子传》谓:"《英华集》二十卷。"《日本国见在书目》谓:"《诗苑英》十(卷)。"应该或是简称、或是别名、或是误记;卷数多寡,亦是全本、残本,足本或不足本及不同编排所致。至于颜之推《颜氏家训·文章篇》谓:"(刘孝绰)所撰《诗苑》,止取何(逊)两篇,时人讥其不广。"唐刘孝孙《沙门慧净〈诗苑英华〉序》谓:"刘廷尉(刘孝绰)所撰《诗苑》。"应是过于强调协助者的作用。因萧统在《答湘东王求文集及〈诗苑英华〉书》中说:"又往年因暇,搜采英华,上下数十年间,未易详悉,犹有遗恨,而其书已传。虽未为精核,亦粗足讽览。"可谓证据。

② 晁公武《郡斋读书志》载:"《续古今诗苑英华》十卷;右唐僧惠净撰。辑梁武帝大同年中《会三教篇》至唐刘孝孙《成皋望河》之作,凡一百五十四人,诗歌五百四十八篇。孝孙为之序。"

萧家的诗歌,都会和这本诗集的风格有一定的关系。

兄弟友于的情谊,不仅在萧统、萧纲之间,也在萧统与萧绎之间展开。

梁普通三年(522),十五岁的萧绎在京师举行"冠礼"。也就在这一期间,他知道哥哥萧统编选了自己的诗集,而且,还编纂了《古今诗苑英华》。其时的萧绎读书非常勤奋,并立志要撰写子书,也要读遍天下的书。

于是就致信哥哥萧统,把自己最近写的诗文附上,求萧统的文集及《诗苑英华》一书。萧统满足了他的要求,把自己的诗集(部分是和文人学士唱和),以及《古今诗苑英华》赠给萧绎。

萧绎的求文集信已不见于文献记载,但通过萧统的回信可以看出当时的情况。萧统作为哥哥,他总不忘乘任何机会,在任何场合表扬他的弟弟们。

萧统《答湘东王求〈文集〉及〈诗苑英华〉书》说:

> 得疏,知须《诗苑英华》及诸文制,发函伸纸,阅览无辍,虽事涉乌有,义异拟伦;而清新卓尔,殊为佳作。夫文典而累野,丽则伤浮,能丽而不浮,典而不野,文质彬彬,有君子之致。吾尝欲为之,但恨未逮耳!观汝诸文,殊与意会,至于此书,弥见其美,远兼邃古,傍暨典坟,学以聚益,居焉可赏。
>
> 吾少好斯文,迄兹无倦,谭经之暇,断务之余,陟龙楼而静拱,掩鹤关而高卧。与其饱食终日,宁游思于文林,或日因春阳,其物韶丽,树花发,莺鸣和,春泉生,暄风至;陶嘉月而熙游,藉芳草而眺瞩。或朱炎受谢,白藏纪时;玉露夕流,金风时扇;悟秋山之心,登高而远托。或夏条可结,倦于邑而属词;冬云千里,睹纷霏而兴咏。密亲离则手为心使,昆弟宴则墨以亲露。又爱贤之情,与时而笃,冀同市骏,庶匪畏龙。不追子晋,而事似洛滨之游;多愧子桓,而兴同漳川之赏;漾舟玄圃,必集应阮之俦;徐轮博望,亦招龙渊之侣。校核仁义,源本山川,旨

酒盈垒,嘉肴益俎。曜灵既隐,继之以朗月;高春既夕,申之以清夜。并命连篇,在兹弥博。又往年因暇,搜采英华,上下数十年间,未易详悉,犹有遗恨,而其书已传;虽未为精核,亦粗足讽览,集乃不工,而并作多丽。汝既须之,皆遣送也。某启。

在《答湘东王求〈文集〉及〈诗苑英华〉书》中,萧统同样表扬了萧绎的诗文写作:"观汝诸文,殊与意会,至于此书,弥见其美,远兼邃古,傍暨典坟,学以聚益,居焉可赏。"并就诗文的写作,提出要重视"翰藻",又强调"文质彬彬"的观点。

其中"夫文典则累野,丽亦伤浮,能丽而不浮,典则不野,文质彬彬,有君子之致。"这和萧统在《文选序》里的文学思想是一致的。而"或夏条可结,倦于邑而属词;冬云千里,睹纷霏而兴咏。密亲离则手为心使,昆弟晏则墨以亲露。"是诗歌发生论,论及自然感荡和人际感荡是诗歌创作源泉的问题。这是钟嵘《诗品》中的观点,也是时代的观点,是萧氏家族文学的中心思想。作为哥哥,萧统还不忘在最后讲了读此书的注意事项。

(七)萧纲与萧绎的文学交流

除了萧统与萧纲、萧绎之间经常进行思想道德和文学上的切磋,关系亲密以外,萧纲与萧绎之间,亦是亲密无间。

萧绎不好声色,喜好诗歌。他的诗歌,在当时众多诗人中应属上品。他不仅用诗歌写生活,写内心感受;还用诗歌写公文,写军书,写儒学论文,甚至把佛教教义都用诗来表现。他清词丽句的风格,多与何逊、阴铿为邻。他对诗歌艺术的热爱,超过哥哥萧纲,也超过了绝大多数的唐朝诗人。他在《金楼子序》和《立言篇》里提出的诗歌理论,比萧纲更加前卫。

和萧统经常谈理论比起来,萧纲和萧绎之间经常用诗歌作品说话,交流尽在其中。特别是在萧纲的带领下,他们驰骋才华,学习当时的乐府民歌,以四季为主调,以女性为题材,以色彩艳丽的辞藻,表现女性美丽的外貌和内在的情绪天地。

这种诗歌,其实是一种永明体以来的一种新诗体,不过有诗癖,写作量又大,又身为太子,具有号召力,当时的文化和审美,流行的新元素,都是从宫廷走向城中,再走向四野,所以萧纲就成了新体诗、新变诗,后来又被历史学家称之为"宫体诗"的旗手和领袖。

在新体诗的写作中,萧绎几乎和萧纲一样起劲,两人不断切磋、唱和。萧绎作《名士悦倾城》,萧纲《和湘东王名士悦倾城》:

> 美人称绝世,丽色譬花丛。经居李城北,住在宋家东。教歌公主第,学舞汉成宫。多游淇水上,好在凤楼中。履高疑上砌,裙开特畏风。衫轻见跳脱,珠概杂青虫。垂丝绕帷幔,落日度房栊。妆窗隔柳色,井水照桃红。非怜江浦佩,羞使春闺空。

其中的"履高疑上砌,裙开特畏风",写女孩子上楼时裙子被风吹开,又怕又羞又甜蜜的心理。至今仍有人抓住这两句,站在道德的立场上予以批判,说这是轻佻、挑逗、思想下流的诗歌。真是跟不上时代了;而新颖、大胆的描写,正是萧纲这首诗的价值所在。

《和湘东王首夏》也是萧纲与萧绎兄弟的唱和之作:"冷风杂细雨,垂云助麦凉。竹水俱葱翠,花蝶两飞翔。燕泥衔复落,鹂吟敛更扬。卧石藤为缆,山桥树作梁。欲待华池上,明月吐清光。"

此诗语言精工,首二句即用对仗,写景如绘,历历如在目前。遣词用语显示出萧纲细腻的气质。陆时雍《古诗镜》评价说:"'卧石'二语,荒蹊小径,结构自成,觉浅浅得趣。"

萧纲曾写信给弟弟萧绎说:"文章未坠,必有英绝。领袖之者,非弟而谁。每欲论之,无可与语,思言子建,一共商榷。"(《与湘东王书》)可见萧纲希望自己和弟弟萧绎就像当年的曹丕、曹植一同引领新的文坛风气。

《和湘东王阳云楼檐柳》也是萧纲和萧绎的诗:"暧暧阳云台,春柳发新梅。柳枝无极软,春风随意来。潭沱青帷闭,玲珑朱扇开。佳人有所望,车声非是雷。"

比起唐人李白的《春思》"燕草如碧丝,秦桑低绿枝。当君怀归日,是妾断肠时。春风不相识,何事入罗帏"来,倒是李白诗像萧纲写的梁诗,而萧纲的这首细腻生动诗,倒像是李白写的唐诗了。"佳人有所望,车声非是雷。"到了李商隐那里,便成了诗人和佳人之间的"车走雷声语未通"①。

(八) 萧纲对萧统人品与文学的追悼

萧统、萧纲兄弟间的文学交流最终因萧统去世而终止,但是兄弟友于之情并未随之而逝。在兄长身后,萧纲以悲痛的心情,编纂《昭明太子集》二十卷,又作《昭明太子别传》五卷,并在《昭明太子集序》里,对哥哥作了赞美,文章虽长,但不录不足以纪念萧纲对萧统的深情;何况,《萧纲评传》里不录,什么地方才录呢?

萧纲《昭明太子集序》说:

> 窃以文之为义,大哉远矣!故孔称"性道",尧曰"钦明"。武有来商之功,虞有格苗之德。故《易》曰:"观乎天文,以察时变;观乎人文,以化成天下。"是以含精吐景,六卫九光之度;方珠喻龙,南枢北陵之采。此之谓天文。文籍生,书契作,咏歌起,赋颂兴;成孝敬于人伦,移风俗于王政;道绵乎八极,理浃乎九垓;赞动神明,雍熙钟石。此之谓人文。若夫体天经而总文纬,揭日月而谐律吕者,其在兹乎!
>
> 昭明太子悬明离之极照,履得一之休征。曰孝与仁,穷神尽圣;丰下表异,垂发应期。若夫嵩霍之峻,无以方其高;沧溟之深,不能比其大。二曜眺蚀而疑明弗亏,四气犹爽而履信或

---

① 李商隐《无题》诗。

一。言出知乎微,行立彰乎远。湛然玄默,巍乎庄敬;居身以约,在满必冲。九德之保,无以喻其审谕;六行之传,岂可语其拾遗?叔誉知穷,师旷心服。行一物而三善,固无得称焉。

至如翠帏晨兴,斑轮晓驾;胡香翼盖,葆吹从风。问安寝门之外,视膳东厢之侧;三朝有则,一日弗亏。恭承宸宸,陪赞颜色;化阙梓于商庭,既欣拜梦;望直城而结轨,有悦皇心。此一德也。地德褰帷,天鸡掩色,构倾椒殿,沴结尧门。水浆不入,主溢罕进,衰过乎哀,毁几乎灭。池(地)绋既启,探擗摽之恸;陵园斯践,震中路之号。率由至要之道,以为生民之则,固已事彰朱草,理感图云。此二德也。垂慈岂弟,笃此棠棣;善诱无倦,诲人弗穷;躬履礼教,俯示楷模。群藩庋止,流连于终宴;下国远征,殷勤于翰墨。降明两之尊,匹姜肱之同被;纤作贰之重,弘临蒥而共馆。此三德也。好贤爱善,甄德与能;曲阁命宾,双阙延士,剖美玉于荆山,求明珠于枯岸;赏无缪实,举不失才。岩穴知归,屠钓弃业;左右正人,巨僚端士。丹毂交景,长在鹤关之内;花绶成行,恒陪画堂之里。雍容河曲,并当今之领袖;侍从北场,信一时之俊杰。岂假问谢鲲于温峤,谋黄绮于张良?此四德也。皇上垂拱岩廊,积成庶务;式总万几,副是监抚。山依摇彩,地立少阳;物无隐情,人服睿圣。此五德也。罚慎其滥,《书》有作则;胜残去杀,孔著明文。任刑逞威,仅疵淳化;终食不违,理符道德。故假约法于关中,秦民胥悦;感严刑于阙下,汉后流名。是以远鉴前史,垂恩狱犴;仁同泣罪,幽比推沟。玉科归理遣之恩,金条垂好生之德。黔首齐民,亭育含养,咸欣然不知所以然。此六德也。梧丘之首,魂沈而靡托;射声之鬼,曝骨而无归。起掩骼之慈,被锡椟之泽;若使骢马知归,感埋金于地下;书生虽殒,尚飞被于天上。恩均西伯,仁同姬祖。此七德也。玄冥戒节,洹阴在岁;雪号千里,冰重三尺;炎炉吐色,丰貂在御。留上人之重,愍终窭之氓;发于篇藻,形乎造次;辍宴心欢,矜容动色。叹陋巷之无褐,嗟负薪之屡亡；发私藏之铜凫，散垣下之玉粒；施周泽洽，无幽不普。衔命之人，不告而足；受惠之家，餐恩之士，咸谓栎阳之金；自空而堕，南阳之粟，自野而生。此八德也。《阳河（阿）》《渌水》，奇音妙曲，遏云繁手，仰秣来风。靡悦于胸襟，非关于怀抱；事等弃琴，理均放郑。岂同魏两，作歌于《长笛》；终噪汉贰，托赋于《洞箫》？此九德也。怪宝奇琛，不留于器服；仙珠玉玦，无取于浮玩；土木无禘閟，宫殿靡磨砻。此十德也。承华广阔，肃成旦启；秋光洞入，春花洒树；名僧结侣，长裾总集；吐纳名理，从容持论。五称既辨，九言斯洽；如观巨海，如见游龙；令罗折谈，名儒称疾。无劳拥经八卷（入卷），岂假羊车诣门。此十一德也。研精博学，手不释卷；含芳腴于襟抱，扬华绮于心极。韦编三绝，岂直义象；起先五鼓，非直甲夜。而歇案无休，书幌密倦。此十二德也。群玉名记，洛阳素简；西周东观之遗文，刑名墨儒之旨要，莫不殚兹闻见，竭彼绨缃。总括奇异，征求遗逸；命谒者之使，置籯金之赏。惠子五车，方兹无以比；文终所收，形此不能四。此十三德也。借书治本，远纪齐攸；一见自书，闻之阆泽。事唯列国，义止通人；未有降贵纡尊，躬刊手掇。高明斯辨，己亥无违；有识□风，长正鱼鲁。此十四德也。至于登高体物，展诗言志；金铣玉徽，霞章雾密；致深《黄竹》，文冠《绿槐》；控引解《骚》，包罗比兴；铭及盘盂，赞通图象；七高愈疾之旨，表有殊健之则。碑穷典正，每由（出）则车马盈衢；议无失体，才成则列藩击缶。近逐情深，言随手变，丽而不淫。（《昭明太子集》）

《昭明太子别传》原文已经散佚，不过其中很多内容都保存在《梁书》《南史》中；而《昭明太子集序》则全文尚存。

在这篇序文中，萧纲先总体赞美了萧统，又列举哥哥的十四种"德行"，文学也是其中之一，他竭力赞美萧统的文学是："至于登高体物，展诗言志，金铣玉徽，霞章雾密，致深《黄竹》，文冠《绿槐》，控

引解《骚》,包罗比兴,铭及盘盂,赞通图象,七高愈疾之旨,表有殊
健之则,碑穷典正,每由(出)则车马盈衢,议无失体,才成则列藩击
缶,近逐情深,言随手变,丽而不淫。"

西汉扬雄《法言》提出"诗人之赋丽以则,辞人之赋丽以淫"的
美学原则。萧纲这里的"淫"不是后世"淫荡"的意思,"淫"指的是
过度、过分,萧纲评论萧统的诗文"丽而不淫",即是"丽以则"的诗
人之赋。文辞华美而有节制,有法度,这是文学的最高标准,萧纲
把"诗人之赋"的桂冠戴在萧统头上,可见兄弟间文学友于之情,足
以为后世文学家族的典范。

在我们今天能够看到的史料当中,萧统、萧纲与萧绎交流的资
料最为丰富,其他兄弟的则相对较少。其中,豫章王萧综因为身世
原因与兄弟不协,其他皇子与萧纲均有交情。

(九) 萧纲与南康王萧绩关系也很好

梁武帝萧衍第四子南康王萧绩,中大通元年(529)卒,年仅二
十五岁,萧纲对他的早逝十分痛心,写信将此噩耗上报哥哥萧统,
这就是《叙南康简王薨上东宫启》[1],其中"常愿陪承甲馆,同奉画
堂,预得西苑赋文,北场旋食,岂谓不幸,独隔昭世,异林有悲,飞鸣
斯切",言辞痛切,可见与萧绩素有交谊。

萧绎今存作品中有《答晋安王叙南康简王薨书》[2],由此可知萧
纲也曾给萧绎写信,告诉他萧绩去世的情况,抒写悲痛之情,只是

---

① 见《艺文类聚》卷二十一,《全梁文》卷十,全文如下:"方当逸足长衢,克固藩
屏,而峰摧壁毁,一朝云及。纲兄弟各从王役,东守西抚,常愿陪承甲馆,同奉画堂,预
得西苑赋文,北场旋食。岂谓不幸,独隔昭世,异林有悲,飞鸣斯切。伏惟殿下,爱睦恩
深,常棣天笃,北海云亡,骑传余藁,东平告尽,驿问留书,呜呼此恨,复在兹日。"清代李
兆洛《骈体文钞》于文后评论道:"语似未完,前后当皆有佚文。"
② 见《艺文类聚》卷二十一,《全梁文》卷十七,全文如下:"南康兄器宇冲贵,风神
英挺。魏之中山,徒闻退让;晋之扶风,虽号师范。用今方昔,若吞梦云。及寻阳私疾,
孝感神明,殆不胜丧,扶而后起。犹冀天道可期,岂谓福善虚说。且分违易久,嘉会难
逢。绸缪宫阃,不过纨绮之岁;离群作镇,动回星纪之历。志异双鸾之集,遽切四鸟之
悲。松茂柏悦,凤昔欢扦;芝焚蕙叹,今用呜咽。"

萧纲的这封信今天已经无从得见。

萧绩死后,世子萧会理继为南康王,中大通年间,萧会理被任命为湘州刺史,按照政治惯例要上表推辞一番,以彰显礼让之德,萧纲作《为南康王会理让湘州表》,为萧会理代笔,这也是兄弟友于及于子侄的一个旁证。

(十)萧纲与其他兄弟的关系

梁武帝萧衍第五子萧绩,与萧统、萧纲同为丁贵嫔所生,兄弟关系较为亲近,但相关的史料很少,《梁书》《南史》记载萧绩与萧绎出现矛盾,是由萧纲出面调解,虽说当时萧纲居太子之位,于兄弟次序为长,理当由他出面处理兄弟间矛盾,此事还是能够说明萧纲和萧绩兄弟关系亲近。

在诸兄弟中,萧纲和邵陵王萧纶关系比较复杂,有迹象表明起初他们之间关系是很融洽的。萧纶和萧纲、萧绎一样擅长文学,他传世的诗歌,风格近于宫体,如《车中见美人诗》《见姬人诗》《咏新月诗》《夏日诗》等,《见姬人诗》中"却扇承枝影,舒衫受落花"一句描摹细致工整,尤其接近萧纲的诗风,他可能和萧绎一样,与萧纲一直有密切的文学交流。

大同二年(536),萧纲数次上书请梁武帝萧衍临幸重云寺开讲佛经,开头都是"臣纲、臣纶、臣纪言"①,说明是萧纶、萧纪与萧纲联名请求。而在此之前,中大通五年(533),梁武帝萧衍应萧纲之请,在同泰寺设法席,讲《金字摩诃般若经》,萧纲为此作《大法颂》,并把文章送给萧纶阅读,萧纶作《答皇太子示大法颂启》,盛赞萧纲的文字"虽复长卿壮辞,曾何足数;子云妙句,比此蔑如",兄弟间的文学友于可见一斑。

但是这种友于也仅仅是文字上而已,在中大通三年(531)萧统病逝,萧纲被立为太子时,两人关系就已经出现裂缝。萧纶不赞成

---

① 《请幸重云寺开讲启》《重请开讲启》《三请开讲启》,见《广弘明集》卷十九。

萧纲做太子,说"时无豫章,故以次立",意思是豫章王萧综北奔,剩下的皇子中萧纲年龄最大所以被立为太子,言外之意,要是论才德未必轮得上萧纲。

中大通四年,萧纶犯罪,废为庶人,萧纲也上启,认为自己没有尽到劝勉弟弟的义务,也同样有罪。

萧纲表达了对弟弟萧纶的关心爱护,但两人之间关系并未得到真正改善,尤其是大同年间,萧纶任丹阳尹时,手握重兵,萧纲感到压力,也同样加强了东宫兵力,兄弟交恶的事情尽人皆知①。萧氏兄弟不和,是梁王朝的一大隐患,侯景之乱中手足相残的恶果,根源早已经显现出来。

梁武帝萧衍第八子武陵王萧纪,我们上一节也提到他和萧纶、萧纲联名请梁武帝讲经,由此可知萧纪与萧纲、萧纶都有交往。萧纪在大同三年(537)出为益州太守前,任扬州太守,任命之后萧纲曾作《为武陵王让扬州表》②,上表礼让一番。萧纪在扬州任上与萧纲多次相聚,饮宴作诗,一次萧纪手下伍嵩在席前传杯,萧纲看到便作《咏武陵王左右伍嵩传杯》③:"顶分如两髻,簪长验上头。捉杯如欲转,疑残已复留。"诗中不无调侃之意。

萧纪现存的诗作,如《同萧长史看妓》《晓思诗》《明君词》《闺姜寄征人》,可能就作于这一时期。这些诗歌风格近于宫体,可见他与萧纲也有很多文学交流,在文学上受到萧纲的影响。

(十一) 萧纲与堂兄弟的关系

萧梁皇族中,不仅诸皇子擅长文学,诸侯王子也多好尚诗文,萧纲与这些堂兄弟也多有交游。

---

① 《南史·梁宗室·鄱阳忠烈王传》:时武帝年高,诸王莫肯相服。简文虽居储贰,亦不自安,而与司空邵陵王纶特相疑阻。纶时为丹阳尹,威震都下。简文乃选精兵以卫宫内。兄弟相贰,声闻四方。
② 见《艺文类聚》卷五十,《全梁文》卷九。
③ 参见吴光兴《萧纲萧绎年谱》,第 202 页。

如萧衍第十一弟始兴王萧憺,他的儿子上黄侯萧晔,史传中称他"美才仗气,言多激扬",他和萧纲关系尤其密切,萧纲成为太子,他献上《储德赋》,赞颂萧纲的德行。除了萧晔,萧晔的哥哥新渝侯萧暎、临川王萧宏的儿子建安侯萧正立、安成王萧秀的儿子南浦侯萧推,他们与萧晔四个人时常和萧纲一起饮宴谈心,号为"东宫四友"①,应该有很多诗作。

《广弘明集》有萧纲《与广信侯书》②,是写给萧暎的(萧暎普通二年封广信侯,后改封为新渝侯),信中叙述自己听讲佛经的感受,听经之后又想到曾经和萧暎在法会上欢聚,不由十分思念。萧暎在给萧纲的回信中,盛赞萧纲佛学和文学,回忆二人一起谈文论经的美好时光。可见萧纲和堂兄弟间的文学友于,既是亲情又是爱好文学的天性使然。

"东宫四友"是以文相交,文学之外,萧纲与一些堂兄弟也相处得不错。如南平王萧伟的儿子衡山侯萧恭,大同元年(535)出任雍州刺史,萧纲写信给萧恭,告诉他雍州的风土人情,施政要领。中大通五年(533),临汝侯萧渊猷病逝,萧纲特别为他作墓志铭③。可见梁武帝优待宗族的做法,也被萧纲继承,在家族内部营造了良好的气氛。

(十二) 萧氏兄弟和曹氏兄弟皆是佳话

丕、植兄弟也喜欢论文,曹丕《典论·论文》,是曹丕写的关于政治、文化的著作,全书大概在宋代亡佚;其中的《典论·论文》,是中国文学批评史上重要的经典,此外还有一些表达自己文学观念的书信。

---

① 《南史·梁宗室下·始兴忠武王传》:简文入居监抚,(上黄侯)晔献《储德赋》……(萧晔)名盛海内,为宗室推重,特被简文友爱。与新渝、建安、南浦并预密宴,号东宫四友。简文日有五六使来往。
② 见《广弘明集》卷十六,《艺文类聚》卷七十七。
③ 《中书令临汝灵侯墓志铭》,见《艺文类聚》卷四十八,《全梁文》卷十三。

但是,这些表达文学观念的书信,都不是在兄弟之间进行的,而是为各自集团中的朋友写的;如曹丕《与吴质书》①,痛惜七子之中的徐、陈、应、刘,一时俱逝,恻怛悲哀,不胜追悼。继评建安诸子文章,分析其创作特色,指出优劣得失②,其论与《典论·论文》相近。还有写给表弟的《答卞兰教》③,都和曹植没有关系。

同样,曹植也有论文的书信,如《与杨德祖书》④《与吴季重书》;其中《与杨德祖书》也牵涉到对当时作家的评论、批评等问题。论及建安诸子,以及文章需要批评修改的问题。内容和曹丕所说都很相近,甚至有些重复⑤。但是,曹植对哥哥的文章和话不仅没有任何援引,几乎就等于曹丕没有说过,他写的和曹丕完全没有关系。

曹丕写作了《典论》以后,很是满意自得。曾抄写《典论》与诗

① 《文选》李善注曰引《典略》曰:"初,徐幹、刘桢、应场、阮瑀、陈琳、王粲等与质,并见友于太子。二十二年,魏大疫,诸人多死,故太子与质书。"

② 曹丕《与吴质书》:"昔年疾疫,亲故多离其灾。徐、陈、应、刘,一时俱逝,痛可言邪!昔日游处,行则连舆,止则接席,何曾须臾相失。每至觞酌流行,丝竹并奏,酒酣耳热,仰而赋诗,当此之时,忽然不自知乐也。谓百年己分,可长共相保,何图数年之间,零落略尽,言之伤心!顷撰其遗文,都为一集,观其姓名,已为鬼录,追思昔游,犹在心目,而此诸子,化为粪壤,可复道哉!观古今文人,类不护细行,鲜能以名节自立。而伟长独怀文抱质,恬淡寡欲,有箕山之志,可谓彬彬君子者矣。著《中论》二十余篇,成一家之言,辞义典雅,足传于后,此子为不朽矣。德琏常斐然有述作之意,其才学足以著书,美志不遂,良可痛惜。间者历览诸子之文,对之技泪,既痛逝者,行自念也。孔璋章表殊健,微为繁富。公幹有逸气,但未遒耳。其五言诗之善者,妙绝时人。元瑜书记翩翩,致足乐也。仲宣续自善于辞赋,惜其体弱,不足起其文,至于所善,古人无以远过。"

③ 曹丕《答卞兰教》:"赋者,言事类之所附也;颂者,美盛德之形容也。故作者不虚其辞,受者必当其实。兰此赋,岂吾实哉?昔吾丘寿王一陈宝鼎,何武等徒以歌颂,犹受金帛之赐,兰虽不谅,义足嘉也。今赐牛一头。"

④ 《文选》李善注:《典略》曰:临淄侯以才捷爱幸,秉意投修,数与修书,论诸才人优劣。"

⑤ 曹植《与杨德祖书》说:"仆少小好为文章,迄至于今,二十有五年矣。然今世作者,可略而言也。昔仲宣独步于汉南,孔璋鹰扬于河朔,伟长擅名于青土,公幹振藻于海隅,德琏发迹于此魏,足下高视于上京。当此之时,人人自谓握灵蛇之珠,家家自谓抱荆山之玉。吾王于是设天网以该之,顿八纮以掩之,今悉集兹国矣。然此数子,犹复不能飞轩绝迹,一举千里也。以孔璋之才,不闲于辞赋,而多自谓能与司马长卿同风,譬画虎不成反为狗者也。前书嘲之,反作论盛道仆赞其文。夫钟期不失听,于今称之;吾亦不能妄叹者,畏后世之嗤余也。"

赋,赠给吴王孙权及其权臣张昭。这使《典论·论文》得以传入吴国①。从理论上讲,曹丕也就不会不让弟弟曹植知道,以分享他创作的快乐。但是,能够证明曹植有所反馈的是:

曹丕提出"文章经国之大业,不朽之盛事。"(《典论·论文》)而曹植却贬低文学为:"辞赋小道,固未足以揄扬大义,彰示来世也。"(《与杨德祖书》)即便是将政治功业与辞赋创作相比较而言,也是不能这么说的②。

曹丕在《典论·论文》中谈了文学批评应有的态度、作家的个性与作品的风格、文体的区分、文学的价值等重要的问题。批判了"文人相轻"的风气,提出"文以气为主"的命题。

而曹植的《与杨德祖书》却提出了"批评资格",认为只有长于创作的人才能有资格进行批评,为批评活动"设置门槛"。他说:"盖有南威之容,乃可以论于淑媛;有龙渊之利,乃可以议于断割。刘季绪才不能逮于作者,而好诋诃文章,掎摭利病。"(《与杨德祖书》)也许曹丕已经当上皇帝,可以说一些文章比权利更重要的话,而对内心愤怒的曹植,则同样论文的话,就变得带刺而难听。曹植曾与曹丕争储,曹丕称帝,曹植备受迫害,屡次迁封。《世说新语·文学》篇中,曹丕命令曹植七步成诗,否则问罪③。虽然有小说家的意味,但应该也是当时实际情况的一种写照。

萧氏兄弟则在往来书信中亦谈论文学,相比萧统、萧纲、萧绎三兄弟关于读书做人和文学创作、文学批评的书信写来写去,一一列举都显繁琐。

---

① 根据《三国志》裴松之注引胡冲《吴历》说:"帝以素书所著《典论》及诗赋饷孙权,又以纸写一通与张昭。"

② 因此,这一说法,遭到了萧纲的抨击。萧纲《答张缵谢示集书》中说:"纲少好文章,于今二十五载矣。窃尝论之:日月参辰,火龙黼黻,尚且著于玄象,章乎人事,而况文辞可止,咏歌可辍乎? 不为壮夫,扬雄实小言破道,非谓君子;曹植亦小辩破言,论之科刑,罪在不赦。"

③ 《世说新语·文学》篇:"文帝尝令东阿王七步中作诗,不成者行大法;应声便为诗曰:'煮豆持作羹,漉豉以为汁;萁在釜下燃,豆在釜中泣;本自同根生,相煎何太急!'帝深有惭色。"

虽然在注重文学独立性、诗歌的抒情审美功能、诗歌的新变上,他们的看法也不完全一致。萧统偏重理论,萧纲偏重创作,萧绎偏重著述,但是,他们在兄弟友于的气氛下互相讨论,你来我往。

三兄弟中,萧统、萧纲前后成为太子;萧纲、萧绎后来成为皇帝,以他们这样的地位,竟能静下心来真诚地谈论文学,不遗余力地提倡文学特质和地位,在中国文学史上是绝无仅有的;在世界文学史上的例子恐怕也很少。

兄弟间的情谊,用文学作纽带,这在中国历史和文学史上都留下了佳话;这也许是他们兄弟友于和文学友于最好的证明。

五、儒佛道糅杂的信徒

（一）儒、道、佛三教合流的背景

梁武帝萧衍现存作品中有一首《会三教诗》。

在诗中，他回顾了自己的思想中儒道释三教因素。他的思想基本上是儒佛道三教杂糅，同时我们能够看到"会通三教"或"三教合流"的思想在齐梁士人中有相当的影响力，这种现象有其深厚的历史背景。

东汉之后，作为官方意识形态的经学衰落，继而兴起的玄学关于"名教"和"自然"的讨论即多有调和之论。而早已传入中国的佛教在东晋时影响力日渐扩大，因而也不可避免地与本土盛行的儒道二教思想相碰撞。虽然有诸多士人站在儒道两教立场上坚决排佛，但同时也出现了一些调和论，这些调和论的持有者彼此立场不尽相同，却都对佛教抱有包容和接受的态度，认为三教在本质上有共通之处，与此论调相应的出现了众多兼涉三教的士人①，其中极

---

① 汤用彤《汉魏两晋南北朝佛教史》第十三章《佛教之南统·白黑论之争》（昆仑出版社，2006年，第369页）："释慧远，当世仰望之大师也。其谈玄理，常兼内外。其所著述，间申同归殊途之旨。故在宋初，其弟子宗炳作《明佛论》云，孔老如来，虽三训殊路，而习善同辙。（见《弘明集》）其友人谢灵运作《辨宗论》，折中孔释之言。"慧远亦为当时佛教内部兼涉三教的僧人代表。

具代表性的一位正是宋齐之际的名士张融。

《南齐书》载其弱冠时即为道士陆修静赏识,赠以白鹭羽麈尾扇,《高僧传》中亦有他与多名僧人交游的记录,又曾作《门律》调和儒道两教,而他遗言入葬时"左手执《孝经》《老子》,右手执《小品》《法华经》"的事迹已被相关研究者多次引用。

北魏亦有类似的风气,如孝文帝时刘献之"善《春秋》《毛诗》","海内皆称儒宗",亦好佛学,"注《涅槃经》未就而卒";孙惠蔚自言"世以儒学相传",也曾在正始年间"侍讲禁中,夜论佛经"。

永熙年间,卢景裕"注《周易》《尚书》《孝经》《论语》《礼记》《老子》,为世人所重","又好释氏,通其大义";李同轨"学综诸经,多所治诵,兼读释氏,又好医术",曾出使南朝,与萧衍论佛①。"三教合流"是当时思想界的价值新取向。

其实,士人对佛教教理的认识也并不十分深入,多将佛教义理与老庄玄学混作一谈,同时也多把僧人当作隐士之流,许多名僧也多以预与清谈,如支道林、竺法深等人,都颇具名士派头。

到了东晋末年之后,鸠摩罗什及其门徒在长安译出多部经论,又有法显西行天竺,带回多部经律,至此中国佛教的戒律系统才算真正得以完备,北方新出经律传入南朝也促进了南朝佛教的发展。随着认识的深入,中土的佛教抛弃了"格义",与儒释两家划清了畛域②。

我们能够看到:在晋末宋初,竺道生能够根据并不完整的《泥洹经》提出"一阐提人皆得佛性"并得到之后译出的《涅盘经》的印证;士族高门出身的谢灵运学习梵文,参与译经,并著有《十四音训叙》"条例梵汉,昭然可了,使文字有据焉"③。

---

① 见《魏书》卷七十二《儒林传》,中华书局,1974 年,第 1849—1861 页。
② 参见汤用彤《汉魏两晋南北朝佛教史》,葛兆光《中国思想史·第一卷·七世纪前中国的知识、思想与信仰世界》第四编第五节《佛教东传及其思想史意义(续)》,复旦大学出版社,1998 年,第 539—565 页。
③ 《高僧传·释慧叡》,见慧皎等《高僧传合集》,上海古籍出版社,1991 年,第 47 页上。

与谢灵运齐名颜延之也颇通佛理,著有《离识论》《论检》,并与僧严这样的高僧辩论①,佛教信仰被上层接受,佛教义理也成为上流士人的时兴思想。

作为当时士人的一份子,萧衍、萧纲父子儒佛道三教杂糅的思想可以说社会思潮的产物。

(二) 萧纲的儒、道、佛信仰来源于父亲

萧衍早年本自诸生,有很好的儒学修养,尤其在礼学上有一定的造诣,《南齐书》卷九《礼志上》载永明二年"司徒西阁祭酒梁王"参与议论郊祀礼制,梁王即萧衍。

他即位之后曾下诏重修五礼,并多次与臣下讨论礼制。他在位期间,重视教育,积极推崇儒学,《梁书》本纪称赞其"大修文教,盛饰礼容,鼓扇玄风,阐扬儒业,介胄仁义,折冲樽俎,声振寰宇,泽流遐裔,干戈载戢,凡数十年。济济焉,洋洋焉,魏、晋已来,未有若斯之盛"。

除了在政策上推崇儒学,萧衍自己还时常亲自讲解儒学经典,曾作《制旨孝经义》②,并多次对朝臣"自讲《孝经》",大同年间,撰《孔子正言章句》,并诏下国学,宣制旨意,多有创制。道教则是萧衍的家族信仰,《隋书·经籍志》载:

> (梁)武帝弱年好事,先受道法,及即位,道士受道者众。三吴及边海之际,信之逾甚。③

周一良先生在《论梁武帝及其时代》中指出萧衍的小字"练儿"正表

---

① 《高僧传·释僧严》,见慧皎等《高僧传合集》,上海古籍出版社,1991 年,第 39 页下。

② 《南史》卷七《梁本纪中》:"(中大通四年)三月庚午,侍中、领国子博士萧子显表置《制旨孝经》助教一人,生十人,专通帝所释《孝经》义"(《南史》,中华书局,1975 年,第 209 页),则《制旨孝经义》当作于中大通四年之前。

③ 《隋书》卷三十五,中华书局,1973 年,第 1093 页。

明其家族世代信奉道教①,赵以武也指出萧衍在永明年间与天师道信徒范云、顾颙之交往密切②。萧衍曾写下过像《游仙诗》这样的诗歌,一度对于道教仙家之说和长生之术颇有兴趣。

根据《梁书·处士传》记述,陶弘景与萧衍早有交游,萧衍平定建康之后他便"援引图谶,数处皆成'梁'字,令弟子进之",用谶纬来为梁王朝的兴起造势。天监年间萧衍又下诏令邓郁、陶弘景二人炼制丹药。

据宋贾嵩所撰《华阳陶隐居内传》(以下简称《内传》)载,天监三年萧衍命陶弘景炼丹时,陶弘景并不十分情愿,而答以"吾宁学少君邪"③。

陶弘景在建梁之初与萧衍进一步接近,是有一定的政治意图,可能是如北魏道士寇谦一样,希望借助中央政权的力量扩大自身教派的实力,为此他屈身为萧衍炼丹,前文所引《隋志》说明他的努力并非白费,虽然梁武帝萧衍最终皈依佛教,但道教在有梁一朝仍有长足的发展。

萧衍三教思想中最受关注、同时也是最能反映其思想中三教杂糅的是其佛学思想。佛教自东汉传入中国之后,在南北朝已经发展成熟。在东晋早期,佛教仍主要依附于清谈,依靠"格义"即用中国传统的术语(多为玄学术语)比附佛教义理来说明、传播佛理。

在这样的大背景下,南朝的君主和王族多奉佛,如在东晋晚期有简文帝和司马道子等王室崇佛,刘宋皇族大半是佛教徒,萧齐皇

---

① 见周一良《魏晋南北朝史论集》,北京大学出版社,第 319 页;又见《〈梁书〉札记》,《魏晋南北朝史札记》,中华书局,1985 年,第 267 页。

② 见赵以武《梁武帝及其时代》,凤凰出版集团,2006 年,第 189 页。

③ 参见王家葵《陶弘景与梁武帝——陶弘景交游丛考之一》(《宗教学研究》2002年第 1 期,第 30—40 页)、《陶弘景丛考》(齐鲁书社,2003 年)和钟国发《陶弘景评传》(南京大学出版社,2006 年)。另,姜生、汤伟侠主编《中国道教科学技术史·南北朝隋唐五代卷》第十一章《〈华阳陶隐居内传〉与陶弘景炼丹之实践》(科学出版社,2010 年,第 230 页)中引《内传》所录陶弘景《登真秘诀》"此事朝野声迹显著,人人皆有望"及沈约《酬华阳陶先生》"若蒙九丹赠,岂惧六龙奔",认为陶弘景炼丹并非专为萧衍一人,而是王侯公卿皆可享其成。

族虽然出自天师道世家,永明年间却有文惠太子及竟陵王崇佛。

梁武帝萧衍也受到当时社会思潮的影响,在即位之后崇尚佛教,学习佛经,甚至受菩萨戒,断酒肉,坚持茹素并断除房事数十年,成为虔诚的佛教徒。

萧衍、萧纲父子的佛学著作,数量都十分可观,《梁书·武帝纪》载其"制《涅盘》《大品》《净名》《三慧》诸经义记,复数百卷",不过这些论著大多散佚,他的《游钟山大爱寺》《和太子忏悔》①《十喻诗》等诗作都是将佛教义理融入文学,普慧《南朝佛教与文学》中认为这些诗是"把诗当做宣传佛家教义的传声筒,几与佛教偈颂无异"②。

从《广弘明集》中《立神明成佛性义记》《净业赋》等文献中我们能够看到他的佛学思想。他即位后修建大爱敬寺、大智度寺,最初的动机是为了追思父母,在《净业赋》中他回顾茹素的起因:"乃方食辍箸,对案流泣,恨不得以及温清,朝夕供养,何心独甘此膳。"由于孝思而茹素,由茹素而进一步崇信佛法。

《续高僧传·释宝唱》:"自武帝膺运,时三十有七,在位四十九载,深以庭荫早倾,常怀哀感。每叹曰:'虽有四海之尊,无由得申罔极。'故留心释典。"故而,汤用彤先生评论道:"梁武帝信佛之动机,实杂以儒家之礼教也。"③而《立神明成佛性义记》其立神明之说则很可能是在《中庸》天命之说的基础上发展而成,而其以佛性为神明的思想乃是当时世俗流行之说④,由此可以看出他的佛学思想中杂有儒家思想因素。而他热衷于讲经,则是受到玄学"清谈"风气的影响,《颜氏家训·勉学篇》载:

---

① 今存萧衍《和太子忏悔》八句,不全。萧纲有《蒙豫忏悔诗》共二十句,王筠《奉和皇太子忏悔应诏诗》也是二十句,则萧衍此诗可能也是作于同时,共二十句。

② 普慧《南朝佛教与文学》,中华书局,2002年,第129页。

③ 汤用彤《汉魏两晋南北朝佛教史(增订本)》,2011年,第266页。

④ 同上,第390页。

泊乎梁代,兹风复阐。《庄》《老》《周易》,总谓三玄。武皇简文,躬自讲论。

萧衍不仅融儒、玄于其佛学思想,还利用佛教理论改革儒家礼制,如将宗庙血食祭祀改为蔬果祭祀,他的理论是:

夫神无常飨,飨于克诚,所以西邻礿祭,实受其福。宗庙祭祀,犹有牲牢,无益至诚,有累冥道。①

充分糅合了儒家礼制祭祀尚诚和佛教戒杀的观念。

萧衍儒佛道杂糅的思想在当时士人中十分具有代表性,并且对其诸子有深刻的影响。如昭明太子萧统三岁习《孝经》《论语》,五岁就遍览五经,九岁时于寿安殿讲《孝经》,尽通大义,他重视儒家礼制,以仁孝著称,居丁贵嫔丧哀毁尽礼;同时他也崇信佛教,演习佛经,敬重名僧,曾于玄圃园设讲,讲论佛教二谛、法身义,多名僧众参与论难,在当时有一定影响;而他推崇陶渊明的人品和文学,崇尚隐逸之风,又带有道家思想色彩。

梁元帝萧绎推崇儒学,曾在荆州立学,以贺革为儒林祭酒,讲《三礼》,他崇尚孝德,著有《周易系辞义疏》《孝德传》《孝友传》《忠臣传》等,在其《金楼子》中以“夫子”自况,并在;他喜好卜筮诵咒、星象医术,尤其好玄谈,著有《周易讲疏》《老子讲疏》。

《颜氏家训·勉学篇》记载其在江州、荆州任刺史时,曾“招置学生”,亲自教授“三玄”,“废寝忘食,以夜继朝,至乃倦剧愁愤,辄以讲自释”,承圣三年(554)西魏攻梁之时,他还在龙光殿讲授《老子》,百官戎服以听②;他曾作《法宝联璧序》《内典碑铭集林序》,并为一些寺院撰写过碑文,但相较而言,他与佛教相关的事迹和论著

① 《隋书·礼仪志》。
② 见《南史·梁本纪下》。

较少。

（三）萧纲是三教杂糅的代表

与萧统、萧绎相比，萧纲身上三教杂糅的特点更加明显。

梁简文帝萧纲不仅继承了父亲萧衍的江山，也继承了父亲萧衍的思想。萧纲三教思想的接受历程是和萧衍极其相似的，不同的只是接受三者的先后和武帝略有不同。另外杂糅了儒、释、道三教思想的萧纲在对待三教的立场上虽与武帝亦步亦趋，但在一些具体的问题却也有着稍微的差别。

1. 佛教思想对萧纲的影响

虽然萧氏家族世代奉道，但到了萧纲的这一代，由于武帝近乎狂热般的崇佛，道家思想对萧氏后人的影响已经式微。

天监二年（502）萧纲出生于显阳殿①，武帝因此而大喜，他在《诞皇子恩降诏》中说："第三儿始育，磐石之基，于焉弥固。庆虽自己，思加覃及。"②并颁布了对罪犯具体的减刑规定。此事虽为武帝借口而欲达到缓和国内矛盾的政治目的，但这却无疑给萧纲的出生披上了"慈悲为怀"的外衣，而这层外衣萧纲一直到成年也没有脱下。

就在萧纲出生的第二年，武帝便怀着满腔热情将佛教纳入了萧梁政治思想的上层，希望借此"同其成佛"，就这样父亲崇佛的热情开始在萧氏族庭内部蔓延开来。

萧纲的母亲为了迎合丈夫"弘佛"而"奉行之"，她不仅过着"屏绝滋腴，长进蔬膳"的佛教徒生活，更是一位"尤精《净名经》"的佛法理论家③，萧纲的叔伯兄弟，《梁书》中明载其崇佛的有：南平王伟"晚年崇信佛理"、长沙嗣王业"深信因果，笃诚佛法"、昭明太子

---

① 参见《梁书·简文帝本纪》："天监二年十月丁未，生于显阳殿。"
② 参见《南史·梁本纪上》："（天监二年）冬十月，皇子纲生，降都下死罪以下囚。"
③ 参见《梁书·高祖丁贵嫔传》，第161页。

"亦崇三宝,遍览众经"①,没有明言其崇佛但从其事迹看出来的有"以私财赡百姓"的安成王秀,"轻财好施"的鄱阳王恢和"倾财产赒送"的始兴王憺。② 在这样一个佛教信仰已然家族化下成长起来的萧纲,可以说是从幼年开始就被佛教所"包围"的。

萧纲在幼时并没有真正的理解佛教的教义,而只是接受了有关佛教的佛事活动。如天监以来,为了迎合梁武帝崇佛,造佛建寺的风气开始在王公贵族间蔓延,这多少带有点"迎时"的意味,萧纲也同样如此。

天监十五年(516),十四岁的萧纲便在江州的庐山上兴建了佛寺③,因为对于尚未成年的萧纲来说,要理解深奥的佛家义理明显不易,但从事这些佛事活动对于当时情况下的萧纲来说却并不难。一个人真正意义上佛家思想的渗入表现为他对于佛家经义的理解和处事的风格上,而这却要等到萧纲成年以后。

天监十六年(517),十五岁的萧纲卸任江州刺史④,随后武帝便在建康亲自为其举行冠礼⑤。这个仪式不仅象征着他生理上的成年,也意味着他思想上的成熟。他开始运用这成熟的思维来真正意义上的接触佛家义理,而他的佛学导师正是他的哥哥萧统。

---

① 参见《梁书·南平王伟传》第 348 页、《梁书·长沙嗣王业传》第 361 页、《梁书·昭明太子统传》第 166 页。

② "三王"事迹见《梁书·安成康王秀传》第 342 页、《梁书·鄱阳忠烈王恢传》第 352 页、《梁书·始兴忠武王憺传》第 355 页,他们的施舍行为都是符合《法华经·普贤菩萨劝发品》中所阐明的修习佛教者必备"殖众德本"要求的,另据史载萧绎《法华》《成实》,常自敷畅",可知萧梁王室对《法华经》的接受度,"三王"为《法华》所化,亦是情理中事。

③ 参见陈俞顺《庐山记》:"由峰顶五……今名宝林寺,梁天监二年刺史萧纲造。"按:其中"天监二年"之"二"、"萧纲"之"萧",均误。

④ 据《梁书·简文帝本纪》,萧纲于十四年为江州刺史,十七年内征领石头戍军事。而《梁书·武帝纪》:"(十六年)六月,戊申,以庐陵王续为江州刺史",可知萧纲离江州任,当在十六年六月。

⑤ 据《梁书·王份传·附孙锡传》:"除晋安王友……。王冠日,以府僚摄事。"按:王锡为晋安王友,称疾不行,受诏淳都,晋安王冠礼之日,得以府僚摄事,冠礼当行于建康。又按:天监十四年,昭明太子十五而冠的先例,晋安王冠礼也应于是岁在建康举行。又据《梁书·贺琛传》:"嫁冠之礼,本是父之所成。"所以,晋安王的冠礼当是由萧衍亲自主持。

天监十七年(518)萧纲征为西中郎将,领石头戍军事,寻复为宣惠将军,丹阳尹,加侍中;时昭明太子于玄圃园设讲,讲论佛教二谛、法身义,此时成年才一年的晋安王萧纲也在座,萧纲受到了萧统讲论的启发作了《玄圃园讲颂》①给萧统。

虽然这篇文章多是典故和辞藻的堆砌,但这是萧纲对佛家义理的第一次染指,所以萧统在《答玄圃园讲颂启令》②中大加赞赏,对萧纲在佛理上的见解也给予了一定的肯定,而这无疑增加了萧纲对佛理深入学习的信心。一年后的天监十八年,武帝受菩萨戒③,萧统不失时机地替佛教宣传,他在华林园又一次讲解佛教的真、俗二谛义,时任丹阳尹的萧纲也参加了这次盛会,他虽没有阐发自己的见解,但这次他咨询了萧统很多的问题,这咨问对萧纲来说应该是受益匪浅的,以至于他在三年后的南徐州刺史任上写信

---

① 萧纲《玄圃园讲颂》:"窃以宝山峻极,骇足未窥,惠海遥波,轻舟讵泛? 故以探沙乱妙,类杵迷形,百代同昏,千年谁启? 皇上托应金轮,均符玉镜,俯矜苦习,续照慈灯。鹤禁还春,龙泉更晓,玄水跃祥,丹陵写电。功韬火宅,德覆云衢。智惠之光,犹初日照;忍辱之力,如明月珠。天成地平,遐肃迩穆。泽漏无底,化行靡外。沧河镜渌,碧海调氛。停瑞气于三辰,泛祥烟于五节。鳞羽被解罗之泽,黎元沐至仁之道。正化潜通,法轮常转,类空镜之传虚,犹悬河之泻润。储君德彰妙象,体眷春琼,视膳间辰,遨游心法。搦管离章,既便娟锦绣;清谈论辩,亦参差玉照。夏启愧德,周诵惭风。乃于玄圃园,栖聚德心之英,并命陈、徐之士,抠谈永日,讲道终朝。宾从无声,芳气动气。七辩悬流,双因俱启。情游彼岸,理惬祇园。灵塔将涌,天花乍落。于时藏秋仲节,丽景妍辰,气冷金扉(《艺文类聚》作"气含金扉"),霜浮玉宇(《艺文类聚》作"管"),圣慈冲□(邃),独幸胜地。朱堂玉砌,碧水银沙。鸟弄翅(《艺文类聚》作"鸣")于琼音,树葳(《艺文类聚》作"藏")蕤于妙叶。掖水穿流,蓬山写状。风生月殿,日照槐烟。纲叨籍殊宠,陪奉末尘,预入宝楼,窃窥妙简,兔藻喜忕,独莹心灵,敢作颂云:皇仪就日,帝道昌云。化隆垂拱,德蔓鸿芬。机乘八解,道照《三坟》。巍巍荡荡,万代一君。重离照景,玉润舒华。七净标美,三善称嘉。降兹法雨,普洽生芽。涟漪义水,照曜文花。芳园㬢嫭,天宫类宝。析论冥空,玄机入道。密宇浮清(《艺文类聚》作"清幽"),重关相藻。日映金根(《艺文类聚》作"云"),风摇银草。肩随接武,握宝灵珠。皆抽四照,并按九衢。顾惟多垂夬,徒奉瑛瑜。终如燕筑,更似齐竽。"(《文苑英华》卷七百七十二,又见《艺文类聚》卷七十六,《广弘明集》卷二十。)

② 萧统《答玄圃园讲颂启令》:"得书并所制讲颂,首尾可观,殊成佳作,辞典文艳,既温且雅。岂直斐然有意,可谓卓尔不群。览以回环,良同愈疾。至于双因八辩,弥有法席之致;银草金云,殊得物色之美。吾在原之意,甚用欣怿。迟回乃悉,此不尽言。统报。"

③ 参见《梁书·武帝纪》:"夏,四月,丁巳,帝于无碍殿受佛戒,赦罪人。"

给萧暎时还流露出对这段谈义游览时光的留恋①。

在这段时间里,萧统在佛学思想上对这位弟弟影响颇深,可以说正是这位深谙佛理的哥哥一步步的把萧纲引导上了佛学之路。

在后来的十年时间里,萧纲先后辗转于南徐州刺史、雍州刺史、扬州刺史任上。此时的萧纲由于脱离了京城那种探讨佛学的炽烈风气,加之作为地方最高首长的责任,他无暇于佛理的进一步开拓,而将精力花费在了地方政务上。

当然,对探讨佛理热情的下降,也与他脱离了以萧统为首的谈论佛学的文人群体有关,但这并不意味着他对佛学的完全冷却,他的热情还是尚有余温的,这从两件事上可以看出。

一是他在藩时组织藩府的文士编纂佛教典籍和优待僧人。在雍州刺史任上,虽然是他藩务最繁重的时候,但他仍然组织他的高斋文士撰写《法宝联璧》②。

这是一部大型的佛教类书,是萧纲和他藩府的三十七位文士花费六年时间共同完成的。他虽无暇于佛义的精研,但他却对佛典的整理作了可贵的努力,这样一个浩大的工程,花费的心血自不待言,可见萧纲受佛家影响之深。

---

① 萧纲《与广信侯书》:"纲:阔绝音旨,每用延结。风严寒劲,愿比怡和。伏承净名法席,亲承金口,辞珍鹿苑,理惬鹫山。微密秘藏,于斯既隆;庄严道场,自兹弥阐。岂止心灯夜炳,亦乃意蕊晨飞。况兄慧思弘明,本长内教。今陪十善之车,开八正之路,流般若之水,洗意识之尘,以此春翘,方为秋实。(王)每忆华林胜集,亦叨末位,终朝竟夜,沐浴妙言。至于席罢日馀,退休旁省,携手登临,兼展谈笑,仰望九层,俯窥百尺,金池动月,玉树含风,当于此时,足称法乐。今卷帷之部,乘传一隅,闻慧雨滂流,喜跃充遍,徒抱悬河,无伸承禀,空无所有,不莹情灵,缘痴有爱,自嗟难拔。兼下车已来,义言盖少,旧忆已尽,新解未餐,既惭口诵,复非心辩,永谢泻瓶,终惭染毡。是则慈云既拥,智海亦深,影末波馀,希时洒拂。但暌违转积,兴言盈脸,愿加敬纳,言不宣意。谨白。"(《广弘明集》卷十六,又卷二十一,《艺文类聚》卷七十七。)王白:"仰承比往开善,听讲《涅槃》。纵赏山中,游心人外,青松白露,处处可悦,奇峰怪石,极目忘归。加以法水晨流,天华夜落,往而忘反,有会昔言。王牵物从务,无由独往,仰此高踪,寸心如结。谨白。"(《广弘明集》卷二十一)

② 参见《南史·陆杲传·附陆罩传》:"初,简文在雍州,撰《法宝联璧》,罩与群贤并抄掇区分者数岁。中大通六年而书成。"

在藩期间他还为释法聪造禅居寺和灵泉寺①,借以表达对高僧的崇敬和对佛家的敬仰之情。他不仅善待著名的高僧,也善待寺庙普通的僧众,他曾写有一篇《为诸寺檀越愿疏》②表达了自己的这种想法。

二是他在对京城里重大的佛事活动保持着高度的关注度。普通二年(521)同泰寺初建,梁武帝率领百司前往,萧纲作有《答同泰寺立刹启》③,在文章中详细地描摹了同泰寺的雄伟壮观。一年后的普通三年,梁武帝于大爱敬寺建七层灵塔④,萧纲又作了一篇《大爱敬寺刹下铭》⑤来叙述此次佛事活动。

这两篇文章都是萧纲对发生在京城佛教大事件的及时反映,可见在脱离京城不久后,萧纲虽没有了继续探讨佛理的环境,但却关注着京城里的佛教活动。

---

① 参见释道宣《续高僧传·释法聪传》:"(法聪)因至襄阳伞盖山白马泉……。初,晋安王来部襄雍……。遂表奏闻,下敕为造禅居寺……。又敕徐摛就所住处造灵泉寺。"

② 萧纲《为诸寺檀越愿疏》:"菩萨戒弟子萧纲,归依十方尽虚空界一切诸佛,归依十方尽虚空界一切尊法,归依十方尽虚空界一切圣僧。积习长夜,轮转覆灰;末劫易危,烦流难拯。不树两门,岂修二翼。常恐虚棠蕉染惑,永结驶河;爱藤悬网,长垂苦岸。敢承三宝觉悟之力,于幽显前,发弘誓愿。今愿为武当山太平寺并此镇望楚日塔,同安习善,延明头陀,上凤林、下凤林广严等寺,皆尽形寿,永为檀越。虽七宝四事,多谢往贤;一念片言,庶符般若。方类不灭之灯,终非起烟之蜜,以此功德,仰福皇帝春宫,家国内外,咸同此善。乃至天龙八部,六道四生,普皆蒙福。"(《广弘明集》卷二十八上)

③ 萧纲《答同泰寺立刹启》:"窃以宝塔天飞,神龛地踊,岂惟昔代,复见兹辰,嘉彼百灵,欣斯十善。虽复紫烟旦聚,比此未传,朱光夜上,方今知陋。"(《艺文类聚》卷七十七)

④ 萧纲《大爱敬寺刹下铭·序》:"乃于钟山竹涧奉为皇考太祖文皇帝造爱敬寺焉。……以普通三年岁次壬寅二月癸亥朔八日庚午,建七层灵塔。"

⑤ 萧纲《大爱敬寺刹下铭》:"夫波若真空,导大生于假域;涅槃有岸,引末度于无边。应此十千,现兹权实,随方摄受,孰能弘济?皇帝照尽神原,心凝寂境,深慈降迹,下答蚳蝼,握镜断鳌,经纶世祖(一作"阻"),故能天地贞观,日月重光,业旷四弘,功侔十力。惠云旦聚,浸泽洒于遐外;法炬夜明,扬光烛于梵顶。因心孝爱,道契神明,昭事诚享,日隆哀敬。金车答瑞,追德庆于虞年;甘露登祀,比嘉祥于汉日。既而理局舜图,事终(尧)典,思所以功超域外,道迈寰中,广树大缘,增隆胜善。事等净名,齐方便於圆极,迹均妙掌,袭两宝于冥因。乃于钟山竹涧,奉为皇考太祖文皇帝造大爱敬寺焉。……天下钦仰,幽显赞成。法舟斯济。惠海方清。净界无毁,金地永贞。"(《文苑英华》卷七百八十五)

中大通三年(531),随着皇太子萧统的去世,储位之争鼎沸朝野,最后武帝力排众议在一片反对声中选择了萧纲,这固然是萧纲身份的升华,但也是其佛学思想重新焕发的机会。

被立为太子仅仅四个月的萧纲,于九月十二日在东城忏悔,立即表达了对佛教的尊崇之意,并且他还作了《蒙预忏直书疏》①一诗来表达自己的向佛之心。他做的这一切是深得武帝之心的。

这可以从武帝和了他的这首诗看出来。在得到父亲的肯定后,他那久已沉潜的佛家思想猛然焕发,就在一周后,他也和他的父亲一样怀着满腔的崇佛热情在华林园受了戒,取法名为因理,以僧琏为师。萧纲是很重视这一次受戒的。这是佛教思想完全主导了他的行为,这从他的《蒙华林园戒诗》②可以看出来,在这首诗里充满了对俗世、俗人、俗务的厌恶之情,表达了对佛教宣扬的理想世界的无限向往,此时的萧纲是非常希望能做一位菩萨太子的。

中大通五年(533)三月间,武帝驾幸同泰寺宣讲《金字摩诃般若经》,此次盛会一直持续了二十一天。这次宣讲是萧纲邀请梁武帝的,并且在前一年的时候他就已经奏请武帝开讲了③。

---

① 萧纲《蒙预忏直疏》:"皇情矜幻俗,圣德愍重昏。制书开摄受,丝纶广慧门。时英满君囿,法侣盛天园。俱销五道缚,共荡四生怨。三修祛爱马,六念静心猿。庭深林彩艳,地寂鸟声喧。上风吹法鼓,垂铃鸣画轩。新梅含未发,落桂聚还翻。早烟藏石磴,寒潮浸水门。一朝蒙善诱,方愿遣笼樊。"

② 萧纲《蒙华林园戒》:"庸夫耽世乐,俗士重虚名。三空既难了,八风恒易倾。伊余久齐物,本息一枯荣。弱龄爱箕颍,由来重伯子。久自恧宗英,斯焉佩金尔。何由广德声,居高常虑缺。持满每忧盈,兹言信非矫。丹心良可明,舟航信奉训。接引降皇情,心灯朗暗室。牢舟出爱瀛,是节高伙晚。沉寥天气清,郊门光景丽。祈年云雾生,红蕖间青琐。紫露湿丹楹,叶疏行迳出。泉溜远山鸣,绿衿依浦成。绛额拂林征,庶蒙八解益。方使六尘轻,脱闻时可去。非吝舍重城。"

③ 萧纲《重谢上降为开讲启》:"臣纲启:丹愿恳诚,屡冒宸扆,实希降甘露雨,普被三千。天听孔邈,未垂鉴遂。旱苗倾润,岂比自怜;竭鸟思林,宁方渴仰?近因大僧正慧令,伏敢重祈降逮。敕旨垂许,来岁二月,开《金字波若经》题。殊特之恩,曲应愚请,稽拜恭闻,不胜喜。身心悦乐,如触慈光;手足蹈舞,义非饫习。伏以香城妙说,实仰神文,润方云雨,明逾日月。能使迷途归正,大梦均朝;梵志惧来,天魔遥礼。提桓所听,而今得闻;波崙所求,希世复出。其为利益,深广无边,九国获悟,十方蒙晓。虽复识起初流,心穷后念,方当共捐五盖,俱照一空,巍巍荡荡,难得为喻。臣仍屈慧令,续宣此典,大乘普导,实蹑圣慈。伏笔罄言,宁宣戴荷?不任下情,谨启事谢闻。"(《广弘明集》卷十九)

但是不幸的是，萧纲因为生病不能马上亲临现场聆听父亲的讲解，他很是遗憾，写了《谢开讲〈般若经〉启》①来向自己的父皇表达歉意，然后对父皇这次临幸开讲表示了感谢。武帝也是相当爱护这个儿子的，他在同泰寺瑞应殿里建了涅槃忏来为自己体素多病的儿子祈福。

或许是武帝的舐犊之情感动了神灵，就在开讲的第十三天，萧纲身体渐渐好转并参与了这次讲筵。在听了父亲三天的讲解后，萧纲在这次法席圆满结束时写了《大法颂》②献给武帝，他还另外作了《上大法颂表》③来感谢自己的父亲，同时也对父亲高深的佛学修养进行了颂美。

大同元年(535)，太子萧纲、邵陵王萧纶、武陵王萧纪三请武帝开讲，梁武帝于次年终于答应临幸华林园重云殿讲解《三慧经》，这次请求武帝开讲的活动可以说是萧纲领衔的。

我们从萧纲如此隆重的准备中也是可以看到其一片敬佛之心的。梁武帝这两次开讲，对萧纲理解佛理很有裨益，这一期间的他

---

① 萧纲《谢开讲〈般若经〉启》："臣纲言：伏承舆驾临同泰寺，开《金字般若波罗密经》题，照迷生之慧日，导出世之长源，百华同阴，万流归海，幽显赞扬，率土含润。臣身碍已来，望舒盈阙，甘露普被，人天俱萃。波若魔事，独在微躬，驰系法轮，私深克责。不任下情，谨奉启以闻。谨启。"(《广弘明集》卷十九)

② 萧纲《大法颂》："皇帝以湛然法身，不舍本誓，神力示现，降应兹土。龙颜日角，参漏重瞳，衡表连珠，文为玉斗。自纳麓开基，天地之德已布；封唐启迹，日月之照先明；百揆之序方舜，九河之导均禹；尚弘事殷之礼，且屈在田之则。自五昴朝飞，告赤文之瑞；其雨七日，受绿色之符。神器有归，鼎运斯集；焦门厌弃德之君，鲔水发白旄之阵。然后受皇天之眷命，当四海之乐推。岂假祀蚩尤其于沛庭，托河冰于王霸！……我有无碍，共向圆常。玉銮徐动，金轮晓庄。紫虬翼轸，绿骥腾骧。虎文驻跸，龙骖启行。阑干玉马，照曜天狼。玄旄映日，翠凤晞阳。前飞格泽，后拥陆梁。风移霆扫，参差焜煌。峨峨宝座，郁郁名香。法徒学侣，尘沙堵墙。慈云吐泽，法雨垂凉。三密不限，四辩难量。犹兹海宝，譬彼山王。慧流总被，药木并芊。佛日出世，同遣惑霜。帝释歌咏，幽祇赞扬。空华竞下，天琴自张。山含影色，地入毫光。非烟绕气，陆藕开房。泽普三界，恩均八方。巍巍堂堂，为舟为航。伊臣稽首，万寿无疆。"(《广弘明集》卷二十，《艺文类聚》卷七十六)

③ 萧纲《谢敕为建涅槃忏启》："臣纲启：伏闻敕旨，垂为臣於同泰寺瑞应殿建涅槃忏。臣障杂多灾，身秽饶疾，针艾汤液，每黩天览，重蒙曲慈，降斯大福，冀慧雨微垂，即灭身火，梵风才起，私得清凉。无事非恩，伏枕何答，不任下情，谨奉启谢闻。"(《广弘明集》卷二十八下)

是处在了佛学的最高思想殿堂里,从而对佛家义理的理解也日趋完善。

萧纲不同于他的父亲和哥哥,他似乎并不喜欢对佛家的思想进行长篇大论,而是喜欢用自己的方式来蠡测无涯的佛海,他的方式就是他所热爱的诗。萧纲巧妙地将佛理融进了自己的诗歌,成就了他的佛理诗和宫体诗。

萧纲的佛理诗是萧纲前期的作品,这些作品首先根基于萧纲佛学理论的渐趋圆熟,再次就是这些诗歌带有很浓重的"迎时"趣味。

《十空诗》①六首是他受佛家影响最直接的体现,从其六个题目《如幻》《水月》《如响》《如梦》《如影》《镜像》的设置中,明显脱胎于《金刚经》中的一句众所周知的偈语:"一切有为法,如梦幻泡影,如露亦如电,应作如是观。"可以说萧纲写作这六首诗的目的就在于阐发自己对佛家所宣传教义的个人理解。萧纲是怎样理解的呢?

在《如幻》一诗中他感慨"慧人恒弃舍,庸识屡遭回",发出了功名不可强求而庸人却汲汲于此的感叹,这和《涅槃经》中所宣扬的人生的"求不得"之苦是相同的。《如响》一诗的尾句"憨哉火宅中,兹心良可去"之"火宅"即是《涅槃经》中描述人痛苦的佛教术语,《如梦》《如影》《镜像》等诗中所阐明的亦大致如此。这六首诗基本上是他对《涅槃经》抽象佛理的具体阐发,这一是和当时《涅槃经》

---

① 萧纲《十空诗》:《如幻》汉安设大响,周穆置高台。三里生云雾,瞬息起冰雷。空持生识缚,徒用长心灾。慧人恒弃舍,庸识屡遭回。六尘俱不实,三界信悠哉。《水月》圆轮既照水,初生亦映流。溶溶如渍璧,的的似沈钩。非关顾兔没,岂是桂枝浮。空令谁雅识,还用喜腾猴。万累若消荡,一相更何求。《如响》叠嶂回参差,连峰郁相拒。远闻如句咏,遥应成言语。竟无五声实,谁谓八音所。空成颠倒群,徒迷尘缚侣。慈哉火宅中,兹心良可去。《如梦》秘驾良难辩,司梦并成虚。未验周为蝶,安知人作鱼。空闻延寿赋,徒劳岐伯书。潜令六识扰,安能二惑除。当须耳应满,然后会真如。《如影》朝光照皎皎,夕漏转骚驳。昼花抖色去,夜树有轻阴。并能兴眼入,俱持动惑心。息形影方止,逐物虑恒侵。若悟假名浅,方知实相深。《镜象》精金宛成器,悬镜在高堂。后挂七龙网,前发四珠光。回望疑垂月,傍瞻譬璧挡。仁寿含万类,淮南辩四乡。终归一亡有,何关至道场。

的流行有关,二是和"梁武帝深重《涅槃》之学"①有关。

萧纲除了自己写诗抒发自己对佛理感受外,还利用其和文人群体写诗唱和的方式来带动写作佛理诗的热潮。大同元年萧纲和东宫文士们一起游览京城同泰寺②,他在游览同泰寺的过程中深感佛门浮图的精美静穆和佛家智慧的精妙无穷,他内心满怀着的欣喜与快乐写下了《望同泰寺浮图诗》③。

在这首诗里萧纲对同泰寺的官修浮图进行了细致精微的刻画,装饰豪奢的浮图不仅外观显得格外精美,而且萧纲在此诗的尾句也阐释了其能渡众生出"苦海"和众生同"四忍"的无边佛法。

这首诗引来了萧纲周边东宫群体文人的高度关注,他们纷纷对这首诗进行了唱和,如庾信、王台卿、王训诸人都有和作,他们的和作毫无例外地充满了对佛家的颂美之声,都是在把握萧纲此诗基本感情后的浓彩重抹。

身为太子的萧纲久居华邸,其写诗的视野必然会受限于这一道道宫墙的阻隔,外出游览佛寺林园是他唯一拓宽自己写诗道路的途径。

他抓住了这个新鲜的视角,开始进行佛理诗的创作,根据逯钦立《先秦汉魏晋南北朝诗》所载萧纲共有十四首佛理诗,其内容基本都是写佛寺的景观和自己对于佛法的阐释,就其数量而言,相对于萧纲诗歌近二百九十首④的整体数量而言实在是九牛一毛,但这是一次可贵的开垦,它为萧纲的诗歌园地增添了一抹亮色。

在这样的环境压迫下,他的向佛之心该何处寄托,这无疑成了

① 参见汤用彤《两汉魏晋南北朝佛教史》,第502页。
② 按:王训和诗曰"副君坐飞观",可知为萧纲入东宫之后所作。以王训于大同二年去世,暂系此次诗歌唱和于是岁。四诗具见《广弘明集》卷三十。
③ 萧纲《望同泰寺浮图》:"遥看官佛图,带壁复垂珠。烛银踰汉汝,宝铎迈昆吾。是起光芒散,风吟宫徵殊。露落盘恒满,桐生凤不雏。飞幡杂晚虹,画乌狎晨凫。梵世陵空下,应真蔽景趋。帝马咸千辔,天衣尽六铢。意乐开长表,多宝现金躯。能令苦海渡,复使慢山踰。愿能同四忍,长当出九居。"
④ 据逯钦立《先秦汉魏晋南北朝诗》统计。其中收录萧纲诗歌共三卷,计有乐府88首,占诗(包括残句)198首,共286首。

萧纲最大的困扰。然而萧纲是幸运的、更是高明的,因为他抓住了其一手培养长大的"宫体诗"轻艳的风格特点和专注声色的题材特征,将佛家的"欲色异相"的观念打入到诗歌创作上来,希望借着"春坊尽学之"的宫体诗来形成遍及朝野的创作风尚,这目的却是为了把弘扬佛法和拯救俗弊的两者高度结合。

由此可见,当这个"七岁即有诗癖"的萧纲找到了这样一条尽善尽美的法门时是何等的兴奋异常,他诗里的大量美人和器物都是诱惑的"欲",而萧纲写"欲"的同时也是在暴露"欲"的可耻和虚幻,他是在用其"玉体横陈"的宫体诗来宣传其"色空不二"的佛家思想。明白了这点,我们或许会对其倡导的"放荡的文学观"和这种观念下的试验品"宫体诗"有崭新的认识,从而不那么近乎刻薄的嗤之以鼻。

在这种实为宣传佛理的宫体诗创作中,萧纲找到了事佛的最佳途径,也发现了阐扬佛理的不二法门。从大同初年以来直到他被贼臣侯景幽絷时,他的佛学印记是越来越深的,这表现在他的佛家思想开始与他的宫体诗歌题材更加广泛的融合,以至于在一些描写日常生活的诗作中也充满了淡淡的禅意。

如《大同十一月庚戌》诗①,这是对暮冬时节小园景色的捕捉,一派荒寒之境中时时透露着内心的一点孤寂,诗人心中郁结着愁绪,他摆脱烦恼的途径则是转化为自然界中的具体外物,这种手法就和其将抽象的佛理物化同出一辙,这种虚虚实实的变化是和佛教术语中"相"的概念紧密相连的。

当然,最能说明其受佛教思想深刻影响的还是其被幽之时的《幽絷题壁自序》②,这篇序文可以看作他的临终绝笔,萧纲至死时

---

① 萧纲《大同十一月庚戌》:"兹园植艺积,山谷久纡威。直兴转多楮,真事亦因依。是节严冬景,寒云掩落晖。远闻风瑟瑟,乱视雪霏霏。浪引川难渡,林深人至稀。山禽背迳走,野鸟历塘飞"。

② 萧纲《幽絷题壁自序》:"有梁正士兰陵萧世缵,立身行道,终始如一,风雨如晦,鸡鸣不已。弗欺暗室,岂况三光,数至于此,命也如何!"(《梁书·简文帝本纪》)

还说自己是"正士",并申述他"立身行道,始终如一",表达了对佛教彻底的皈依。从这遗言中,我们固然可以感受到萧纲对佛教至死不渝的尊崇之情,但也不可全然听信,因为他在思想上似乎并没有"始终如一"的对待佛教。

2. 儒家思想对萧纲的影响

萧纲固然在生命的最后一刻表达了对佛教最后的皈依,但他的思想却不是那样的纯净,因为他的思想和他的行为是相互对应的。在萧纲的成长过程中我们也可以看到他受儒家思想影响的痕迹。

儒家思想的掺入,首先是由他的父亲萧衍所决定的。萧衍作为一个"学者"型的君主,他非常重视皇族王室的教育问题,这和他个人"敦崇儒雅"①的喜好和对宋齐因"既乏礼教之熏习"②而覆灭的历史教训的吸取是分不开的。

萧衍谙悉"那些道教佛教,主要施用于皇室;儒家则仍是帝王用以治化的法宝,皇帝的储君养成教育、经筵、教习"③都离不开儒家的启迪,所以他在天监九年(510)下诏,让"皇太子及王侯之子年在从师者,可令入学"④。

这一年,萧纲刚好八岁,正是一个孩童最佳的启蒙时期,武帝也早在前年就为他找了"文学俱长兼有行"的徐摛作为他的老师⑤。武帝的这一安排对于萧纲而言意义重大,不仅萧纲的宫体诗写作受其启发,其儒家思想的萌芽更是受到了这些武帝为他量置的"佐史"的影响。

---

① 参见李延寿《南史·梁武帝本纪》第 225 页。
② 参见钱穆《国史大纲》,商务印刷馆,2010 年,第 272 页。
③ 参见龚鹏程《国学入门》,东方出版社,2015 年,第 176 页。
④ 萧衍《令皇太子王侯之子入学诏》:"(九年三月乙未)王子从学,著自《礼》经;贵游咸在,实惟前诰。所以式广义方,克隆教道。今成均大启,元良齿让,自斯以降,并宜隶业,皇太子及王侯之子年在从师者,可令入学。"(《梁书·武帝纪》中)
⑤ 参见姚思廉《梁书·徐摛传》:"晋安王纲出戍石头……。高祖曰:'必有仲宣之才,亦不简其容貌。'以摛为侍读。"

当然八岁之前的萧纲是在武帝身边长大的,而他的父亲在此期间除了崇佛以外那就是大力的振兴儒学,《隋书》称其"敦悦诗书,下化其上,四境之内,家有文史"①,他更是以身作则撰写了大量的儒家著作,成了一位非常有才情的帝王。

这种重儒的风气是和崇佛之风同时从萧梁皇室的内部弥漫到整个萧梁境内的,虽然说萧梁皇室诸王幼时对佛教耳濡目染,但相比较儒学来说,佛学的理论究竟还过于抽象②,二者虽共同包围着萧纲,但平易的儒家思想对于幼时的萧纲来说是明显容易接受并理解的。

从天监八年出藩开始,萧纲脱离了家族环境下儒、佛并存的思想包围,佛家思想开始渐渐地对这位幼时出镇的藩王失去了控制(这可以和一直身处皇室内部的萧统幼时及具有相当高的佛学修养相对照),但他在藩府的文人群体里,受到的儒家思想却越来越深刻,尤其是对于这样一个刚步入启蒙时期就显示出早慧的孩童来说,其接受儒家思想是多么的轻而易举,他幼而敏睿而博综儒书,显示出了对儒家思想汲取的高度热衷。

当然他在天监中期,随着自己思想的逐渐成熟尤其是和萧统、武帝的佛学探讨,虽一度有佛教思想的流露,但毕竟无法彻底的移除他根深蒂固的儒学根基。这从他敬重才学的儒士风度和关心国家的儒家情怀可以看出。

敬重才学的儒士风度体现在他在儒家经典著作的造诣上和对待儒学文士的态度上。萧纲的文学造诣是相当深厚的,他在幼年时期就显示出了对文学的特别热爱。

他"幼而敏睿,识悟过人。六岁便能属文",到了七岁的时候便养成了"诗癖"。这个被武帝夸赞为"吾家之东阿"的孩童等到成年时,他在诗文领域的成就自然是一枝独秀的,尤其是他所倡导的文

① 参见魏徵等《隋书·经籍志一》:"梁武敦悦诗书,下化其上,四境之内,家有文史。"

② 参见李泽厚、刘纲纪《中国美学史》,中国社会科学出版社,第521页。

学放荡论,更是把文学创作与理论相结合的典型,这都显示出了这个少年深厚的文化底蕴和做文章领袖的气魄。

当然在传统的儒家经义上,萧纲也是毫不逊色的,他亲自著写《礼大义》二十卷,基本上是对于儒家礼仪制度的阐释。

他是很重视儒家所提倡的"礼制"的,他在东宫之时,对于皇太子的朝服礼仪略有改革①。

大同五年(539),临城公大婚之时,萧纲采纳了徐摛的议礼之论,亲自下令"临城公夫人于妃既是姑侄,宜停省"。

儒家所提倡的"孝悌"也在萧纲的身上得到了延续,普通七年,萧纲生母丁贵嫔薨逝,他"哀毁骨立,昼夜号泣不绝声",就连他所坐的席子都因被泪水浸泡而腐烂了②,这是多么的悲痛欲绝,在这泪水中闪烁着的是他至孝的人性光辉。

他对待自己的弟弟也是遵循儒家的兄友弟恭原则的,这不仅体现在他对和自己具有同样爱好的弟弟大加揄扬,如湘东王等人,也体现在他对向来与自己不和的萧纶的呵护上,邵陵王萧纶犯罪被武帝严加惩处,萧纲却为萧纶上启谢罪,他以为自己身为萧纶的长兄,没有尽到劝励的责任,才使得弟弟犯下如此罪过,希望能够与萧纶分担一些惩罚。这封信情真意切,我们看到了一个人的广阔胸襟,而这胸襟却来自那浓浓的兄弟之情。

萧纲对待儒学文士非常敬重,《梁书·庾肩吾传》就称其"初,太宗在藩,雅好文章士。"其在藩时就因为其敬重文士而形成了自己的文学团体——"高斋学士"。

在这些被赏接的人中,徐摛、徐陵父子及庾肩吾、庾信父子"既有盛才,文并绮艳",是萧纲东宫文士集团的主干成员,他们积极的在文学领域中跟随着萧纲,为他的宫体诗大张其体,更为他的"文学放荡论"大而化之。

---

① 参见《隋书·礼仪志七》:"至梁简文帝为太子,嫌于上逼,还冠远游。"
② 参见《梁书·简文帝本纪》"在穆贵嫔忧,哀毁骨立,昼夜号泣不绝声。所坐之席,沾湿尽烂。"

萧纲对这样的才学之士自然恩宠有加,他们"父子在东宫,出入禁闼,恩礼莫与比隆"①。

如果说萧纲是因为徐、庾父子和自己有着亲密的部署关系而敬重其人,那么他敬重萧子显就更能说明他的儒士风度了。

萧子显是萧齐皇族的后人,和萧纲虽是同族但并不是他的下属,但"太宗素重其为人",甚至称赏其为"异人间出",究其原因恐怕与萧子显"性凝简,颇负其才气"有关②,正因为萧子显是一个于当世有才名的人,所以萧纲才会对他如此青睐。

当然萧纲对文士的敬重不仅体现在其生前,还体现在文士的身后。刘遵是萧纲的老部下,他生前"偏蒙宠遇,同时莫及",身后萧纲更是痛悼惜之,亲自写文章给他的哥哥刘孝仪来申说自己的"痛惜之情,不能已已耳"。

大通二年(530),前太子中庶子王规卒,萧纲亲出临哭,第二天作了《与湘东王令》来表达自己"甚可痛伤"之情。

就在前一年,刘遵才刚刚去世,短短一年时间,他又失去了另外的一位文学挚友,这对于萧纲来说是非常残忍的,他似乎觉得这样还不足以表达自己的悲伤,于是又亲自给王规写了《庶子王规墓志铭》,或许对于王规来说这是一份荣耀,但对于萧纲来说这却只是一份对老朋友的不舍和敬重之心。

儒家所培养出来的家国情怀也是萧纲身上的闪光点。萧纲仕途的开始是带着藩王的头衔来治理一方的,儒家所固有的政治思想是他治理臣民的圭臬,这体现在他"以民为本"的执政理念上。

他十一岁就能亲自处理庶务,并且"历试藩镇,所在有称",最

---

① 参见《梁书·庾肩吾传》:"初,太宗在藩,雅好文章士,时肩吾与东海徐摛……同被接赏。"

② 参见《梁书·萧恪传·附萧子显传》:"子显性凝简,颇负其才气。……。然太宗素重其为人,在东宫时,每引与促宴。……太宗谓坐客曰'尝闻异人间出,今日始知是萧尚书。'其见重如此。"

为重要的是两件事。一是他在初牧雍州时，雍州官惰民弊的局面令他心急如焚，他连续写了《临雍州原减民资教》①《临雍州革贪惰教》②《图雍州贤能刺史教》③和《罢雍州恩教》④，这些措施及时的施行保证了雍州以后数年的安定和谐，这些在其为藩王时的善政还有《复临丹阳教》⑤和《移市教》⑥等，从这些政策中我们可以感受到萧纲一颗关心民生疾苦的心始终在用力地跳跃着。

二是普通六年(525)武帝北伐时，萧纲更是不忍百姓徒遭战火虐刘而作《与魏东荆州刺史李志书》和《答穰城求和移文》两文劝降魏将，这又是他爱民思想的体现。

当萧统于中大通三年去世后，萧纲在一片争吵中被梁武帝圈在了东宫，虽是身为国储之尊，但他却如囚笼之鸟般失望，在武帝的视野下他不敢有所僭越，只得唯唯诺诺。在他给徐摛的信中，他感叹自己虽身居监抚之任，却不能去除朝廷的奸贼，很是感到"以此惭遑，无忘夕惕"。

从这篇信中我们能深深地感受到这位太平储君的家国之忧，

---

① 萧纲《临雍州原减民间资教》："诚欲投躯决堤，曝身求雨，九伐方弘，三驱未息，役蘙之忧，兵家斯急，师兴之费，日用弥广。今春流既长，舻舳争前，转漕相追，馈粮不阙，义存矜急，无俟多费。"(《艺文类聚》卷五十)
② 萧纲《临雍州革贪惰教》："壮夫疲于擐甲，匹妇劳于转输，藜藿难充，转死沟壑，春蚕不暖寒肌，冬收不周夏饱，胡宁斯忍，复加哀削，伤盗抵罪，遂为十一之资，金作赎刑，翻成润屋之产。"(《艺文类聚》卷五十)
③ 萧纲《图雍州贤能刺史教》："冀州表朱穆之象，太丘有陈寔之画。或有留爱士氓，或有传芳史籍。昔越王熔金，尚思范蠡；汉军染画，犹高贾彪。矧彼前贤，宁忘景慕。可并图象厅事，以旌厥善。"(《艺文类聚》卷五十)
④ 萧纲《罢雍州恩教》："折以片言，事关往圣，寄之勿扰，传彼昔贤。故克木不对，画狱无入。吾自之雍，矜怀囹狂，幸得天无虚旱，地歇怪虫，今轴车行涂，舟艎且戒。植柳官庭，尚或依然，寄饭曹偁，犹思恩宥。况义化君民，节离寒暑，悯兹岐路，宜留惠泽。"(《艺文类聚》卷五十)
⑤ 萧纲《复临丹阳教》："昔越张修猛，用弘美绩；边延善政，实著民谣。吾冲弱寡能，未明理道，猥以庸薄，作守京河。将恐五袴无谣，两岐难颂，思立恩惠，微宣风范。"(《艺文类聚》卷五十)
⑥ 萧纲《移市教》："临淮作守，白鹿随而忘反；萧令解绶，黄雀从而不归。况复卫卒遮车，追民拥榜，瞻言前古，眇愧弘多。吾旅泊东川，阻兹涸水，日中总会，交贸迁移。虽樊无外取，要得所求，而旗亭旧体，自有常处，不容近违孔奋，远逐曹参，正恐旧肆盈虚，或成雕废。"(《艺文类聚》卷六十五)

他的态度绝非如他吟风弄月的宫体诗那样洒脱不羁。

在侯景之乱中,这位平时居于深宫被美人包围的文弱太子,竟然积极地活跃在抗战最前沿,他甚至想亲自负土筑山来抵御敌人的进攻①,这在国家生死存亡时刻的关键举动,无疑说明了萧纲有非常强烈的家国意识,他不想亡国,更不想百姓惨遭杀害,所以他在这种强烈意识的刺激下选择了奋起反抗。然而台城终究还是被攻破了,这对于他的国家来说是纯然不幸的,但对于他来说却是不幸中夹杂着一丝苦涩的幸运。

因为在武帝庞大的君权笼罩下,他无法像曾经作为地方行政长官那样施行儒家所提倡的仁政,这一切都要等到太清三年身为皇帝的他才能实现。萧纲在这一年已经处在了权力的终端,虽然他的权力被侯景时常威胁着,但他依然利用着这可怜的权力为天下众生谋求生计。他的《即位大赦诏》②《原放北人为奴婢者诏》③《改元大宝大赦诏》④等无不是对战乱后期梁朝国内民生问题的解决方案,这些诏书真切地流露出了萧纲的一片仁君之心。

3. 道家思想对萧纲的影响

道教兴起于东汉中后期,起初的道教试图建立政教合一的政

---

① 参见《魏书·岛夷萧衍传》:"衍亦于城内起山以应之……。萧纲亦欲自负,金议以为太示迫屈,乃止。"

② 萧纲《即位大赦诏》:"朕以不造,夙丁闵凶,大行皇帝奄弃万国,攀慕号踊,厝身靡所,猥以寡德,越居民上,茕茕在疚,罔知所托,方赖藩辅,社稷用安。谨遵先旨,顾命遗泽,宜加亿兆,可大赦天下。"(《梁书·简文帝本纪》)

③ 萧纲《原放北人为奴婢者诏》:"育物惟宽,驭民惟惠,道著兴王,本非隶役。或开奉国,便致擒虏。或任边疆,滥被抄劫。二邦是竞,黎元何罪?朕以寡昧,创承鸿业,既临率土,化行宇宙,岂欲使彼,独为匪民?诸州见在北人为奴婢者,并及妻儿,悉可原放。"(《梁书·简文帝本纪》)

④ 萧纲《改元大宝大赦诏》:"盖天下者,至公之神器,在昔三五,不获已而临莅之。故帝王之功,圣人之馀事,轩冕之华,傥来之一物。太祖文皇帝含光大之量,启西伯之基。高祖武皇帝道洽二仪,智周万物,属齐季荐瘥,彝偷剥丧,同气离入苑之祸,元首怀无厌之欲,乃当乐推之运,因亿兆之心,承彼掎角,雪兹仇耻,事非己,又实从民,故功成弗居,卑宫菲食,大慈之业普薰,汾阳之诏屡下,于兹四纪,无得而称。朕以寡昧,哀茕孔棘,生灵已尽,志不图全,黾勉视阴,企承鸿绪,悬旌履薄,未足云喻,痛甚愈迟,谅闇弥切。方当玄默在躬,栖心事外,即王道未直,天步犹艰,式凭宰辅,以弘庶政,履端建号,仰惟旧章,可大赦天下,改太清四年为大宝元年。"(《梁书·简文帝本纪》)

权(如张鲁以五斗米教为号召割据汉中),所以在兴起之时就备受上层统治者的打击和压制,根本融不进上层政治的思想范畴里,但作为本土的道教却在下层民众中得到了广泛的传播。

魏晋以降,尤其是宋文帝元嘉十五年分立四学而使何尚之主持玄学①,使得玄学再度兴起,道教找到了融进上层社会的突破口,那就是在义理上的重新整合,之后经过寇谦之、陆修静尤其是陶弘景等道教精英人物的"引儒入道式"的改造,道教在南北朝时期终于得到了上层社会的思想认同,成为政权的利用工具,并借助政权的支持迅速发展。

萧氏家族世居南兰陵,又属于典型的寒门阶层,所以易于接受道教的熏染,武帝幼年即受道法就是这种世奉道法家族的特征所在。虽然武帝在即帝位三年后就毅然决定舍道归佛,但他并没有通过行政手段来消灭道教,他虽然声称道教为邪法,但他依然宣扬"三教同源"理论来调和三教关系,这样就为道教的可持续发展留下了一定的空间。

我们纵观萧梁一代的思想态势,总是容易被武帝的崇佛热情所感染,只看到了佛教的大行其道,从而一叶障目不见儒、道二教的相对发展。道教在梁朝的发展是螺旋式的上升,梁朝的前期,玄学在儒学重振、佛教大行的形势下不可避免地退出舞台的中心②,但它到了萧梁的末期突然兴起,这和它前期的发展厚积薄发是密不可分的,而萧纲在这场道教大兴的潮流中起到了引领的作用。"泊乎梁氏,兹风复阐《庄》《老》《周易》总谓三玄。武皇、简文,身自讲论"③。

萧纲在大同末期能够拥有如此深厚的道家修养,自然和他早

---

① 参见《宋书·雷次宗传》:"元嘉十五年,征次宗至京师,开馆于鸡笼山……。会稽朱膺之、颍川庾蔚之并以儒学,监总诸生。……使丹阳尹何尚之立玄学,太子率更令何承天立史学,司徒参军谢元立文学,凡四学并建。"

② 参见许辉,邱敏,胡阿祥主编《六朝文化》,江苏古籍出版社,2001年,第271页。

③ 参见王利器《颜氏家训集解》,第179页。

期与道教的接触并接受道教思想有关。

幼年的萧纲虽然生活在佛教大兴的家庭环境下,但是他容易接受的还是儒家的传统理念,除此之外,道教的思想也对幼年的他不无影响。

因为对于孩童来说,他们接受知识甚至思想的主要方式还是通过阅读书籍和别人的谆谆引导,而儒家和道家的典籍基本上承载了其各自的思想精华,加上武帝虽然已经舍道归佛了,但浓郁的道家思想历经数叶所形成的环境氛围不可能在短时间内荡然无存,这可以从湘东王萧绎八岁学习诵咒并受道法于法朗得到有力的证明①。

所以就萧纲和萧绎共同的家庭环境和教育背景来说,萧纲对于道家的接触与接受也应当始于其幼年之时。萧纲对道家是表示接纳的,亦如其对儒家和佛教一样尊崇。

这首先体现于他对道家人士的礼遇上,陶弘景是当时道教的领袖人物,武帝对其也是相当的器重,甚至:"国家每有吉凶征讨大事,无不前以咨询,月中常有数信,时人谓之山中宰相。"②

所以年轻的萧纲见到这样一位德高望重的前辈时,他内心的激动和欣喜是无法言喻的,他在徐州刺史任上时,经常与陶弘景谈论问题以致数日③,可以想象他们所讨论的固然有时政的利弊,但更多的应该是道家义理方面的论题,而这对于萧纲道家修养的提升无疑是巨大的,可以说是其发生质变的决定性因素。

他和陶弘景的交往以此为始点,在以后的更进一步接触中,陶弘景的学问、经历和人格魅力深深地影响了这位十八岁的少年。他似乎加深了对道教的接受,甚至可以说近似于狂热,这可以从他

---

① 参见萧绎《金楼子·自序篇》:"吾龀年之时诵咒,受道于法朗道人。……至十岁时,敕旨赐向道……汝不学义。"

② 参见《南史·隐逸下·陶弘景传》:"每得其书,烧香虔受。……时人谓为山中宰相。"

③ 参见《梁书·处士·陶弘景传》:"太宗临南徐州,钦其风素……太宗甚敬异之。"

不久之后为道士张道裕所作《招真馆碑》看出①,他因为此前在和陶弘景来往的过程中升华了他的道家思想,所以渐渐地与其他的道家人物有了一定的来往。

大同二年(536),陶弘景卒,身为太子的萧纲甚是悲痛,他写了《华阳陶先生墓志铭》②来寄托自己对陶弘景逝世得悲痛之情,在这篇文章中,他感叹时光易逝,昨日受教之景犹在眼前,今日却阴阳两隔,他不禁"握留符而恻怆,思化杖而辛酸",他对陶弘景的敬重之情贯穿于这篇铭文的始终。

得益于陶弘景的教授,他对道家思想的认识有了焕然一新的认识,这主要表现在道家义理的理解上。

萧纲对于道家义理的阐释是别有匠心的,他独自撰写了《老子义》和《庄子义》各二十卷③,可见他对老庄思想已有精深的研究。

他不仅研究道家思想,还热衷于和周围的名流硕学们讨论道

---

① 萧纲《招真馆碑》:"夫东瀛渌水,三变成田;西岳灵桃,千年未子。尚以星起牵牛,蔀首迢递;律生甲子,气数杳冥。况复上游玉清,损之又损;高排金阙,玄之又玄。岂言象之能诠,非时节之所辨。海虞县者,则虞农都尉太康置其宰。境有虞山,《越绝书》云巫咸之所出也。高岩郁起,带青云而作峰;瀑水悬流,杂天河而俱洒。虽日门采药之地,楚望怀椒之歌,汤反流沙之魂,锦饰汾阴之鼎,无以喻焉。其峰则有石城石门,虚峣自然,不度句吴之马;神功挺起,岂似冈陵之画。魏后冰城。夜阵权息;长安慈石,浴铁暂流。较迹比期,优劣斯远。道士沛郡张君,讳道裕,字弘真,即汉朝天师陵十二代孙。天监二年,来至此岫,栖遁十有余载,升虹夕栖……丰雷朝上。元阳作石,竹龙成杖。书藏玉匣,药蕴银筒。烧铅杂鲤,析桂和葱。羽衣可服,云軿易通。斧柯虽朽,碑石无穷。"(王鏊《姑苏志》、《艺文类聚》卷七十八)

② 萧纲《华阳陶先生墓志铭》:"维大同二年,龙集景辰,克明三月王寅朔十二日癸丑巳时,华阳洞陶先生蝉蜕于茅山朱阳馆。先生讳弘景,字通明,春秋八十有一。屈伸如恒,颜色不变。有制赠以中散大夫,谥曰贞白先生,遣舍人主书监护丧事。十四日巳时,窆于雷平之山。若夫真以归空为美,道以无形为贵。不知悦生;大德所以为生;不知恶死,谷神所以不死。妙矣哉,隐显变化,物莫能测。既而岫开折石,天坠玉棺。银书息简,流珠罢灶。九节丽于空中,千和焚于地下。仙官有得朋之喜,受学振临谷之悲。余昔在(粉)〔扮〕壤,早逢圯上之术;今箍元良,屡禀浮丘之教。握留符而恻怆,思化杖而酸辛。乃为铭曰:无名曰道,不死为仙。亦有元放,兼称稚川。遁形解化,自昔同然。猗欤夫子!受箓归玄。梨传苑吏,书因贾船。虎车照景,蜺拂凌烟。馀花灼烁,春涧潺湲。郁郁茅岭,悠悠洞天。三(仙)〔三〕白鹤,何时复旋?"(《艺文类聚》卷三十七)

③ 参见《梁书·简文帝本纪》:"所著昭明太子传五卷……老子义二十卷,庄子义二十卷……并行于世焉。"

家思想,这就导致了玄风的重弹。当然煽起玄风的源头在于武帝于大同七年在宫城西设立士林馆来延集学者,萧纲身为太子当然得推波助澜,这样就导致了四方郡国向学之风遽然而炽。

然而这所谓的学风,似乎背离了儒家的教义,开始偏向于玄学的义理,因为萧衍、萧纲父子所招集的学士们"多涉猎文史,不为章句之学"①,这样就导致了空泛议论的玄学再度兴起。

自此以后,萧纲多次活跃在玄学风气的中心位置上,就在同年他邀请朱异奉述制旨《易》义②,又亲自奉述制义。在他的带动下,士林馆成了玄学的中心,讨论玄学的风气从这里蔓延开来。

大同八年(542),周弘正在士林馆讲学,与弟子讨论《周易》的疑义,启奏武帝来决定③。今据《陈书·袁宪传》载:"会弘正将登讲座,弟子毕集,乃延宪入室,授以麈尾,令宪树义。……时学众满堂,观者重沓,而宪神色自若,辩论有余。"④可见当时文士之间相互探讨义理、辩论往来之剧烈。

萧纲也在自己的东宫宴会上召集玄儒之士来讲论辩难⑤,比如戚衮是当时名士,萧纲就让他与徐摛辩论,往往"衮时聘义,摛与往复,衮精采自若,对答如流"⑥。可见当时的玄风之热烈。在地方上萧绎也及时地响应京城的这种风气,大同八年他在江、荆间就非常爱习老子和庄子,并且招收学生亲自教授⑦。

---

① 参见《陈书·儒林·沈洙传》:"大同中,学者多涉文史……。及异、琛于士林馆讲制旨义,常使洙为都讲。"
② 参见《梁书·朱异传》:"皇太子又召异于玄圃讲《易》"于大同八年之前,姑系于此。
③ 参见《陈书·周弘正传》:"于时城西立士林馆,弘正居以讲授,听者倾朝野焉。弘正启武帝《周易》疑义五十条……。"
④ 参见《陈书·袁宪传》,第312页。
⑤ 参见《南史·儒林·戚衮传》:"寻兼太学博士。简文在东宫,召衮讲论。又尝宴集玄儒之士,先命道学互相质难……。"
⑥ 参见《陈书·戚衮传》,第440页。
⑦ 参见颜之推撰,王利器集解《颜氏家训集解》:"元帝在江、荆间,复所爱习,招置学生,亲为讲授……。"又按李百药《北齐书·文苑·颜之推传》:"年十二,值绎自讲庄老,便预门徒。"以颜之推是岁十二,故系萧绎倡导玄学于此。

　　还有他的弟弟邵陵王萧纶在南徐州刺史任时,也是相当崇尚此种玄风的①,《陈书·马枢传》言其"讲《大品经》,令枢讲《维摩》《老子》《周易》,同日发题,道俗听者两千人"②,可知当时的南徐州也在萧纶的带领下玄风清谈之盛况。随着讨论程度的越来越深,这股玄风所波及的范围也就越来越广,以至于到了"大同末期,人士竞谈玄理,不习武事"③。

　　然而作为国家的直接领导者梁武帝,并没有发现这帝国潜伏着的危机,崇佛的热情有增无减,而作为太子的萧纲,也是深深沉醉于道家义理的钻研中不知归路了。

　　大同末期直到大宝二年(551)的这几年间,再也看不到萧纲之前对待佛教和儒家的那种热情了,他似乎将之全部转移到了道教上面。

　　太清二年(548),萧梁王朝已经日薄西山,但萧纲依旧不知自振,他似乎也看到了国势的衰退,但他不敢直面这已然的现实,想借老庄加以解脱,于是他频繁的讲论《老》《庄》玄学,这引来了一些有识之士的批评。何敬容就担忧:"太子祖尚玄虚,江南将复为戎!"④这担忧萧纲又何尝没有呢?

　　身为一个生活在武帝背后的太子,他的权力实在是太小了,他无法改变政策的常规运行,他是苦闷的,而玄学正是他唯一能做的解闷的事情。他的儿子宣城王萧大器似乎也看出了他的苦闷缘由,加之作为皇位的第三继承人,他的权力更是小得可怜,所以他

---

　　①　按《梁书·邵陵王传》:"中大同元年,出为镇东将军,南徐州刺使。"又按姚思廉《陈书·马枢传》:"梁邵陵王纶为南徐州刺使,素闻其名,引为学士。纶时自讲《大品经》……,转变无穷,论者拱默受听而已。"可知萧纶与马枢清谈之风气当在中大同以后,而中大同是武帝大同年号的下一个年号,所以萧纶的这种行为也是受大同末以来玄风独盛的影响。

　　②　参见《陈书·马枢传》,第264页。

　　③　参见《梁书·侯景传》:"丹阳陶弘景隐于华阳山,博学多识,尝为诗曰:'……。'大同末,人士竞谈玄理,不习武事;至是,景果居昭阳殿。"

　　④　参见《梁书·何敬容传》:"是年,太子频于玄圃自讲《老》《庄》二书……。敬容谓孜曰:'昔晋代丧乱,颇由祖尚玄虚……。今东宫复袭此,殆非人事,其将为戎乎!'……"

也跟随着他的父亲一起向玄学敞开了怀抱。侯景作乱之时,他在围城之中依然讲论着《老》《庄》①,这是多么的痴迷,可以想见他平常之日亦是多么的热烈。

大宝二年(551),也就是萧纲生命的最后一年,虽然他仍然宣称自己是"有梁正士",似乎到死也不忘自己的佛家情怀,但通过其被弑前的一件事情来看,道家思想也无时不在左右着他。

当侯景攻陷台城来到永福省面见萧纲时,他的侍从们都很惊乱,唯独他面无惧色②,这处事不惊的风度固然和其儒家修养有关,但如果没有道家那种洒脱情怀的支撑,恐怕萧纲也无法如此地岿然不动。

当然,以后的他在囚徒的日子里备受贼臣的百般羞辱,血淋淋的现实使得他不得不从道家的虚无世界中走出来,因为此时的他已经是帝王至尊了。但是身份的转变却没有在权力上给他任何的增强,反而在思想上使他有了改变。

身为傀儡的他已然看透了生死,他在其《被幽述志》诗中反复哀叹"终无千月命,安用九丹金"。可以说直到此时的萧纲才真正地消磨了对道家的痴迷,因为他勇敢的面对了现实,以一种乐观的态度走向了人生的终点。

(四) 糅合三教的萧纲的历史意义

自从侯景以武帝"佞佛之失"为理由叛梁而导致台城陷落后,历代的修史者虽表面上指责梁武帝"纳降"侯景,无疑"开门揖盗,自戕血胤"行为的愚蠢和昏聩,但更多的是对梁武帝"纳佛"的抨击,他们几乎都认为这是佛教带来的恶果,故心底自然滋生了"恶佛"的抵触情绪,这种情绪导致了史学家们在看待梁朝这一段历史

① 参见《陈书·儒林·张讥传》:"及侯景寇逆……犹侍哀太子于武德后殿讲《老》《庄》。"

② 参见《陈书·徐摛传》:"太清三年,侯景攻陷台城,时太宗居永福省,贼众奔入,举兵上殿,侍卫奔散,莫有存者。……凶威遂折。侯景乃拜。"

时,很容易忽视当时思想界三教共存的特殊状态,从而得出了"尊儒崇佛是齐梁思想的主流,玄学已退到了不重要的地位"①的片面看法。

这种片面的看法影响到了历史对萧纲的正确评价,在史学家们看来,萧纲不是梁朝因佛而亡的罪魁祸首,而是这场悲剧的直接受害者,故对其只是一味地给以"同情之理解",比如张溥在《汉魏六朝百三家集·梁简文集题辞》:"简文立颠沛之中,罹怀、愍之酷。跋胡疐尾,孽非己作。后代讳其闵凶,并其文字指为无福,不得拟秋风,步短歌,亦足悲也。"②把他的历史评价定位在了"寔有人君之懿","终罹怀、愍之酷"③这一层面上,这无疑是荒唐的。

首先,晋怀、愍二帝但可方驾汉之桓、献二主,实不足抗衡简文也,其次,他实在是没有看到萧纲思想上杂糅三教的成分。

作为统治阶级,从汉武帝"罢黜百家,独尊儒术"开始,便把君主政治制度和儒家思想紧密的捆绑在了一起。不管是在这以后历代王朝的兴盛或衰颓时期,统治阶级都是牢牢把控着儒家的教义来感化臣民的。

魏晋南北朝虽是思想的大解放时期,玄学大兴于士族之间,道家广布于寒门之中,甚至是刚来的佛教也开始从贵族阶层蔓延到平民阶层,但作为统治者他们是有着一颗清醒的头脑的,在为政的前提下,虽然佛教也被认为具有"助王政之禁律,益仁智之善性"④的功用,但儒家思想无疑是百试不爽的治国理念。

梁武帝虽然也大力提倡佛教,但他实际上只是汲取佛教的某些理论来为其政权服务的。南朝的佛学,甚至玄学,事实上仅维持在个人信仰以及学术思想的层面,而在政治上占据优势的终究是

① 参见李泽厚,刘纲纪《中国美学史》,中国社会科学出版社,第545页。
② 参见张溥撰《汉魏六朝百三家集·梁简文集题辞》。
③ 参见《晋书·简文帝传》。
④ 参见《魏书·释老志》第3035页。

儒学①。

萧纲是明白自己不能"利根事佛,余力通儒"②的,所以当他第一次以统治阶级的身份出现在历史的画卷中时,他俨然是一个贯彻仁政的良臣能吏。萧纲曾有《罢丹阳郡往与吏民》③一诗,就很能说明萧纲为政的理想。

这是他对于自己两任故郡吏民的殷殷告别之语,诗的开头用了汉代李恂托麦和刘宠受钱的典故,就很能说明萧纲的为政原则——清廉自律,诗歌的后两句是他内心的小疑问,他想知道别后丹阳的吏民们是否会像怀念召公的棠树一样怀念他,这是萧纲为政所追求的理想境界——政绩惠民,这也是儒家对统治阶级的根本要求。

所以纵观萧纲以统治阶级的身份来实行政治时,他都是典型的儒家一派,可贵的是他没有凭借着自己权利的增加而用行政手段去推行当时的另外两种风气,这是与武帝很不同的。因为在他这里,他虽也受佛、道思想的沾染,但这只是他私人的,要用公开的政治替它们大行其道这是极其不妥的,萧纲很清楚这点。

但他毕竟生活在一个佛学沸天的时代里,又是有名的"皇帝菩萨"萧衍的儿子,佛家走进他的视野是时势所趋,但接受却是他自己的事情。萧纲是接受的,因为他没有理由去做那"众人皆醉我独醒"的高尚君子,更何况佛教也并不是邪教之流,它是萧梁的国教,作为王室成员理应虔心随流。在父亲的思想熏陶下,在哥哥的亲身引导下,在自己的积极钻研下,佛教成功地在萧纲心里生根发芽,并且随着萧纲年龄的增加而成长为参天大树。

他把崇佛看作是一种纯属个人的信仰,所以当他一步步走向

---

① 参见许辉,邱敏,胡阿祥主编《六朝文化》,江苏古籍出版社,2001年,第342页。

② 参见杜牧《樊川文集》,上海古籍出版社,1978年,第305页。

③ 萧纲《罢丹阳郡往与吏民》:"久归从事麦,非留故吏钱。柳栽今尚在,棠阴君讵怜。"

权力的顶点时,他就没有像武帝那样为它奔波劳累。他虽然参加一些佛事活动,如请萧衍开讲佛家经典和为纪念母亲的善觉寺写碑,但这只是他个人的行为,他并没有体现为一种权力的使然。这种信仰的私人性,是和他身上闪烁着的道家思想一样的,只是过程稍有不同。

道教的种子播种的时间明显要早于佛教,扎的根基也比佛教深厚,但发育却迟于佛教,外部环境的影响是其主要的原因。

一旦他的环境有纤毫的改变,这种思想便破土而出,再加上道家精英的及时指导,形成了一股来势汹汹的浪潮,几欲吞噬了萧纲整个的私人空间,但这也是和武帝的政策分不开的。

大同末期以来,武帝把风气转向了玄学,这可能和他想把佛、道两家结合起来增强佛学的内涵有关系,但却在无形中让道家思想找到了生机。萧纲是这场风气转变运动的中流砥柱,可能他的初衷也是和武帝一样为了崇佛的私心。

但萧纲低估了他自身道家思想的深厚,这强大的思想在无形中驱使着他作了倒戈的降卒,摇身一变成了道家的卫士。

三教思想杂糅所支配下的萧纲是相当的复杂,但也是相当的简单。

复杂在于三教思想集于一身的矛盾体,但是萧纲似乎完美地解决了这个矛盾。他使得三教思想能够和谐共存,这种共存的前提是以不同阶段的身份为中心的,从而在他人生的每个阶段都能有所体现。

从出生到死亡,他统治阶级的标签都是无法撕下的,所以当他真正有了统治阶级的意识并实行权力时,他的儒家思想主宰了全部。

他是天生的统治阶级,这是他人生的一大幸运,但权力赋予的短暂性却是他作为统治阶级的一大悲哀。他的一生大多又是在无权的情况下度过的,而这时的他就是一个普通人,他是皇帝的臣民,但他又是不同于一般臣民的,他更是这位皇帝父亲的儿子,这双重身份的确定为他接受佛、道二教思想提供了先天的条件,当然他兼容并包的求知理念也是一个不小的因素①。

总之,儿子萧纲基本继承了父亲萧衍的思想和行为,虽然少了一代开国皇帝的英雄气,但却在平衡、折中和公正地看待三教思想方面有着出色的成绩。他实在不应该被历史打扮成一副亡国之君的可怜模样,萧梁的兴亡与他干系不大,倒是萧梁的文艺和思想却在他那里成就了气候,他不是一个政治上的好皇帝,但绝对是一个在文艺和思想上的好元首。

① 参见《梁书·简文帝本纪》:"九流百氏,经目必记;篇章辞赋,操笔立成。博综儒书,善言玄理。"

六、通向东宫艰难的道路

（一）太子萧统是萧纲心里高挂的明灯

萧统当太子的时候，比萧统小两岁的萧纲，一直生活在对萧统的敬仰里；萧纲一举一动都在学习哥哥，并当好弟弟的角色。哥哥所有的行为，都是他的榜样。

譬如作为皇太子，萧统是东宫上下读书的典范；当时东宫有书几三万卷，名才并集，特别是文学方面的书很多，彬彬之盛，晋、宋以来都从未有过①。这为萧统、萧纲这样喜欢读书的人敞开了大门。

譬如，《南史·萧统传》记载萧统喜欢"引纳才学之士，赏爱无倦。恒自讨论坟籍，或与学士商榷古今"。

譬如，自己学习写文章和诗歌，包括《文选》的编纂，这些都给萧纲很大的影响，萧纲都在学习模仿。

此外，萧纲只是勤勤恳恳、认认真真地做父亲交给他的事，并且，不断向萧统请教，不断交流学习关于读书和文章方面的事，住

① 见《南史·萧统传》。

在京城东宫里的哥哥是他心里高高挂着的一盏明灯。

（二）出镇雍州做出自己的成绩

我们都知道萧纲会读书、写诗、著书的一面，其实，作为一位皇子，萧纲肩上还有很重的政治责任和军事责任。那是父亲梁武帝赋予他的。梁王朝的安危，父亲有责任，他也有责任。

出于政治、军事考虑，梁武帝安排皇子幼年出镇地方州郡，一方面通过幼王出镇把握地方实权，另一方面也让皇子们自幼熟习政务，将来好辅弼新君，守卫皇室。

天监十三年（514），萧纲出任荆州刺史，只有十二岁；一年后又转为江州刺史；天监十七年（518），领石头戍军事，又任丹阳尹；普通二年（521），出为南徐州刺史。到了普通四年（523），萧纲被任命为雍州刺史，这一年他二十一岁，已经成年，并且有相当丰富的政治阅历。

成年的萧纲，长得是什么模样？《梁书》上记载说，萧纲成年之后，相貌出众："方颐丰下，须鬓如画，眄睐则目光烛人。"这也许是真的，实事求是的记载；但也许有说好的成分。

我们知道，《梁书》作者姚察、姚思廉父子与萧梁皇室颇有渊源，姚察的父亲姚僧垣做过太医正，是梁武帝身边近臣，而姚察十三岁时就曾参与萧纲在宣猷堂的讲经活动①，萧纲的相貌风度必然给他留下深刻印象。雍州之任是萧纲成年后最重要的政治经历，他人生中最为辉煌的一页，便是在此书写。

提到雍州，大家也许会想到，这不正是梁武帝萧衍当年起兵的地方么？

不错，梁武帝萧衍就是在雍州起兵，凭借着雍州豪族的军事力量，登上了帝王宝座。在梁代，雍州领十三郡，治所在襄阳（湖北省襄樊市），被称为"龙兴"之地，是萧梁王朝的大本营；同时雍州又临

---

① 见《南史·姚察传》。

近萧梁与北魏国界,是汉水上游的军事重镇,地位非同一般。梁武帝统治期间,雍州刺史一直由萧梁皇族近亲把持。

萧纲深知雍州之任非比寻常,到任之后就下令把历代雍州贤能刺史画在办公厅事里,以示励精图治的雄心。萧纲在雍州任刺史长达六年,这六年恰好是萧梁和北魏军事最紧张的时期,这使萧纲全力戒备,并整顿人马,建功立业。

普通六年(525)的第一天,萧纲就派长史柳津进军北魏南乡郡(河南省淅川县),司马董当门进军晋城,获得胜利,并攻占了马圈(河南省邓州市东北三十五公里)、雕阳,军主曹义宗、王玄真等人带兵围困北魏荆州之穰城(今河南省邓县东南),和北魏展开拉锯战,虽然这次争夺战以梁军失败告终,但大通二年(528),萧纲又发布《北略教》[①],再次引兵进逼穰城。

此时正值北魏政局动荡,指挥混乱之际。在军事进攻的同时,萧纲不失时机地采取攻心战术,写信给北魏南荆州刺史李志,劝他归降[②];李志接到书信后,随即归降了南朝,他所管辖的部分地区也随之划入了梁的版图。

虽说穰城之争因曹义宗被擒,最后以失败告终,这次进军还是为梁王朝开拓了疆土[③]。自然,具体的军事行动都是由柳津、曹义宗等军主执行的,不用萧纲亲自策马疆场,但萧纲作为领导者和决策者,其作用也不可忽视。

这两次大规模的军事行动之后,萧纲赢得了军功,梁武帝非常欣慰,下诏赐予萧纲鼓吹一部,也就是一只鼓乐仪仗队,随着这支仪仗队而来是扬州刺史的位子。

就在萧纲就派长史柳津进军北魏南乡郡,司马董当门进军晋

---

① 见《文馆词林》卷六百九十九。

② 萧纲《与魏东荆州刺史李志书》,见《艺文类聚》卷二十五,《全梁文》卷十一。

③ 《梁书·简文帝本纪》:"(萧纲)在襄阳拜表北伐,遣长史柳津、司马董当门、壮武将军杜怀宝、振远将军曹义宗等众军进讨,克平南、阳新野等郡,魏南荆州刺史李志据安昌城降,拓地千余里。"

城,获得胜利,并攻占了马圈、雕阳,取得节节胜利的时候,普通七年(526),他的母亲丁贵嫔去世,萧纲回京奔丧,悲痛不已,上表请求解职守孝,未获批准。

虽然政绩不小,并且建立了比较大的军功,但毕竟雍州远离京城,远离父母兄弟,又加上身体诸多不适,便萌生回到京师的愿望。他写过一篇《阻归赋》①,表达了这种思想感情:

> 观建国之皇王,选能官于前古。元帝慈而布教,岂齐圣而作辅。伊吾人之固陋,宅璇汉而自通。蹑九枝而耀景,总六翮而抟风。属玄珧之启异,逢玉弩之相惊。顿天罗于八表,腾云驱于四溟。发伏鳖之雄气,耀策马之高星。地迩朔场,疆邻北极。垅树饶风,胡天少色。上月斜临,寒松遥直。云向山而欲敛,雁疲飞而不息。何愁绪之交加,岂树萱与折麻?闻繁钲之韵冰,听流风之入笳。终知客游之阻,无解乡路之赊。

萧纲“终知客游之阻,无解乡路之赊”,希望回归京邑。中大通元年(529),他上表称自己体弱多病,再次请求回京②。

中大通二年(530)年,萧纲被任命为扬州刺史,这不仅意味着他得以回归京邑,回到权力和文化的中心地带;还可以理解,父亲梁武帝在对萧纲长达六年多“下放”到边关,最重要的军事岗位——雍州的锻炼目的已经完成。萧纲一到任就把历代雍州贤能刺史画在办公厅事里,以示励精图治的雄心;以及领导决策,在两次大规模的军事行动中,被证明有指挥才能,并且立了军功,在萧衍心里,对萧纲来说比什么都重要。

随着梁武帝下诏任命萧纲为扬州刺史,萧纲终于又回到京邑。

萧纲外任多年,这次重新回到京城,可以同父兄团聚,处理政

---

① 见《艺文类聚》卷二十七。
② 《在州羸疾自解表》,见《艺文类聚》卷七十五,《全梁文》卷九。

务之余,又可以参与各种文学、宗教活动,像他过去一样。

(三) 国家突发事故——太子萧统病逝

中大通三年(531)四月,年仅三十一岁的太子萧统病逝,梁武帝很悲伤,几乎所有的人,都在惋愕中追悼;都下男女,奔走宫门,号泣满路。

谁都没有想到萧统会突然去世,悲伤的萧纲没有想到。对于萧纲来说,哥哥的死亡,无疑是晴天霹雳,他的心情是复杂的。太子的位置空缺了,但根据成规,应该由哥哥的长子,作为"嫡长孙"的萧欢来继任。他其实不一定想过可能他会当太子,他只是痛惜,感到哥哥冤枉。并想为哥哥伸冤昭雪,并最终有了机会①。

但同时令他没有想到的是,他由此会卷入到一场争夺皇太子的政治风波中去。

萧纲怎么也想不到自己会当皇太子,因为偶然后面很艰难。

但悲伤归悲伤,太子的位子不能空着,必须要有人接替。按照礼法,长子死去,应该由长子的大儿子"嫡长孙"继任太子。南齐永明年间,太子萧长懋病逝,就是由他的长子萧昭业继任太子,如果梁武帝遵循这一成例,就应该立萧统的长子萧欢,而不是萧纲;但最终被立为太子的是晋安王萧纲,令不少朝臣大感意外。

梁武帝萧衍为何不遵照礼法立萧欢为太子?

萧统是怎么死的? 又为什么会死去? 以及梁武帝萧衍为什么立萧纲为太子? 历来史家都对这些问题很感兴趣。

《南史》中记载了一种说法:说丁贵嫔葬礼之后,道士和宫监魏雅对萧统说,你母亲的葬地风水对长子的你很不利,如果用"厌伏"的方法,将蜡鹅及诸物埋在墓侧的长子位,就可以解脱。

萧统听信了道士和宫监魏雅迷信的话,便吩咐宫监在墓侧的

---

① 《南史·梁武帝诸子》:"后邵陵王临丹阳郡,因邀之与乡人争婢,议以为诱略之罪牒宫,简文追感太子冤,挥泪诛之。邀之兄子僧隆为宫直,前未知邀之侄,即日驱出。"

长子位埋下了蜡鹅。

但想不到的是,按照风水理论,这样做,对父亲很不利。有人把这件事告发到梁武帝那里。梁武帝查证,确有此事。《南史》卷五十三《梁武帝诸子》记载:

> 帝密遣检掘,果得鹅等物。大惊,将穷其事。徐勉固谏得止,于是唯诛道士,由是太子迄终以此惭慨,故其嗣不立。

事情不算大,也不算小,梁武帝很生气,杀了道士。

虽然梁武帝并没有降罪于萧统,但自知做了错事有愧于父亲的太子便失去心理平衡,愧疚忧虑,惭愤终身,日渐消瘦①。积小病为大病,终于一病不起而忧患成疾,英年早逝②。

这种说法是,梁武帝也因此对萧统极其不满,不愿让萧欢继承萧统的太子之位,改立萧纲为太子。按照这种说法,萧统之死以及萧欢未能入主东宫,和蜡鹅事件有极大关系。

除了蜡鹅事件,《南史》还记载了萧统之死是一次出游引起:三月,萧统与姬人荡舟游后池采摘芙蓉,落水后大腿痉挛,又害怕父亲知道了会责怪他,于是隐瞒了病情,最后病情加重去世。有很多人怀疑《南史》中这些记述,漏洞很大,比如农历三月芙蓉即荷花

---

① 《梁书》本传:"(普通)七年十一月,贵嫔有疾,太子还永福省,朝夕侍疾,衣不解带。及薨,步从丧还宫,至殡,水浆不入口,每哭辄恸绝。高祖遣中书舍人顾协宣旨曰:'毁不灭性,圣人之制。《礼》,不胜丧比于不孝。有我在,那得自毁如此!可强进饮食。'太子奉敕,乃进数合。自是至葬,日进麦粥一升。高祖又敕曰:'闻汝所进过少,转就羸瘵。我比更无余病,正为汝如此,胸中亦圮塞成疾。故应强加馈粥,不使吾恒尔悬心。'虽屡奉敕劝逼,日止一溢,不尝菜果之味。体素壮,腰带十围,至是减削过半。每入朝,士庶见者莫不下泣。"《南史》同。

② 《梁书》本传:"(中大通)三年三月,寝疾。恐贻高祖忧,敕参问,辄自力手书启。及稍笃,左右欲启闻,犹不许,曰:'云何令至尊知我如此恶。'因便呜咽。四月乙巳(初六日)薨,时年三十一。高祖幸东宫,临哭尽哀。诏敛以衮冕,谥曰昭明。"《南史》本传:"三年三月,游后池,乘雕文舸摘芙蓉。姬人荡舟,没溺而得出,因动股。恐贻帝忧,深诫不言,以寝疾闻。武帝敕看问,辄自力手书启。及稍笃,左右欲启闻,犹不许,曰:'云何令至尊知我如此恶。'因便呜咽。四月乙巳,暴恶驰启武帝,比至已薨,时年三十一。"

连花骨朵都没有,怎么采摘?《南史》这些记载是真是假我们姑且不论,蜡鹅事件导致皇孙不能做太子,这种解释于情于理都说不通。

于情,梁武帝萧衍优待宗室,对子侄尤其宽厚,萧统是在他身边长大的,他在萧统身上的投入和付出之大,其他皇子根本无法与之相比,这种父子之情不是那么容易动摇的,即使蜡鹅事件是真的,梁武帝不是也没有追究萧统的责任么?何以他会对孙子存有成见,狠心剥夺其继承权,在这一点上,《南史》的记载就很难自圆其说。

论理的话,立太子是关乎国家前途命运的大事,就是我们现在的公司经理、部门主管,也不会仅凭自己的好恶安排人事,更何况是梁武帝萧衍这样执政多年的君主,他会在这种大事上如此感情用事,实在说不通。并且《南史》上也说,萧欢未能立为太子虽然与蜡鹅事件有关,另一层原因还在于"不可以少主主大业"①,所以,并非是蜡鹅事件导致皇孙不得立为太子,现在大家更倾向于下面这种说法:梁武帝的决定是出于政治考虑,让萧纲做太子是出于理性的选择。

(四)萧统逝世留下太子继承人问号

萧统病逝时,梁武帝萧衍已经是年近古稀的老人,皇孙萧欢顶多十六七岁,梁武帝也许没有想到他能活到八十六岁;要是立萧欢为太子,就有可能像齐朝那样,让少帝皇帝登基,江山不稳。他考虑的主要是,自己建梁的时间并不长,他非常担心假如立只有十多岁的萧欢为太子,幼主难以主持局面;特别是前朝也发生过类似的事。

我们前面提到了南齐太子萧长懋,也是英年早逝,前朝齐武帝临死前立太子时,立了年幼无知的太子萧长懋的儿子萧昭业做了

① 见《南史·昭明太子传》。

太子,而没有立比较成熟的萧子良;齐武帝死后,刚满二十岁的萧昭业即位,缺乏必要的政治经验,这使大权落入宗室旁支、权臣萧鸾手中,结果引发了一系列祸端。

没过多久,萧鸾就把小皇帝废黜掉,自己做了天子,并且对萧齐嫡系皇族大开杀戒。

到了萧鸾的儿子萧宝卷即位,又是少年天子,毫不懂事,胡作非为,天人共愤,才有萧衍兴起义师,取而代之,这些事都是萧衍亲眼所见,亲身所历;甚至,当时的他,还参与了那场政治阴谋,并且是那场政治大戏的导演和要角。

因此,反复考虑的梁武帝,觉得萧欢做太子风险实在太大了,前车之鉴,不能重蹈覆辙。

于是把眼光转到三儿子萧纲身上。毕竟,萧纲不仅在诸皇子中最为年长,而且和昭明太子一样,都是后宫最为尊贵的丁贵嫔所生。

萧纲其时已经二十九岁,品行端正;且有多年边藩戍守的经历,卓有政绩,立过军功,从各方面考虑都是最佳人选,于是下定决心,挑选萧纲为太子。

有许多记载证明,梁武帝是一个很会有事找大臣商量的皇帝;是一个非常稳妥,既有主见,又讲究方法,也很有经验的人。在立萧纲为太子这件事情上,他怕废嫡立庶,于礼不合,群臣反对;所以,他不止一次地找大臣商量,先召集群臣共同商议①,正式诏书下达之前,又曾召何敬荣、孔休源、谢徵三人商议②,从四月上旬,一直考虑、权衡到五月二十一日,才正式决定,可见他对此事极为谨慎,不是轻易就做出决定。

即便如此,他还觉得不稳妥,又将萧统的五个儿子一一封王:

长子东中郎将南徐州刺史华容公萧欢封为豫章郡王,次子枝

---

① 《梁书·孔休源传》:昭明太子薨,有敕夜召休源入宴居殿与群公参定谋议,立晋安王纲为皇太子。
② 见《梁书·谢徵传》。

江公萧誉封河东郡王,三子曲江公萧詧封岳阳郡王,四子萧㤞封武昌郡王,五子萧鉴封义阳郡王,萧统的女儿给予公主的待遇,以安抚诸人。

所有的一切,梁武帝再做得无懈可击,但反对的声音仍然很多。

首先,爷爷这样做,萧统诸子还是极为不满,岳阳王萧詧接受了封号,当时就大哭一场,几天不吃东西。

此时,一个"雅有人鉴,游处不杂,入其门者号登龙门"的袁昂,站出来说话,说梁武帝的做法有问题。

袁昂以人品正直、有骨气著称,不仅德高望重、权倾一时的徐勉对他很敬重,梁武帝对他也很尊重[1]。但据《南史》本传载:"昭明太子薨,立晋安王纲为太子,昂独表言宜立昭明长息欢为皇太孙。虽不见用,擅声朝野。"

他最后见萧欢未立,索性辞官不过问朝政,以示抗议,这在当时影响很大。后来侯景作乱数说梁武帝"罪状"时,说皇太子萧纲不问政事,只会写轻艳的诗歌,侯景的指责,应该是由他的谋臣王伟出谋划策,但也反映了部分朝臣对萧纲的不满。

不但一些大臣不满,其他皇子也有意见。对立萧纲为太子事,六弟萧纶亦有微词。萧纶甚至公开说:"初,昭明之薨,简文入居监抚,纶不谓德举,而云:'时无豫章,故以次立。'"意思是,豫章王萧综投靠了北魏,萧纲年纪最大,故而被立为太子,如果以才德选立储君,恐怕就未必轮得上萧纲。

萧纶这番话或许就是其他皇子的心声:如果不立嫡皇孙,一定要兄终弟及,为何不选择我呢?论才能德行,我可未必会输给晋安王,只不过他年纪比我早生了几年,父亲就立他为太子。萧纶这样的言论,必然会造成负面影响。后来侯景之乱中兄弟相残的悲

---

① (梁武)帝谓曰:"齐明帝用卿为黑头尚书,我用卿为白头尚书,良以多愧。"(袁昂)对曰:"臣生四十七年于兹矣,四十以前,臣之自有,七年以后,陛下所养。七岁尚书,未为晚达。"帝曰:"士固不妄有名。"

剧,此时已微露端倪。

可见,这一问题在当时确实争议很大,由此也产生了历史的歧路①。

(五) 萧纲在反对声浪中当上皇太子

面对这么多反对的声音,萧纲的压力可想而知。当时,甚至于他以前的僚属周弘正②也不赞成他做太子,周弘正劝萧纲效仿吴太伯和子臧这些先贤,辞让储君之位,成就万世美名,陈义甚高③。

> 丙申,立太子母弟晋安王纲为皇太子。朝野多以为不顺。司议侍郎周弘正,尝为晋安王主簿,乃奏记曰:"谦让道废,多历年所,伏惟明大王殿下,天挺将圣,四海归仁,是以皇上发德音,以大王为储副。意者愿闻殿下抗目夷上仁之义,执子臧大贤之节,逃玉舆而弗乘,弃万乘如脱屣,庶改浇竞之俗,以大吴国之风。古有其人,今闻其语,能行之者,非殿下而谁! 使无为之化复生于遂古,让王之道不坠于来叶,岂不盛欤。"王不能从。

因为真要按周弘正说的做,就等于把难题还是踢给梁武帝。我们不清楚萧纲面对这样的劝谏有何感想,但最后我们知道的是,萧纲对父亲梁武帝的安排并未极力辞让。五月丙申,梁武帝诏立萧纲为太子④,诏书称:

---

① 天正元年(551),侯景废梁简文帝萧纲,扶立萧欢的儿子萧栋即位,即追尊萧欢为安皇帝。

② 周弘正曾为晋安王主簿,主簿一职与府主关系极为亲密。

③ 见《资治通鉴》卷一百五十五。

④ 梁武帝诏曰:"非至公无以主天下,非博爱无以临四海。所以尧舜克让,惟德是与;文王舍伯邑考而立武王,格于上下,光于四表。今岱宗牢落,天步艰难,淳风犹郁,黎民未乂,自非克明克哲,允武允文,岂能荷神器之重,嗣龙图之尊。晋安王纲,文义生知,孝敬自然,威惠外宣,德行内敏,群后归美,率土宅心。可立为皇太子。"

晋安王纲,文义生知,孝敬自然,威惠外宣,德行内敏,群后归美,率土宅心。可立为皇太子。

萧纲上《谢为皇太子表》①,谦虚地表示自己不能胜任:

伏见诏书,以臣为皇太子。有命自天,实惊物听,鸿名盛典,爰萃庸薄。势举千钧,方兹未重;高抟九万,比此非遥。臣本凡蔽,宾实无取,特以毓庆云霄,凭晖璇极;鸣玉内侍,指麾外蕃,犹惧不任,尚疑废职。况复监抚守从,道著前经,恭敬温文,义彰昔记。震维礼绝,离景事尊,养德北宫,赞业东序。魏平非拟,汉庄靡继。臣牧拙樊汉,始获言归,遂以下才,属当上嗣。事异定陶之举,有类胶东之册。将何以著三善之德,延四皓之游,屈叔誉之辞,绎卞兰之颂。

萧纲说,"伏见诏书,以臣为皇太子,有命自天,实惊物听",称自己"庸薄"、"凡蔽"、"宾实无取",不足以"举千钧";做做"鸣玉内侍,指麾外蕃"的工作,"犹惧不任",不要说当皇太子了。但为了国家社稷的大事,不得不出任。

这些话,也许出于萧纲的真心,但是用极为格式化的语言表达,辞让的意思并不明显,让人感觉只是在走一个程序。

晋安王昔日僚属中,周弘正是持反对意见的,但更多的僚属以及与萧纲关系亲密的僚属则希望他接受太子之位,将来继位,他们才能获得更多的政治利益,为此他们也积极地做足舆论工作,如上黄侯萧晔作《储德赋》,盛赞萧纲才德兼备,足以为储君继承帝位。

最有趣的是,《南史·简文帝本纪》中有这样一段记述:

中大通三年,(萧纲)被征入朝,未至,而昭明太子谓左右

---

① 见《艺文类聚》卷十六。

曰:"我梦与晋安王对奕扰道,我以班剑授之,王还,当有此加乎?"四月,昭明太子薨。五月丙申,立晋安王为皇太子。

《南史》尤其喜欢记载一些神异的故事,尤其记载了很多"梦"。不是萧纲的梦,而是萧统的梦。说萧统梦见自己把象征皇太子权柄的宝剑授予萧纲,实质就是要说明萧纲接替萧统乃是天意,用天意来为萧纲摇旗呐喊,对抗反对的声音。可想而知,这种故事必然是支持萧纲做太子的人在制造舆论。

立萧纲为太子的诏书一下,反对和支持的两方就开始了较量,这场较量在萧纲入主东宫之后还在继续,各种明争暗斗一直延续到侯景之乱,由此还产生了历史的分途①。

(六) 萧纲艰难地走进东宫

中大通三年七月,昭明太子入葬已过去了一个多月,梁武帝萧衍正式册立晋安王萧纲为皇太子,大赦天下,太子萧纲上表拜谢。

按照惯例,东宫要重新修缮一番,东宫官员也要重新任命。萧纲暂时居住东府,直到第二年九月,东宫修缮完毕,才移住东宫。这期间他的宗教活动频繁,九月在东城忏悔,做《蒙预忏直诗》,梁武帝和王筠都作诗唱和,当月又在华林园受菩萨戒,取法名因理,作《蒙华林戒诗》,之后梁武帝在同泰寺讲《涅槃经》和《般若经》,他也参与听讲。

在华林园中,他收到过湘东王萧绎来信,受戒仪式结束之后他写了回信,信中说自己蒙受菩萨戒,感到身心快乐,几乎想要把三千烦恼丝一并剪除,徐摛、庾肩吾这些亲近僚属虽然在身边,却不能像以前那样与之终日畅谈,上黄侯萧晔新任太子詹事,他的弟弟萧睐任太子洗马,临汝侯、句之侯这两位宗亲不在身边,让人十分

---

① 天正元年(551),侯景废梁简文帝萧纲,扶立萧欢的儿子萧栋即位,即追尊萧欢为安皇帝。

挂念。写到这里,萧纲告诉弟弟萧绎,近来他心情不佳:

> 吾自入都已来,意志惝恍。虽开口而笑,不得真乐。不复饮酒,垂二十旬①。

也许是此时他仍然在为长兄萧统离世悲伤,也许是他被立为皇太子遭人议论,与某些朝臣不好相处。太子之位并未给他带来快乐,反而平添了不少烦恼。史书记载萧纲是"器宇宽弘,未尝见愠喜"②,不轻易表露心迹,在这封信中他对最亲近的弟弟倾吐心事,实在很不容易。

在萧梁皇子中,萧统是最名正言顺的储君,自幼入主东宫,肩负着"监抚"整个国家的责任,对他的教育旨在培养未来君主。萧纲则是自幼出镇,梁武帝称他"吾家东阿",将他比作曹植,是赞其文才,对他的期待也不过是辅翼君主的藩王,这和赞萧续"我之任城"没有本质的不同。

这些皇子如果像曹植、曹彰那样有文才武略,自然是锦上添花,即使他们没什么大才能,也无伤大局。梁武帝对这些皇子的要求不会像对萧统那样严格,因此这些皇子在一定程度上要自由很多。

萧纲本来也是过着相对轻松的藩王生活,从来都没有想过做太子。现在他一下子被推到风口浪尖,面临巨大的压力和挑战。

萧统生前声望极高,身后则是朝野追念,现在兄终弟及,所有目光都集中在萧纲身上,要看看这个藩王出身的太子能否像他哥哥那样出色,反对者免不了想要挑刺儿,支持者则是希望他好好表现,压力也随之而来。

但这些压力还不算什么,更可怕的是政治上的挑战:梁武帝

---

① 《答湘东王书》,见《广弘明集》卷二十七,《全梁文》卷十一。
② 见《梁书·简文帝本纪》。

将萧统诸子封王，委以兵权，意在安抚，但这些皇孙心怀不满，又得到部分朝臣支持，他们的势力对萧纲构成潜在威胁；其他皇子与萧纲年龄相仿，羽翼丰满，像萧纶对萧纲蛮不服气，明争暗斗，更是难对付。

此外，还有那位臭名昭著的堂兄萧正德不得不提，当时，三十多岁还没有儿子的萧衍，将自己六弟萧宏的三儿子萧正德收为养子。但不久就生了萧统；又过了一年，萧衍称帝建梁，他没有封萧正德为太子；而是立萧统为太子，把萧正德还给了他的父母，作为补偿，他赏赐萧正德西丰侯的爵位，引发了一心想成为东宫太子的萧正德的不满。萧正德品行很差，他始终认为自己才是名正言顺的嫡长子，应该立为太子，继承皇位。因为朝中没多少人支持他，普通三年(522)，他叛逃到北魏寻求帮助，自称是废弃的太子前来避祸。

北魏尚书左仆射萧宝寅上表朝廷说：“他的伯父是皇帝，父亲是扬州刺史，而他却丢下亲人，远远地投到别的国家来，这于理不容，不如杀了他。”吓得萧正德第二年又从北魏奔逃回梁。

梁武帝流着泪教诲他，恢复了他的爵位①。这一做法，被大多数历史学家指责为梁武帝昏聩。其实这是梁武帝的一种策略，既控制了萧正德，也给了六弟萧宏面子，稳定了大局，没有造成更大的破坏。同时，也为自己有点不妥的做法找到别人原谅他的台阶。

经过这次教训，萧正德学乖了不少，开始结交朝中权贵，后来又与新贵朱异打得火热。朱异是梁武帝晚年最亲近的大臣，他在皇帝面前为萧正德说好话，梁武帝立萧纲为太子之后，听从朱异的

---

① 《资治通鉴》卷一百四十九《梁纪》五载：“初，太子统之未生也，上养临川王宏之子正德为子。正德少粗险，上即位，正德意望东宫。及太子统生，正德还本，赐爵西丰侯。正德怏怏不满意，常蓄异谋。是岁，正德自黄门侍郎为轻车将军，顷之，亡奔魏，自称废太子避祸而来。魏尚书左仆射萧宝寅上表曰：‘岂有伯为天子，父作扬州，充彼密亲，远投他国！不如杀之。’由是魏人待之甚薄，正德乃杀一小儿，称为己子，远营葬地；魏人不疑，明年，复自魏逃归。上泣而诲之，复其封爵。”

建议,也将萧正德封王,以示安抚①。

虽然梁武帝这样厚待萧正德自有其政治意图,但也从此埋下祸根。萧正德一直觊觎着帝位,最后甚至与叛臣侯景勾结。这么一位悖谬妄为的堂兄,真是好像定时炸弹一样。

(七)用养德和诗歌度过东宫寂寞的时光

做太子的合法性受到质疑和挑战,反对者众多,而太子只是储君,实权都在梁武帝手中,萧纲根本做不了什么事,再说他新入东宫,根基不稳,羽翼未丰,又如何能有所动作呢?萧纲对于时局既不满又无奈,又不能表现出来,只有在给近臣徐摛的信中吐露几句:

> 山涛有言:"东宫养德而已。"但今与古殊,时有监抚之务,竟不能黜邪进善,少助国章,献可替不,仰裨圣政,以此惭惶,无忘夕惕。驱驰五岭,在戎十年,险阻艰难,备更之矣。观夫全躯具臣,刀笔小吏,未尝识山川之形势,介胄之勤劳,细民之疾苦,风俗之嗜好。高阁之间可来,高门之地徒重。玉馔罗前,黄金在握,浞訾粟斯,容与自喜。亦复言轩、羲以来,一人而已。使人见此,良足长叹②。

京城里不少大臣养尊处优,不知民间疾苦,也不知镇守地方的辛劳,只懂得享乐,毫无政治远见,这些他都看不惯,但也只能一声长叹而已。言辞之间,他似乎十分怀念作为藩王出镇的时光,虽然那时比在东宫条件艰苦,但他有机会做很多实事。做太子最重要的是在东宫"养德",要真正掌握政权得等到父亲去世。而我们知道,

---

① 《南史·梁宗室上》:正德北还,求交朱异,帝既封昭明诸子,异言正德失职,中大通四年,特封临贺郡王。
② 《答徐摛书》,见《艺文类聚》卷二十六,《全梁文》卷十一。

梁武帝萧衍几乎是惊人的长寿,最后萧纲在太子的位子一坐就是十八年。

这十八年实在过于漫长,萧纲的手下都等得不耐烦。大同年间(535—545)梁武帝一度重病不起,左卫率领直韦粲以为皇帝要驾崩,难以掩饰心中的兴奋,居然面露喜色,跟人商议该怎么为梁武帝办丧事,结果被贬为衡州刺史①。

韦粲未免过于心急,但当时的政治形势的确对萧纲不利:地方上诸王羽翼日渐丰满,对他颇有意见的萧纶大同末年任丹阳尹,手握重兵,萧纲倍感忧惧,甚至专门挑选精兵守卫东宫;此外,武陵王萧纪西据益州,湘东王萧绎坐镇荆州,萧统子萧誉、萧詧占据湘、岳一带,萧正德封临贺郡王后也积极招募亡命之徒,包藏祸心,这些地方势力对萧纲来言都是潜在的威胁②;在朝中权臣朱异又素与萧纲不和,处处掣肘。这些政治难题,萧纲不可能不为之忧心,但也无能为力。

在这种情况下,萧纲艰难地走进东宫。不仅道路漫长坎坷,而且住在东宫,就像住在深海里一样有压力。

临轩策拜以后,因为萧统长期居住过的东宫年久,需要修缮,萧纲就权且居住在东府。直到第二年九月,东宫修缮完毕,萧纲才移还东宫。小心翼翼地展开他的东宫事业。

为了顶住各种不利于自己的舆论和猜测,他最好的办法就是继续做一个孝顺的儿子和本分的太子,像哥哥萧统一样读书做人。少问朝政,远离现实。

---

① 《南史·韦粲传》:大同中,帝尝不豫,一日暴剧,皇太子以下并入侍疾,内外咸云帝崩。粲将率宫甲度台,微有喜色,问所由不见办长梯,以为大行幸前殿,须长梯以复也。帝后闻之怒曰:"韦粲愿我死。"有司奏推之,帝曰:"各为其主,不足推。"故出为衡州刺史。

② 《南史·梁宗室·鄱阳忠烈王传》:"时武帝年高,诸王莫肯相服。简文虽居储贰,亦不自安,而与司空邵陵王纶特相疑阻。纶时为丹阳尹,威震都下。简文乃选精兵以卫宫内。兄弟相贰,声闻四方。"《隋书·五行志》:"十年十二月,大雪,平地三尺。是时邵陵王纶、湘东王绎、武陵王纪并权侔人主,颇为骄恣,皇太子甚恶之,帝不能抑损。"

幸好还有文学,做文学也挺好,魏文帝《典论·论文》中说:"盖文章,经国之大业,不朽之盛事。"同时可以避开小人,避开监视的目光;在文学的世界里,可以远离权力争斗,不用听对自己不利的舆论。在创作时人是自由的,多写一些诗文,是嗜好,也算是一份成绩。

既然政治事业尚需耐心等待,潜心养德,那就专注于文学创作,发挥自己的专长吧!既然六岁的时候父亲就点赞自己是萧家的"东阿王",自己就有信心,在艰难地住进东宫以后,自己应该以魏文帝曹丕为榜样,就把文学事业做得更辉煌一些吧!

七、帝王之家的幸福与不幸

萧纲的婚姻是美满的,但他家庭的结局却是不幸的,这是帝王之家的幸福与不幸。

(一) 萧纲十岁结婚,王妃叫王灵宾

梁武帝天监十一年(512),萧纲十岁。那一年他结婚了。

王妃叫王灵宾。萧纲年十岁,王氏年八岁。王灵宾出生于高门世族琅琊王氏,父亲是"性凝简,不狎当世"的梁朝侍中王骞[1],祖父更是"手笔典裁,为当时所重"[2]的南齐太尉王俭。这样的名门望族培养出来的女儿家,天然中养成了一种大家闺秀的气质,《梁书》载其"幼而柔明淑德",他的叔父王暕见到年幼的她即有如此深厚的修养,甚为欣慰的称赞她道:"此吾家女师也。"[3]

十岁和八岁,都还是孩子。十岁,应该在读四年级,八岁是二年级。他们的恋爱,应该是小学生之间的恋爱。即使在古代,这样结婚也算是早婚。

---

① 参见《梁书·太宗王皇后传》。
② 参见《南齐书·王俭传》。
③ 参见《梁书·太宗王皇后传》。

　　很难想象，他们之间，是不是像小学生那样经常吵架，你有再多的礼仪，有时也用不到他们身上。这还不像幼王出镇，幼王出镇都是由父亲托付给某个大臣的，目的让儿子占个名分，由辅助大臣辅助他。

　　结婚不可能也配个辅助大臣帮助他们。因此，十岁的萧纲和八岁的王氏结婚也许就是"躲猫猫""过家家"吧！

　　这样的婚姻，可以说是典型的政治婚姻。武帝的政治用心很清楚：萧氏虽是皇族，但根源于寒门，要想取得世家大族对新政权的拥护，联姻是不二法门。琅琊王氏是拥有着数百年高贵血统的豪族，而且王氏中人也有着很好的文化传统，与王氏联姻于国于家都是裨益良多的。

　　同时，由于武帝在永明初年初入官场时就作了王俭的东阁祭酒，王俭当年对梁武帝萧衍非常赏识，到处为他延誉，经常向别人夸赞他"三十内当做侍中，出此则贵不可言。"①可以说王俭是有识人之明的，而萧衍对王俭有知遇之恩，心存感激，所以间接促成了这桩婚姻。

　　在古代，父母会把绘画性生活的指南书，放在新婚男女的洞房里；历代还有指导年轻男女性生活道德的文章，尤以汉代蔡邕的《检逸赋》为刻画细致，萧统认为"白璧微瑕"的陶渊明的《闲情赋》，其实和这种写作风气有关。

　　萧纲和妃子王灵宾当时虽然不甚明白，但随着年龄的成长，也会互相深深地吸引。

　　在婚后的五年时间里，她一直伴随着萧纲转镇于丹阳、荆州、江州之间，频繁地迁徙，但她始终伴随在丈夫左右。

　　天监十七年（518），萧纲结束征程，回京担任石头戍军事，寻复为丹阳尹；萧纲的这次任职，不仅对他的锻炼、成长至关重要，对于他和王氏的爱情，也向前跨进了一大步。两个年轻人都已经到了

---

　　①　参见《梁书·武帝本纪》。

开始懂得爱情的年岁(萧纲十六岁,王灵宾十四岁),而任期又比较长,为他们爱情的深入创造更多的私人空间。

从普通元年(519)开始,萧纲又要开始外迁,这对小夫妻像候鸟式的生活,就像现在旅行结婚一样,增添了许多浓浓的情意。

普通四年(523),萧纲徙为雍州刺史,在雍州刺史任上他宵衣旰食,革弊去贪,赢得了百姓的拥戴,史称其"历试藩镇,所在有称。"①就在他政务异常繁忙的这一年,他和王灵宾的爱情结晶来到了世上,他异常地欣喜,给孩子取名"大器"②,字"仁宗"。表达了父亲对第一个儿子的珍爱,也寄寓了父亲对孩子未来的期望。

从他们的大儿子萧大器出生在公元 523 年推算,那时萧纲已经二十一岁,而王妃王灵宾也已经十九岁了。

过了四年,普通七年(527),对于萧纲来说悲喜交加,悲的是母亲丁贵嫔于此年十一月庚辰薨逝,萧纲居母忧"哀毁骨立,昼夜号泣不绝声"③,喜的是他和王灵宾又添了一个爱情的结晶,王妃王灵宾又为萧纲生下了第二个儿子。他给这个他们两人的小儿子命名为"大连"④,字"仁靖",他是萧纲的第五个儿子。

大连继承了父亲才华,"少俊爽,能属文,举止风流,雅有巧思"⑤,这像极了儿时萧纲。不仅如此,这个孩子拥有的艺术细胞也远远胜过了自己,他还"妙达音乐,兼善丹青"⑥。大同二年,十岁的大连被封为临城县公,到了十五岁那年他与四哥萧大临一起入国学"并射策甲科,拜中书侍郎"。⑦ 他不仅在艺术上的天赋很受父亲

---

① 参见姚思廉《梁书·简文帝本纪》。
② 参见姚思廉《梁书·哀太子传》:"大宝二年八月,贼景废太宗,将害太子……。乃指系帐竿下绳,命取绞之而绝,时年二十八。"按:据此可推知哀太子萧大器生于普通四年。
③ 参见姚思廉《梁书·简文帝本纪》。
④ 参见姚思廉《梁书·南郡王大连传》:"(大宝)二年秋,遇害,时年二十五。"按:据此可推知萧大连生于普通七年。
⑤ 参见《梁书·南郡王大连传》。
⑥ 参见《梁书·南郡王大连传》。
⑦ 参见《梁书·南郡王大连传》。

萧纲喜欢,他也在骑术上很受马鞍上取天下的祖父梁武帝的喜爱,武帝看到自己的孙子在马背上矫健的身姿,甚为欣慰的对萧纲说:"昨见大临、大连,风韵可爱,足以慰吾老年。"①此后,王妃王灵宾又为萧纲生了女儿长山公主。

从雍州卸任后的萧纲于中大通二年担任扬州刺史,不过任期很短暂,公元531年,萧统逝世,萧纲被武帝立为太子,王灵宾也在此年的十月被封为太子妃,这一年她二十七岁。

萧纲被立为太子后,深居监抚,闲豫日久,应该说是爱情更好发展的机遇。但由于此年九月间萧纲于华林园受戒,表达了其对佛家的虔诚,所以这佛家思想的渗入在一定意义上有碍于夫妇之间情感的深入。

虽然萧纲在受戒以后,不像父亲一样"断房事""未尝作乐"②,但在这方面亦是有所节制的,所以他们在这以后没有生育任何子嗣。③

就在萧纲宣布受戒的后一年,他的第十二个儿子萧大雅来到了世上,此后的二十年间,萧纲的第十三、十四、十五……直至第二十个儿子先后降生。

太清三年(549)三月己未,皇太子妃王灵宾在永福省薨逝④,这一年,她刚刚四十五岁。

在这个国家危亡之际,这突如其来的丧妻之痛对萧纲的打击是巨大的,他只得强忍泪水去收拾破碎山河。当侯景攻破台城时,家国破灭已成定局,他无须再做毫无意义的努力,此时的他,想起了刚去世的妻子,他满是思念,便居住在了王氏死前的场所——永福省⑤,在妻子死亡的地方,等待自己死亡的来临,从他这个行为就

---

① 参见《梁书·南郡王大连传》。
② 参见《梁书·武帝本纪》。
③ 参见《梁书·太宗王皇后传》。
④ 参见《梁书·太宗王皇后传》:"太清三年三月,薨于永福省,时年四十五岁。"
⑤ 参见《梁书·徐摛传》:"太清三年,侯景攻陷台城,时太宗居永福省……侯景乃拜。"

可以看出萧纲依然很是眷念王灵宾。

但侯景并没有马上杀害萧纲,而是幽毙了武帝然后强迫他登上了皇位,可以想见萧纲此时五味杂陈的心情。但他却在登上皇位的那一刻,立马追谥王灵宾为"简皇后"①,这是多么着急的举动。

在这急切中,我们看到了一个丈夫对妻子的重视。大宝元年九月乙亥,萧纲为亡妻举行入葬仪式,但由于当时"属值时艰,岁积民弊",萧纲不得不"务存约简"而营造"庄陵"来安葬亡妻,作为一个帝王,他本该有能力隆重的举行安葬仪式,但他却不得不如此草草行事,他深感到了自己的无能。

萧纲下诏说:

> 简皇后窀穸有期。昔西京霸陵,因山为藏;东汉寿陵,流水而已。朕属值时艰,岁饥民弊,方欲以身率下,永示敦朴。今所营庄陵,务存约俭。

同时,萧纲又诏金紫光禄大夫萧子范为哀策文,纪念王氏。

哀策文写好后,萧纲很欣赏这篇哀策,他曾对武林侯萧咨说:"此段庄陵万事零落,为哀策尚有典型。"②究其欣赏的原因,莫过于此篇哀策写出了他对亡妻的真情实意。大宝二年壬寅,萧纲在自己的寿辰之夜被贼臣用土囊弑杀,凑巧的是,他的遇难之地恰是永福省,所以当死亡降临时,萧纲想到能和妻子"生则同衾,死则同穴",也就不那么惊恐了,他是达观地走向妻子所在的世界的③。

(二)儿子萧大器萧大连之死

儿子大器也没有辜负父亲的用心,在以后的生活中,都伴随在

---

① 参见《梁书·简文帝本纪》:"(太清三年五月)癸未,追谥妃王氏为简皇后。"
② 参见《南史·豫章王传·附子子范传》。
③ 参见《梁书·简文帝本纪》:"于是并赍酒肴、曲项琵琶,与帝饮。帝知不免,乃尽酣,曰:'不图为乐一至于斯。'"

父亲左右,在学业上聆听父亲的教诲,当然在性格上他可能受母亲影响更多,史书载其:"性宽和,兼神用端凝。"①在父亲被册立太子的后一年,十岁的他便被封为宣城郡王。

大同四年(538),他出镇扬州,像他的父亲一样,这是他的第一次远行,离开了父母,但对于这个十六岁的少年来说,外面的世界多少散发着一点诱惑力。扬州刺史任上,他一干就是十年,这十年的磨砺期给了他思想上极大的发展空间。

大同末以来,玄风充斥着朝野,他的父亲和爷爷更是这场风暴的煽动者,他不可能不受波及,但是作为镇守一方的长官,他却也在实际的政务锻炼中形成了很好的家国意识,这在太清二年的侯景之乱时得到了很好的变现。侯景乱起,萧大器被紧急任命为台内大都督,总领台城防御。但梁祚已朽,坚固的石头城却最终抵不过侯景的兵戈,更何况这位太子在围城之际并没有做好防备,而是在后方大谈玄理。②

太清三年(549)五月辛巳,萧纲即皇帝位,六月丁亥,册封大器为皇太子,面对着这眼前苟且生活,萧大器虽已心灰意冷,但并没有屈从贼人,他的左右问他缘由,他解释道:"贼若未须见杀,虽复陵傲呵叱,其终不敢言。若见害时至,虽一日百拜,无益于死。"③

此时的他是完全解脱的,所以他在这些日子里经常讲论《老子》来消磨度日。④ 当大宝二年(551)八月,贼党要加害于他时,他颜色丝毫未变,慢慢地对贼人说道:"久之此事,皆其晚耳。"他是早已看透生死的,但他在死时仍然有着一个高傲的姿态,当施刑的人想用衣带绞杀他时,他说一句很见骨气的话:"此不能见杀。"然后指点刑人用系帐竿的绳子来绞杀他,令贼人惊叹。

① 参见《梁书·哀太子传》。
② 参见《梁书·张讥传》:"及侯景寇逆,于围城之中,犹侍哀太子于武德殿讲《老》《庄》。"
③ 参见《南史·哀太子大器传》。
④ 参见《梁书·哀太子传》:"贼景废太子,将害太子,时贼党称景命召太子,太子方讲老子。"按:临刑之际尚讲老子,平常风气可以推见矣。

他的书呆子气,比较他的老爸,丝毫不逊色。

他在侯景乱中没有建立功业,甚至没有真正抵抗过,但在他被侯景俘虏之后,一次贼军溃败,他的心腹劝他趁隙逃亡北方,而他却大义凛然地说道:"家国丧败,志不图生,主上蒙尘,宁忍违离。吾今逃匿,乃是叛父,非谓避贼。"①这些话,可谓掷地有声。

他宁愿走向刀口,也不愿离开自己的国家。这种家国情怀虽然在他的行动中没有表现出来,那是因为他的执行力问题,但不能否定他思想上的存在,对照他的伯父萧综和两个投奔魏国的弟弟,萧大器的这种情怀是难能可贵的。

弟弟萧大连也是一个颇有国家意识的人,侯景乱起,他正在东扬州刺史任上,立即提兵驰援京师,这一点,和其他坐观的宗室诸王想比很是可贵。这和他文艺骨子里有一点尚武的精神有关,他的尚武从他善骑射可看出,更可以从他太清三年指挥平定山贼田领群之乱看出来②。

大连虽然英勇不屈,但在老辣的侯景面前毕竟尚显稚嫩,大宝元年被侯景擒获,为了从长计议,他表面答应在侯景手下做了江州刺史,伺机逃脱③。但最终在大宝二年被贼人侯景所杀。

像他的哥哥那样,他想着以身殉社稷,不怕死。但以他的个性,他必是想包羞忍辱,卷土重来,因为他如果怕死,他就不会那么积极的反抗,所以他也是一个具有强烈的家国意识的人。

(三)萧纲和其他美丽的夫人

萧纲的原配是王皇后,侧室依品秩高低依次为左夫人、谢夫人、张夫人、范夫人、陈夫人、朱夫人、陈淑容、包昭华、储修华、潘美人。除了王皇后《梁书》《南史》有传外,其余诸位史书皆无传而散

---

① 参见《梁书·哀太子传》。
② 参见《梁书·南郡王大连传》:"三年,会稽山贼田领群聚党数万来攻,大连命中兵参军张彪击斩之"。
③ 参见《梁书·南郡王大连传》。

见于别人的相关传记之中。

1. 萧纲与陈淑容

陈淑容,具体的名字、身世和生卒年史书都没有明确记载。不过据其子萧大心与萧大器同是二十八岁,约略可知,她嫁给萧纲当在天监十二年到普通三年之间。

这样来看,她也是和萧纲在一起经历过一小段迁徙不定的生活的。另外从后来侯景之乱时,陈淑容竭力劝止儿子萧大心逃亡建州的事情看来,陈淑容也是一位深明大义的人①。根据此年陈淑容还在世,可暂系其卒年在太清二年以后到大宝二年之间。

普通四年,是萧纲的丰收年,这一年王灵宾为他诞下长子,陈淑容不久也为他生了一个儿子,萧纲甚为欣喜,为他与陈淑容的孩子命名为"大心",字"仁恕",是萧纲的第二个儿子。他的命名缘由是希望孩子未来的发展能"甚得他心",萧大心后来在文学上的发展确实是没有辜负萧纲的心意。大心"幼而聪朗,善属文",这点颇类萧纲,萧纲也很喜欢大心身上散发的这种文学气息,亲自写了一封信给大心向他阐明"文章"与"立身"之道的区别,这就是有名的《戒当阳大心书》②,可见萧纲对大心的教育问题还是比较重视的,也是比较成功的。

萧大心似乎很早就懂事了。十三岁时,便早早地出镇一方,相比其他儿子更早,开始萧纲很是担心,临行之际嘱咐他"事无大小,悉委行事"③。但后来事实证明,萧纲多虑了,他低估了自己儿子的能力。大心"虽不亲州务,发言每合于理,众座皆服"④。史载萧大

---

① 参见《梁书·萧大心传》。

② 萧纲《诫当阳公大心书》:"汝年时尚幼,所缺者学。可久可大,其唯学欤?所以孔丘言:'吾尝终日不食,终夜不寝,以思,无益,不如学也。'若使墙面而立,沐猴而冠,吾所不取。立身之道,与文章异,立身先须谨重,文章且须放荡。"(《艺文类聚》卷二十五〔三〕)

③ 参见《南史·萧大心传》。

④ 参见《梁书·萧大心传》。

心太清元年任江州刺史时,"贪冒财贿,不能绥接百姓"①。虽然如此,但是在国家大事面前,他还是一马当先。

侯景进攻京城时,他率先召集士卒,率领兵马与上流的勤王军队一起支援京城,结果虽然失败了,但足以表明,在国家大义上,他仍不失是一个忠臣。并且在部分小的战役中也取得了胜利,在贼寇进犯江州时,他命令庄铁击破之,致使"贼不能进"②,这充分说明萧大心的知人善用和精于兵阵的优点。虽然这零星的胜利不能改变大的颓势;溢城之败,萧大心丧失了抵抗的资本,他手下的三千壮士一齐劝他:"轻骑往建州,以图后举。"③在萧大心犹豫之际,是他的母亲以儒家的"孝道"使萧大心放弃了这个逃亡的机会而归顺了侯景。

萧大心知道,一旦他放弃抵抗,便等于把自己甚至是父母提前送到了断头台。可是母亲不知道这其中缘故,以她妇人所理解的"孝道"夺去了儿子最后的反抗机会,大心不忍母亲"抚胸恸哭",而不得不放弃逃跑而使母亲获得暂时的安慰。后来事情的发展正如他所料,大宝二年,他被贼人射杀;临死前,他表现出恋生,对前来的贼人土僧贵说:"我以全州归命,何忍相苦。"他还不明白"覆巢之下无完卵"的道理。

2. 萧纲与左夫人

左夫人,具体的名字、生世和生卒年史书都没有明确记载。据其长子萧大临生于普通七年,可知她嫁给萧纲当在天监十二年到普通六年之间。另据其幼子萧大春生于中大通元年,可知左夫人在普通中后期很是得萧纲的宠幸。据《梁书·南海王萧大临传》所载:"年十一,遭左夫人忧……。"可知其卒于大同二年,她的早逝固然可惜,但亦可幸,因为她避开了侯景的大动乱,

---

① 参见《南史·萧大心传》。
② 参见《梁书·萧大心传》。
③ 参见《梁书·萧大心传》。

不用像其他王孙贵族那样"兀若枯木,泊若穷流,鹿独戎马之间,
转死沟壑之际"①。

普通七年,萧纲正在雍州如火如荼地进行一系列政治的改革,
他与左夫人的长子萧大临(字"仁宣")就出生在这一年;萧大临是
萧纲的第四个儿子。他与王皇后的幼子萧大连同年来到世上,但
时间比其稍早些。这个孩子也是在早年就显示了其聪明的特征,
不过除了这个之外,他更是一位异常有孝心的孩子。命运对他而
言是不幸的,在他年仅十一岁的时候,她的生母左夫人去世,他"哭
泣毁瘠"②,像萧纲居丁贵嫔忧时的情景,这纯孝的性格是和萧纲一
以贯之的。

萧大临和萧大连一起入国学,成绩也相当优秀,"明经射策甲
科"③。或许是同年的缘故,他和萧大连异常亲密无间,并且都是文
武双全,武帝在看到他和大连精湛的骑术后很是高兴,"风韵可爱"
固然是武帝欣慰的直接原因④,但更大的原因是他看到了这个同父
异母兄弟之间的浓浓亲情。

大同十一年(545),二十岁的他外出京城,任琅琊、彭城二郡太
守,在这样的年龄外出磨砺,无疑对他来说是很好的选择。在侯景
之乱中,他帅军屯驻在端门,都督城南诸军事,与大哥萧大器并肩
作战。

大宝元年(550),萧纲册封萧大临为南海郡王,出为都督、东扬
州刺史,萧纲此举可能是想让萧大临离开京城,坐待时机。果然,
时机终究来了,当时张彪在会稽起义,吴中人士皆劝他投奔张彪的
义军,但萧大临是有很高的政治思维的,他分析道:"彪若成功,不
藉我力;如其挠败,以我说焉,不可往也。"大宝二年,他在吴郡太守

① 参见颜之推著,王利器集解《颜氏家训集解》,上海古籍出版社,1980年,第
145页。
② 参见《梁书·萧大临传》。
③ 参见《梁书·萧大临传》。
④ 参见《梁书·南郡王大连传》。

任上被杀,时年二十五。

萧大春,字"仁经",是萧纲的第六个儿子。他是萧纲与左夫人的幼子,生于中大通元年。他"少博涉书记"这点和萧纲一样,但他"善吹笙"①,这音乐的天赋却不是来自萧纲的。他和他的亲哥哥萧大临一样,都是"天性孝谨",这固然和他们的父亲萧纲有关,但和他们的母亲的教导亦有很大关心(萧纲的二十个儿子中,左夫人二子俱有"孝"名),可能是由于他幼时不像他的哥哥们那样在颠簸中度过(基本是在萧纲被立为太子后),优渥的生活条件下造就了他"体貌瑰伟,腰带十围"的体型②。

大同六年(540),萧大春被封为西丰县公,拜中书侍郎。后为宁远将军,知石头戍事。在侯景发动叛乱时,他立马奔赴京口,与叔叔邵陵王萧纶合兵共援京师,但在钟山被侯景叛军击溃。

可笑的是,正是他那肥大的体型拖累了他,《南史》载其:"肥大不能行,为贼所擒"③。大宝元年他被封为安陆郡王,紧接着接替萧大临出为东扬州刺史。大宝二年(551)秋在治所被害,时年二十二岁。

3. 萧纲与谢夫人

谢夫人,具体的名字、身世和生卒年史书都没有明确记载。据其子萧大雅生于中大通四年④,可知她嫁给萧纲当在天监十二年(513)到中大通三年(531)之间。

中大通四年(532),萧纲刚刚被立为太子一年后,也是他刚刚到了而立之年时,他与谢夫人的儿子出生了,萧纲命名为"大雅",字"仁风",他是萧纲的第十二个儿子。

可能因为这个孩子是武帝看着出生和成长的,加上他"少聪

---

① 参见《梁书·安陆王大春传》。
② 参见《梁书·安陆王大春传》。
③ 参见《南史·安陆王大春传》。
④ 参见《梁书·浏阳公大雅传》:"太清三年,京城陷……因发愤感疾,薨,时年十七。"按:据此可推知萧大雅生于中大通四年。

警,美姿仪",所以特为他的爷爷武帝所爱①。

大同九年(543),年仅十二岁大雅就封为浏阳县公。太清三年(549),台城陷落,各地亲王之师都已经放弃援救了,但年仅十七岁的这个少年却"犹命左右格战",真是一个有血性有骨气的人。后来看着贼人越来越多,他本有理由放弃抵抗,但他却用绳索拴住自己从城上往下落成功地突围了。突围之后的他,面对着眼前的"国破山河在"的情景,满是羞愧,恨自己"大厦将倾,独木难支"。不幸因发愤感疾而死,时年十七岁。

4. 萧纲与张夫人

张夫人,具体的名字、身世和生卒年史书都没有明确记载。据其子萧大庄生于中大通五年②,可知她嫁给萧纲当在天监十二年(513)到中大通四年(532)之间。

中大通五年(533),萧纲三十一岁,在这一年,他和张夫人的儿子出生了,取名为"大庄",字"仁礼",他是萧纲的第十三个儿子。关于大庄早年的记载,《梁书》《南史》都是一片空白,估计他早年并不像他的哥哥们那样喜欢读书,因为《南史》记载他幼时"性躁动"③,这样的品性自然很难安静下来读书,所以相比于他的哥哥们,其早年的事迹也就不足称道了。大同九年,十一岁的萧大庄被封为高唐县公。大宝元年,萧纲进封他为新兴郡王,出为使持节、都督南徐州诸军事、南徐州刺史等职。侯景之乱中,《梁书》《南史》也是没有关于他的任何记载,最起码可以断定,作为一个已经为政的藩王,他没有积极地投身到这个这个救亡图存的战争中去。大宝二年(551)秋被害于治所,时年十八岁。

5. 萧纲与范夫人

范夫人,具体的名字、身世和生卒年史书都没有明确记载。据

---

① 参见《梁书·浏阳公大雅传》。
② 参见《梁书·新兴王大庄传》:"大宝元年,封新兴郡王……二年秋,遇害,时年十八。"按:据此可推知萧大庄生于中大通五年。
③ 参见《南史·新兴王大庄传》。

其子萧大威生于大同四年①,可知她嫁给萧纲当在天监十二年(513)到大同三年(537)之间。

萧大威,字仁容,他是萧纲和范夫人所生之子,是萧纲的第十五个儿子。可能由于范夫人是一个绝色佳人,萧大威也生得"美凤仪,眉目如画"②。大宝元年(550),十二岁的萧大威被父亲萧纲封为武宁郡王。大宝二年(551),十三岁的大威出为信威将军、丹阳尹。这一年的秋天,他被侯景乱兵所害,时年十三岁。

6. 萧纲与陈夫人

陈夫人,具体的名字、身世和生年史书都没有明确记载。据其子萧大昕生于大同六年③,可知她嫁给萧纲当在天监十二年(513)到大同五年(539)之间。据《梁书·义安王王大昕传》:"年四岁,母陈夫人卒。"可以推知她卒于大同九年(543),她和早逝的左夫人一样,都是没有经历侯景之乱的。

萧大昕,字仁朗,是萧纲的第十八个儿子;是萧纲和陈夫人所生,这个孩子也是以孝称名的,可以说比萧大临、萧大春兄弟还孝顺。他四岁的时候,陈夫人去世,弱小的年纪实在承受不了如此的剧痛,他"哀慕毁顇,有若成人"④。他不仅对母亲尽孝,而且对爷爷和父亲也都很有孝心,萧衍被侯景幽毙后,他还安慰自己的父亲,但他自己却"呜咽不能自胜"⑤,别人看到这样一个小孩竟有如此的孝心,都被他感动而"莫不掩泣"。

大宝元年(550),他被封为义安郡王。大宝二年(551),出为宁远将军,琅琊、彭城二郡太守,可惜的是,他已经没有机会出京城

---

① 参见《梁书·武宁王大威传》:"(大宝)二年……。其年秋,遇害,时年十三。"按:据此可推知萧大威生于大同四年。

② 参见《梁书·武宁王大威传》。

③ 参见《梁书·义安王大昕传》:"(大宝)二年出为宁远将军……未之镇,遇害,时年十一岁。"按:据此可推知萧大昕生于大同六年。

④ 参见《梁书·义安王大昕传》。

⑤ 参见《梁书·义安王大昕传》。

了,侯景在这一年把他杀死,时年十岁。

7. 萧纲和朱夫人

朱夫人,具体的名字、身世和生卒年史书都没有明确记载。据其子萧大挚生于大同七年①,可知她嫁给萧纲当在天监十二年(513)到大同六年(540)之间。

萧大挚,字仁瑛,是萧纲的第十九个儿子;是萧纲和朱夫人所生,这个孩子一改萧纲前面诸子大多少时文弱的形象,他"幼雄壮有胆气"②,俨然是一个大将军的材料。侯景乱军攻破京城时,他深为叹息自己不能像大人一样去前线杀敌卫国,他的乳母很是惊恐连忙掩住他的口,告诫他道:"勿妄言,祸将及。"萧大挚虽是一个十岁的孩子,但他却具有非凡的见识,他告诉他的乳母:"祸至非由此言。"③

8. 萧纲与包昭华

包昭华,具体的名字、身世和生卒年史书都没有明确记载。据其子萧大钧生于大同四年④,可知她嫁给萧纲当在天监十二年(513)到大同三年(537)之间。

萧大钧,字仁辅,他是萧纲的第十四个儿子,生母是包昭华。萧纲的这个儿子颇有谦谦君子之风,"性厚重,不妄戏弄"。七岁时就展现了自己学诗的天分,武帝问他读了什么书,他说"学诗",并且因讽诵《周南》"音韵清雅"受到武帝的赏赐,高祖赐给他王羲之的书法⑤,可能是希望这个孙子日后能够在书法上能够有所精研。

大宝元年(550),封西阳郡王,出为宣惠将军、丹阳尹。大宝二年,监守扬州,此年秋天被侯景所害,时年十三岁。

---

① 参见《梁书·绥建王大挚传》:"(大宝)二年,为宁远将军,遇害,时年十岁。"按:据此可推知萧大挚生于大同七年。
② 参见《梁书·绥建王大挚传》。
③ 参见《梁书·绥建王大挚传》。
④ 参见《梁书·西阳王大钧传》:"(大宝)二年,监扬州,将军如故。至秋遇害,时年十三。"按:据此可推知萧大钧生于大同四年。
⑤ 参见《梁书·西阳王大钧传》。

9. 萧纲与储修华

储修华,具体的名字、身世和生卒年史书都没有明确记载。据其子萧大球生于大同六年①,可知她嫁给萧纲当在天监十二年(513)到大同五年(539)之间。

又据《梁书·建平王大球传》:"时大球年甫七岁,闻而惊谓母曰:'官家尚尔,儿安敢辞'。"可知,大球七岁时,其母储修华尚在,又大球七岁当为中大同元年(535),可知储修华当卒于中大同元年之后。

萧大球,字仁珽,萧纲的第十七个儿子,其生母是储修华。大球也同样继承了父亲的聪慧,《梁书》言其"性明慧夙成"。说明这个儿子相当早慧,汤用彤说:"皇子宗室因宫闱中帝王后妃之媚佛,耳濡目染,幼时即有感受。"②大球也是如此,他看到爷爷梁武帝虔心礼佛,听到武帝对佛祖的誓言,他很惊讶的对他的母亲说:"官家尚尔,儿安敢辞。"于是也加入这家族式的冲佛队列中去了,此时他仅仅才七岁。同时,他也是一个非常善良的孩子,他礼佛的誓言就是:"凡有众生应获苦报,悉大球代之。"③这么小的年纪竟有这么宽广的胸怀,难怪时人都称赞他早慧了。

大宝二年(552),出为轻车将军、兼石头戍军事。这年的秋天,被乱军所杀,时年十一岁。

10. 萧纲与潘美人

潘美人,具体的名字、身世和生卒年史书都没有明确记载。据其子萧大训生于大同五年④,可知她嫁给萧纲当在天监十二年(513)到大同四年(538)之间。

萧大训,字仁德,是萧纲的第十六个儿子,生母是潘美人。

---

① 参见《梁书·建平王大球传》:"(大宝)二年,出为轻车将军、兼石头戍军事。其年秋,遇害,时年十一。"按:据此可推知萧大球生于大同六年。
② 参见汤用彤《汉魏两晋南北朝佛教史》,第322页。
③ 参见《梁书·建平王大球传》。
④ 参见《梁书·皇子大训传》:"太清三年,未封而亡,年十岁。"按:据此可推知萧大训生于大同五年。

这个孩子似乎命运多舛,小时候就患有脚疾,连鞋子都不敢穿,不仅自己是不幸的,而且太清二年(548)之后他所在的萧梁王室也岌岌可危了。等到太清三年(549),命运依然没有眷顾这个从小受病魔折磨的孩子,而是直接抛弃了他,没有等到萧纲的封赐就夭折了,这年正好十岁。

(四) 萧纲和他的儿子们

萧大款,字仁师,是萧纲的第三个儿子,他的生母具体的名字、身世和生卒年史书都没有明确记载。据萧大款是简文帝的第三子,可以得知他的生年当在萧大心生年(普通四年)之后而在萧大临生年(普通七年)之前,所以可以推知他的母亲最迟嫁给萧纲当在普通六年。

萧大款约在十岁时被封石城县公①。太清三年(549),萧纲即位,进封其为江夏郡王。大宝元年(551),逃亡江陵。他身为萧纲的第三子,在侯景之乱时已然成年,有充足的能力和理由去抗击侯景,但史书没有任何相关的记载,甚至《梁书》都没有将其列入太宗十一王列传里,也许萧大款是一个没有任何作为的藩王吧!

承圣元年(552),他的叔叔萧绎在江陵称帝,改封其为临川王,承圣三年(554),西魏大军攻破江陵,萧大款亦被乱军所杀,年纪约在三十岁左右。

萧大成,字仁和,是萧纲的第八个儿子,他的生母具体的名字、身世和生卒年史书都没有明确记载。据萧大成是萧纲第八子,他的生年应早于萧大雅的生年(中大通四年)而晚于萧大春的生年(中大通元年),所以他的母亲最迟在中大通三年嫁给萧纲。

萧大成的天性有异于萧纲,他"性甚凶粗",而且也不喜欢读书写字,而是"兼便弓马",在十岁时被封为新淦公②。太清三年

---

① 据其兄萧大心十岁时以皇孙封当阳县公推之。
② 据其兄萧大心十岁时以皇孙封当阳县公推之。

(549),萧纲即位封常山郡王,大宝元年(551),他逃亡江陵去投靠自己的叔父萧绎,在逃亡的过程中由于被百姓误会为劫匪,被百姓斫断了左边发髻。萧绎即位后,改封萧大成为桂阳王。

承圣三年(554),魏军攻入江陵,萧大成死于西魏军之中,年龄约在二十五岁左右。

萧大封,字仁叡,萧纲第九个儿子,他的生母具体的名字、身世和生卒年史书都没有明确记载。据萧大封是萧纲第九子,他的生年也在中大通元年(529)到中大通四年(532)之间,所以他的母亲最迟也在中大通三年(531)嫁给萧纲。

萧大封十岁时初封临汝公①,太清三年(549),萧纲即皇帝位后封为宜都郡王,二年后,他也投奔江陵去依靠叔父萧绎,萧绎即位后,改封萧大封为汝南王。西魏军进抵江陵,萧绎以萧大封和其弟为人质向于谨求和②。

江陵城破后,"汝南王大封、尚书左仆射王褒以下,并为俘以归长安"③。可知他并没有在破城之日被西魏军所杀,而且据《北史·萧大圜传》:"(魏)保定二年,大封为晋陵县公。"和《周书·萧大圜传》载:"大封位至开府仪同三司。大象末,为陈州刺史。"综合来看,萧大封在被俘北上后的生活是相当优渥的,可谓是恩宠逾于往时,他可以说是萧纲儿子中最幸运的一位,因为他的年寿是最长的,他的卒年不迟于大象末(579—581),甚至有可能入隋了。

萧大圜,字仁显,萧纲最年幼的儿子。他的生母具体的名字、身世和生年史书都没有明确记载。

萧大成是萧纲的第二十子,他的生年当在萧大挚生年之后,所以他的母亲最迟是在大同六年(540)嫁给萧纲的。另据《周书·萧大圜传》"七岁居母丧",可知他的母亲死于太清年间。大圜"幼而

---

① 据其兄萧大心十岁时以皇孙封当阳县公推之。
② 参见庄辉明《南朝齐梁史》,上海古籍出版社,第170页。
③ 参看《南史·梁元帝纪》。

聪敏,神情俊悟",四岁的时候便"能诵《三都赋》及《孝经》《论语》"①。他同时也是一个孝子,《周书》载其:"七岁居母忧,便有成人之性。"②萧纲做皇帝后,他被册封为乐良王。第二年,他侥幸逃过了侯景的杀戮投奔江陵。萧绎在江陵称帝后,改封其为晋熙王。

在江陵,他时时受到叔父的猜忌,但也因"辞约指明,应答无滞"而受到萧绎的爱赏。西魏军进抵江陵,萧绎以萧大圜和其兄为人质向于谨求和③。

江陵城破,魏军攻入江陵,萧大圜也随即入居长安。他客居长安期间受到了周太祖的欣赏,对他以后的生活产生巨大的影响。后被封为始宁县公,寻加车骑大将军、仪同三司。

为官期间,曾编写梁武帝和梁简文帝的文集。他在北方弘扬佛道,是一个"大隐隐于朝"的人物。隋文帝开皇初年,拜内史侍郎,出为西河郡守,不久逝世④。

在萧纲的儿子中,他也算是比较幸运的,除了萧大封,他的年寿比其他哥哥们更长,大约活了六十多岁。

(五) 萧纲和他的女儿们

萧纲的女儿据史料可考知者仅长山公主、海盐公主、安阳公主、南沙公主、余姚公主、溧阳公主等六位,但萧纲至少有十一个女儿⑤。萧纲的这些可考知的女儿们除了长山公主有名字和生母确定外(溧阳公主母亦确定),其他的女儿史书均不载其名字和生母,另外史书均不载这些公主的生卒年。

长山公主,是萧纲和王皇后所生⑥,至于她的生卒年不可确定,

---

① 参看《周书·萧大圜传》。
② 参看《周书·萧大圜传》。
③ 参见庄辉明《南朝齐梁史》,上海古籍出版社,第 170 页。
④ 参看《周书·萧大圜传》。
⑤ 按:参见《梁书·张缅传》:"(张绾)次子交,字子游,颇涉文学,选尚太宗第十一女安阳公主。"可知,萧纲至少有十一个女儿。
⑥ 参见《梁书·太宗王皇后传》:"(王皇后生)长山公主妙碧。"

但根据王皇后天监十一年嫁给萧纲,太清三年薨于永福省,可知长山公主当生于天监十一年到太清三年之间(除了普通三年和普通六年这两年)①,但她的卒年亦不可确定,夫家史书无载,或未婚而卒。

海盐公主,具体姓名和生母无可考,生卒年亦不可确考,只能确定她是萧纲的第九个女儿。她的夫家是张缵之子张希,其实他应该和张希是表兄妹,因为张缵娶了高祖的第四女富阳公主为妻。张缵在萧梁极受萧氏父子宠幸,武帝就称赞他:"缵外氏英华,朝中领袖,司空以后,名贯范阳。"②他的小儿子张希也颇有乃父风范,《梁书》载其:"早知名,选尚太宗第九女海盐公主。"③湘东王萧绎在江陵即位,改元承圣后,封张希为黄门侍郎,以后事迹不详。

安阳公主,具体姓名和生母无可考,生卒年亦不可确考,只能确定她是萧纲的第十一个女儿。她的夫家是张绾的次子张交,张绾是张缵的第四弟,也是一位博学多通的学者,曾与右卫朱异、太府卿贺琛递述《制旨》《礼记》《中庸》义。

在侯景乱中逃到江陵,萧绎在江陵即位,加授侍中、左卫将军、相国长史等职,承圣三年魏军攻破江陵,张绾因为有疾病而没有被俘入长安,后来病死江陵。他的次子张交"颇涉文学",承圣二年(553)时,官至太子洗马、秘书丞、掌东宫管记,以后事迹不详④。

南沙公主,具体姓名和生母无可考,生卒年亦不可确考,甚至无法确定她是萧纲的第几个女儿,但可以确定他的夫家是袁宪。根据其夫袁宪年龄应小于张希⑤,可以断定这个女儿当属于简文帝第九女以后的女儿。

---

① 按:普通三年和普通六年,王皇后正怀有萧大器和萧大连,所以排除。
② 参见《梁书·张缵传》。
③ 参见《梁书·张缵传》。
④ 参见《梁书·张绾传》。
⑤ 按:据《梁书》《南史》记载:张缵生于499年,年十一就选配公主,那么他结婚当在510年,其子张希应生于这年后几年间,而袁宪生于529年,故大致可以推测袁宪年纪当小于张希。

袁宪是尚书左仆射袁枢的弟弟，他"幼聪敏，好学，有雅量"长大后更是精通儒家经典和玄学义理，曾与周弘正辩难，得到周弘正的赏识。袁宪经历了梁末侯景之乱，又经历了陈末的隋文帝平陈，入隋后受到隋文帝的赏识，开皇十四年曾做过晋王杨广的长史，以后事迹不详。

余姚公主，具体姓名和生母无可考，生卒年亦不可确考，也无法确定她是萧纲的第几个女儿。她的夫家是王溥，她和王溥其实也是表兄妹，王溥的父亲王铨娶了梁武帝的女儿永嘉公主，而王溥的爷爷王琳娶了梁武帝的妹妹义兴长公主，王家祖孙三代都娶了萧门三位公主，一时传为美谈。

《南史》仅载余姚公主夫家的名字，其他无载①。

（六）嫁给侯景吃侯景肉的溧阳公主

溧阳公主，具体姓名无可考，生卒年亦不可确考，也无法确定她是萧纲的第几个女儿，不过可以确定她是萧纲和范淑妃的女儿。② 因为长得美丽，侯景迷上了她，而看出这一点的萧纲也想用女儿来施行"美人计"，但是，侯景的首席谋臣王伟却劝告侯景不要被美色所迷③。

侯景是萧梁王朝的罪人、刽子手；他发动的叛乱给了萧梁政权致命一击，直接导致了萧梁的覆灭。溧阳公主作为他的妻子，带有强烈的事贼的色彩，她虽然身陷贼中，万分痛恨侯景这个使她国破家亡的贼人，但她却不动声色，并用她的美色来迷惑侯景；用一个女子微薄的力量来拯救自己的家人，她懂得爸爸的意思，由于她美丽的力量，利用侯景的喜欢，导致了侯景和他的首席谋臣王伟的不

---

① 参见《南史·王份传》。
② 参见《南史·侯景传》："溧阳主与其母范淑妃东向座。"可知其生母为范淑妃。
③ 参见《南史·简文帝本纪》："景纳帝女溧阳公主。"

和①,这也是侯景最后败亡的原因之一。

侯景之乱平定,侯景被枭首,他的尸体被暴建康,被百姓们争相"屠脍羹食皆尽",而溧阳公主"亦预食例②",分一杯羹。可以想见她的仇恨之深。

溧阳公主是萧纲女儿中最不幸的,但她又是这些女儿中最幸运的,因为她看到了仇人的覆灭,而且吃了仇人的肉,为自己的家人报了仇,据此也可推出溧阳公主当卒于梁元帝承圣元年后。

虽然萧纲的有些夫人、儿子和女儿的生年确实难以考证,但可以约略估计其卒年当在侯景之乱前后,即太清二年到承圣元年之间。历时四年之久的侯景之乱,不仅断送了萧梁王朝的国脉,更屠杀了大量的萧氏血脉。直接死于侯景之手的梁室藩王和诸侯多达三十余人③,尤其是简文帝一脉,被杀者十存一二。

侯景之乱还间接地导致了萧氏诸王的为争帝位而"兄弟阋于墙"④。

侯景之乱中对于百姓而言是一场空前的浩劫,而对于萧氏而言却是一场种族灭绝的屠杀。稍有权位的藩王尚且难逃厄运,何况那些地位较低或者王孙公主呢?《魏书·岛夷萧衍传》称:"衍城内大饥,人相食。"⑤"初,城中男女十余万人,及陷,存者才二三千人,又皆带疾病,盖天亡之也。衍寻为景所饿杀。"⑥围困台城,断绝交通,把城里的人饿死,士兵也饿死,是侯景的一个重要策略。

这里记载了当时台城破时的情景,战争、疾病和饥馑使得昔日

---

① 参见《南史·简文帝本纪》:"初,景纳帝女溧阳公主,公主有美色,景惑之,妨于政事,王伟屡以为言,景以告主,主出恶言。伟知之,惧见谗,乃谋废帝而间主。"

② 参见《南史·侯景传》。

③ 按:侯景在弑杀萧纲后,大肆杀害简文的子嗣,如:哀太子萧大器、南海王萧大临、寻阳王萧大心等及在建康的王侯二十余人,就连和侯景狼狈为奸的萧正德亦被其所杀。

④ 按:侯景之乱激化了宗室诸王争夺最高统治权的纷争,湘东王萧绎先后杀害了河东王萧誉、邵陵王萧纶和武陵王萧纪,从而扫清了其争夺帝位的障碍。

⑤ 参见《魏书·岛夷萧衍传》。

⑥ 参见《魏书·岛夷萧衍传》。

繁华的建康成了人间地狱,萧衍尚且都饿死了,何况萧纲的那些子女和夫人呢?

《魏书·岛夷萧衍传》又称:"始景渡江至陷城之后,江南之民及衍王侯妃主、世胄子弟为景军人所掠,或自相卖鬻,漂流入国者盖以数十万口,加以饥馑死亡,所在涂地,江左遂为丘墟矣。"①就算那些王侯妃主侥幸不被饿死,也多被侯景乱军所掠,结果可想而知。所以萧纲的那些没有明言其卒年的夫人、儿子和女儿基本大都殁于侯景之乱中。

---

① 参见《魏书·岛夷萧衍传》。

八、宫体诗的旗手

（一）宫体诗的前世今生

宫体诗不是天外来客，不是宇宙落在地球上的一块顽石，而是中国自建安以来诗歌审美链条中重要的一环，即：

从建安风骨美——陶渊明的田园美——谢灵运的山水美——"永明体"的咏物美——宫体诗的歌咏人体美。

宫体诗不过是这种新变的"先锋派诗群"，这种新审美、新诗歌的写法早已扩散，并形成全社会的影响。我们现在通过勾稽文献，仍然可以很清楚地看出来。

宫体诗的出现是必然的，萧纲当旗手，甚至也是必然的。

我们举的第一个例子就是在历史书和文学批评书上都赞美的——反对文风浮华的梁鸿胪卿裴子野。

裴子野给人的印象是一切"淫文破典"的对立面，是反对齐梁形式主义和淫靡诗风的斗士，和宫体诗风马牛不相及。《梁书·裴子野传》说："子野为文典而速，不尚丽靡之词。其制降多法古，与今文体异。当时或有诋诃者，及其末皆翕然重之。"

在周勋初先生著名的《梁代文论三派述要》中，裴子野属于"守旧派"。他说:"裴子野、刘之遴等可以作为守旧派的代表。"徐摛、萧纲、萧绎、徐陵、庾信等人是"趋新派"的代表。

"趋新派在发展文学形式技巧方面作了许多努力,其间不无可取之处,对后代文学也曾发生过某些良好的影响,只是他们在文学的内容部分却灌输进了许多不健康的因素。尽管他们也曾写出过一些较好的作品,但总的倾向却是把创作导入题材狭隘而又充满着色情气氛的歧路。这种情况与守旧派大异其趣,自然会引起后者的严重不满。裴子野写下了著名的《雕虫论》①,攻击当时的不良文风。"多少年来,只要一提到裴子野和新变体诗歌的关系,人们会想起他的《雕虫论》——这篇长期以来让人误解他的诗歌观念和态度的文字:"自是闾阎年少,贵游总角,罔不摈落六艺,吟咏情性。学者以博依为急务,谓章句为专鲁。淫文破典,斐尔为功,无被于管弦,非止乎礼义。……荀卿有言:'乱代之征,文章匿而采。'斯岂近之乎!"

早期的关于"宫体"的记载更多的是留存在《梁书》《南史》与《隋书》当中,如《梁书》萧纲本纪称其"雅好题诗……然伤于轻艳,当时号曰'宫体'"②。

或如《梁书》徐摛本传称其:"属文好为新变,不拘旧体。……王入为皇太子,转家令,兼掌管记,寻带领直。摛文体既别,春坊尽学之,'宫体'之号,自斯而起。"

又,《隋书·文学传》谓:"梁自大同之后,雅道沦缺,渐乖典则,争驰新巧。简文、湘东,启其淫放,徐陵、庾信,分路扬镳。其意浅而繁,其文匿而彩,词尚轻险,情多哀思。格以延陵之听,盖亦亡国之音乎!"③

---

① 其实,裴子野的这篇《雕虫论》,原来不叫《雕虫论》,而是今已亡佚的二十卷《宋略》"选举论"中的一部分。"雕虫论"三字,是宋代《文苑英华》的编者加上去的。《文苑英华》卷七四二中,这篇文字被冠以"雕龙论"三字,并作为一篇独立的文章,与李华的《质文论》、顾况的《文论》、牛希济的《表章论》一起,作为"论天"一类的内容。

② 《梁书》卷四。

③ 《隋书》卷七十六。

又,《隋书·经籍志》谓:"梁简文之在东宫,亦好篇什,清辞巧制,止乎衽席之间,雕琢蔓藻,思极闺闱之内。后生好事,递相放习,朝野纷纷,号为宫体。流宕不已,讫于丧亡。陈氏因之,未能全变。其中原则兵乱积年,文章道尽。"①

《南史》萧纲本纪记载与《梁书》相近,此不赘述。过去很多学者往往把宫体诗看作是"艳情诗",称其"轻艳""淫放",或是"清辞巧制,止乎衽席之间,雕琢蔓藻,思极闺闱之内"之类,这当然是从今存宫体诗的内容出发作出的判断,但某种程度上来说,也不可避免地受到了上引材料的影响,尤其是在讨论宫体诗形成的时间及关涉的作家时。而除此以外,特别容易让人对宫体诗产生理解困难的是一般被认为是宫体诗总集的《玉台新咏》。关于这部集子的很多问题,我们可以稍后再说,但有一点,却是我们要预先说明的,那就是这部集子里所选的诗歌与《梁书》里所提到的宫体诗的定义很有些不同,主要表现在内中所含的诗歌不但在时间上不仅限于萧纲入主东宫之后,便是题材上也并不限于宫廷,这些使得很多人关于宫体诗的概念模糊起来。

今天我们再来看宫体诗的概念,实际上有一个从广义到狭义的过程,在早先的史籍如《梁书》、文学讨论如萧纲《与湘东王书》中,"宫体"还相对是一个广义的概念,而到了魏徵等史臣及其后继者手中,"宫体"越来越向狭义的方向转化,甚至于越来越成为亡国的罪魁,这是我们在讨论宫体诗前不能不注意到的现象,也因此才对其概念先作了一番讨论。

(二) 宫体诗的发端与发展

宫体诗的成立至晚是在萧纲入主东宫之后,但如果论其发端,则不能不从更早的时代说起,其背后的社会因素、思想因素、文学因素也是一直以来探讨宫体诗发生的重要问题。这其中,文学自

---

① 《隋书》卷三十五。

身的发展,特别是汉魏以来文人诗创作沿着缘情一路发展,同时又在形式上不断地发展与完善,尤其是在声韵格律和对偶隶事等方面的发展,对于宫体诗的产生与发展无疑起着根本性的作用,关于这一点,我们会在以下第三部分中继续讨论。此外颇值得探讨的也是我们以下打算重点探讨的则是南朝的偏安一隅、南朝乐府诗乃至佛教的广泛传播等因素对宫体诗发生发展所产生的影响。

1. 偏安一隅的锦绣江南

自从五马渡江,东晋王朝迁到南方以后,不是没想过回归北方的。实际上,东晋一朝,不断有北伐之举,祖逖、庾亮、殷浩、桓温,乃至后来篡位成功的刘裕等人都曾经组织过北伐。

然而,即使曾经一度收复过失地,甚至还曾一度收复洛阳,这些北伐最终还是都以失败而告终。而从北伐前后南方士族的反应即可知,他们对于北伐并不甚热衷。而从东晋到宋,再到齐、梁,历经两百多年的时间,原来南迁的士族早已习惯在南方的生活,正如《南齐书·王融谢朓传论》所言:"晋世迁宅江表,人无北归之计,英霸作辅,芟定中原,弥见金德之不竞也。元嘉再略河南,师旅倾覆,自此以来,攻伐寝议。虽有战争,事存保境。"①

可见,北伐在很长时间都不再是统治阶层的想望,他们更愿意做的是在江南安居乐业。

刘宋以后,被迫南迁的屈辱感早已消失殆尽,他们早已在江南沃土上找到了新的生存方式,乃至产生了新的审美意趣,开始纵情于江南的山水。同时,中国人历来便有的忧生之嗟并没有因为生存环境的变化或是佛教的进入等因素便彻底消失,在有限的生命中享受生活仍然是很多士人的选择。

故而,有了谢灵运"好为山泽之游,穷幽极险。从者数百人,伐木开径;百姓惊扰,以为山贼"②之所为,有了鱼弘的所谓"我为郡,

---

① 《南齐书》卷四十七。
② 《资治通鉴》卷一百二十一。

所谓四尽：水中鱼鳖尽，山中麋鹿尽，田中米谷尽，村里民庶尽。
丈夫生世，如轻尘栖弱草，白驹之过隙。人生欢乐，富贵几何时"①
之叹，进而有了"于是恣意酣赏，侍妾百余人，不胜金翠，服玩车马，
皆穷一时之绝"之所为。这种在诗酒歌舞中恣意追求生活的享受，
在南朝士人中可谓屡见不鲜，至于梁代亦如此。

而南朝社会经济的发展也为这种追求提供了可能性。东晋政
权建立初期，江南人口激增，南方已有的经济条件不足以满足新增
人口的需求，一度还曾发生过饥荒。不过，随着庄园制度的建立，
随着农业生产技术的发展，北来的流民渐渐回到土地上，南方的农
业生产也渐渐发展起来，甚至于压倒北方。

与此同时，手工业和商业也发展了起来，尤其是后者带来的不
仅仅是商品交换的便利，还有城市文化的发展，建康城人口甚至一
度超过百万。于是，江南的城市生活、酒肆、妓乐等等，使得南朝的
士大夫们沉溺于欲与色的生活之中，将对女性的欣赏，乃至对于情
色的欣赏带入到了诗歌当中，并最终促成了宫体诗的形成。

2. 水一样的南朝乐府民歌的影响

南迁的文士来到江南以后，往往受到乐府诗的影响，就像郭茂
倩在《乐府诗集·杂曲歌辞》前序言里说的那样：

> 自晋迁江左，下逮隋、唐，德泽浸微，风化不竞，去圣逾远，
> 繁音日滋。艳曲兴于南朝，胡音生于北俗。哀淫靡嫚之辞，迭
> 作并起，流而忘反，以至陵夷。原其所由，盖不能制雅乐以相
> 变，大抵多溺于郑、卫，由是新声炽而雅言废矣……虽沿情之
> 作，或出一时，而声辞浅迫，少复近古。②

而从文人的创作中，也不难看出，南朝的文人不断地有拟乐府

---

① 《梁书》卷二十八。
② 《乐府诗集》卷六十一。

的作品传出，不要说梁代的作者，早在刘宋时期就有汤惠休作《白纻歌》、鲍照作《拟行路难》等，更有甚者，还有传为东晋孙绰拟作的《碧玉歌》。

而伴随着这些拟乐府作品而来的首先是批评，如王恭所谓："居端右之重，集藩王之第，而肆淫声，欲令群下何所取则？"①正是要批评尚书令谢石在司马道子府上演唱乐府歌曲的。又或如宋顺帝升明二年，琅琊王氏的王僧虔时为尚书令，以朝廷礼乐多违正典，民间竞造新声杂曲，上表曰：

> 夫悬钟之器，以雅为用；凯容之礼，八佾为仪。今总章羽佾，音服舛异。又歌钟一肆，克谐女乐，以歌为务，非雅器也。大明中，即以宫悬合和《鞞》《拂》，节数虽会，虑乖《雅》体，将来知音，或讥圣世。若谓钟舞已谐，重违成宪，更立歌钟，不参旧例。四县所奏，谨依《雅》条，即义沿理，如或可附。又今之《清商》，实由铜爵，三祖风流，遗音盈耳，京洛相高，江左弥贵。谅以金石干羽，事绝私室，桑濮郑卫，训隔绅冕，中庸和雅，莫复于斯。而情变听移，稍复销落，十数年间，亡者将半。自顷家竞新哇，人尚谣俗，务在噍杀，不顾音纪，流宕无崖，未知所极，排斥正曲，崇长烦淫。士有等差，无故不可去乐，礼有攸序，长幼不可共闻。故喧丑之制，日盛于廛里；风味之响，独尽于衣冠。宜命有司，务勤功课，缉理遗逸，迭相开晓，所经漏忘，悉加补缀。曲全者禄厚，艺妙者位优。利以动之，则人思刻厉。反本还源，庶可跂踵。②

上表的结果是意见被采纳，而从这意见的被采纳可知，当时士大夫文学对于乐府还是持有偏见而不愿完全接纳。然而同时，从

---

① 《晋书》卷八十四王恭本传。
② 《南齐书》卷三十三。

其所反对的情况来看,乐府民歌在文士中是非常流行的,甚至于到后来在帝王的宴会上已经公然演奏这些民间乐府了,而梁武帝甚至还曾以吴声、西曲女妓赐给臣子作为礼物①,可见,这在梁朝俨然已为上层社会彻底接受。而南朝的乐府诗多言男女之情,这从现存的乐府诗中完全可以得到证明,而从宫体诗人的拟写乐府及其宫体作品中摹写女色、写艳情,明显可见其所受到的来自乐府的影响。

3. 佛教中的宫体诗因子

佛教与宫体诗的关系引起了学者很长一段时间的讨论,或是认为佛教对宫体诗的影响极大,或是认为宫体诗受到佛教的影响有限,接受前一种观念的学者不在少数,如蒋述卓、汪春泓、张伯伟、许云和等等,他们往往从佛教对于士大夫观念的影响或是佛经中对于欲色现象的描写尤其是从当时流行的《维摩诘经》对于士大夫的影响等角度来探讨佛教对宫体诗的形成的影响,而接受后一种观念的则通常从佛教在当时社会的影响力有限来入手分析这个问题,从而在不否认佛教对于宫体诗形成有一定影响的前提下,更多地将宫体诗的形成与中国文学发展的内因联系在一起,这其中最有代表性的要算是归青。

归青的观点是很有道理的,中国诗歌自身发展的逻辑才是宫体诗形成的内因。我们只要回到中国文学演进的历史中,就会发现,一直以来,中国文学的发展史中,是有一个以女性为描摹对象的传统的,特别是楚辞、汉赋以来的传统。保险起见,我们似乎不应该从传为宋玉所作的《高唐赋》与《登徒子好色赋》说起,尽管这二者的年代必然早于宫体诗的产生年代,因为它们都作为宋玉的作品被记录在萧统所编的《文选》里。我们不妨从年代比较确定的司马相如的《美人赋》说起,那种对于女色诱人的细致的描摹已经

---

① 《南史·徐勉传》:"普通末,武帝自算择后宫吴声、西曲女妓各一部,并华少,赉勉,因此颇好声酒。"

可见,而后来的《洛神赋》在这方面仍然在继续发展。这样的一个传统在诗歌中相对少见,但是并非没有,早在东汉张衡《同声歌》中女性的描摹已经初见情色了,有所谓"重户纳金扃,高下华灯光。衣解金粉御,列图陈枕张。素女为我师,仪态盈万方。众夫所稀见,天老教轩皇"的句子,只是这种书写相对还不算具体,而到了南朝吴歌西曲中女性越加成为被欣赏被观察的对象了,再到南朝文人的拟乐府中,这种对于女色描摹的传统已经形成,只待宫体诗破茧成蝶出现罢了。

可是同时,我们也不能不承认佛教对于宫体诗的形成是有一定的影响力的。只从佛教在社会生活中的影响力来说,当时的佛教已经深入到士族阶层的生活当中去,尤其值得一说的是萧梁皇室对于佛教的推崇已达于顶峰,这里举大旗的是萧衍,不要说是萧纲及其身边的作家们,便是整个萧梁皇朝的士族们在思想观念方面深受佛教的影响是毋庸置疑的。

特别一提的是在萧梁皇室内部极有影响力的《维摩诘经》。很多学者讨论《维摩诘经》中般若性空的思想对于齐梁人及时行乐思想的形成的意义,从《维摩诘经》的内容及其影响力来说并没有道理。更不要说,佛教的观念通过各种译成的佛经进入到南朝士族的头脑中,从而对他们细致地观察并描摹女性乃至艳情产生影响。

(三) 宫体诗的艺术特征

这里我们说的主要是狭义宫体诗,主要涉及的是萧纲及其身边士人的诗歌,即使早于萧纲入主东宫,也不会脱离主要创作人员的范畴。而这些宫体诗的基本特征是着力表现人体的服饰美和妇女心绪等,也即所谓的风格轻艳,同时具有体物细致与声韵和谐、偶辞俪语等诸形式美。

1. 风格轻艳而绮靡

文风轻艳在相当长一段时间内似乎是宫体诗批评者的共识,直到今天,即使是试图为宫体诗翻案的学者,也无法完全抹去轻艳这样的评价。而我们只要进入宫体诗的内部就会发现宫体诗的这一特征，即尽态极妍地表现人体美与服饰美。如江洪《咏歌姬》诗中就有对人体和服饰的刻画描写："宝镊间珠花，分明靓装点。薄鬓约微黄，轻红淡铅脸。发言芳已驰，复加兰蕙染。浮声易伤叹，沈唱安而险。孤转忽徘徊，双蛾乍舒敛。不持全示人，半用轻纱掩。"从发饰写到妆容，声音与表情相互映照，最后用轻纱半掩表现出女子之美。

而萧纲的《咏内人昼眠》写得更有代表性："梦笑开娇庸，眠鬓压落花。簟文生玉腕，香汗浸红纱。"真可谓刻画细微、尽态极妍地表现昼眠内人人体与服饰之美，尤以竹簟纹印上手臂的刻画为精细传神。

几乎在描写人体服饰美的同时，宫体诗把笔触伸向了女子心理，描写了她们欢乐、痛苦、哀伤等各种情绪天地。以萧纲的《戏赠丽人》为例，其诗云：

> 丽妲与妖嫱，共拂可怜妆。同安鬟里拨，异作额间黄。罗裙宜细简，画黡重高墙。含羞未上砌，微笑出长廊。取花争间镊，攀枝念蕊香。但歌聊一曲，鸣弦未肯张。自矜心所爱，三十侍中郎。

萧纲的诗歌，以女性为主角的很多。这首诗歌的开篇就写了两位美丽的女孩在打扮自己。两人也许是姐妹，也许是闺中的好友，她们一起梳一样的发型，用不同花黄来修饰。"同"暗示两个人感情的亲密，"异"则显示出两人都有着各自的审美观。"罗裙宜细简，画黡重高墙"写女子的服饰之美。接下来四句作者描绘她们携手出游，摘花折蕊，表现出女子们活泼娇憨的一面。然后说她们唱了一曲歌之后，忽然变得羞怯起来，不愿再表演了。最后做这点出了原因，因为她们看到了自己的意中人了：那是一个风度翩翩的侍中郎。

萧纲的这首《戏赠丽人》从各个方面描绘了这一对女孩子的美丽和才艺,也用细腻的笔法刻画了情窦初开的两个女孩的微妙心理。神形皆备,描摹如画。

作者没有说明她们所爱的侍中郎是不是同一位,两位女孩是不是暗暗在相互竞争,心头有没有泛起涟漪。或许,作者也不知道,只是从女孩子"鸣弦未肯张"的态度,得出的揣测之词,这给了读者以想象空间。清代陈祚明《采菽堂古诗选》就评价这首诗歌说:"'但歌'两句,曲写娇憨。"就是看出了萧纲对于女子微妙心态拿捏的准确性。

可见,宫体诗人们着力描摹妇女的内心世界,他们或袭用乐府旧题,或即事自创新调,于是就有了描写思妇月下怀人、相思之情萦绕着飞闪萤火的《秋闺夜思》,或是刻画女子被人遗弃时内心痛苦的《咏人弃妻》,或是歌唱对镜女子娇羞、惊喜之态的《美人晨妆》,又或是吟咏牛郎织女相逢暗渡寄托女子缱绻期待之情的《七夕》,等等,语言声调更趋华美,内心世界展示得更蕴藉丰富。

综上,宫体诗以其摹写对象而得轻艳之名,实不为过。

2. 咏物入微而细致

随着审美领域的拓展和审美意识的新变,不同的对象要求赋予不同的形体、运用不同的表现方法,以适应新的趣味和倾向。在绘画领域,别体细微、随物赋形正取代写意和以气韵为主的表现方法而成为一种新的艺术思潮。

晋、宋以顾恺之、陆探微为代表主张骨法用笔、追求气韵生动的绘画风格逐渐被齐谢赫、隋展子虔、郑法士等人重应物象形、随物赋彩的审美趣味所代替。张彦远《历代名画记》评论说:"上古之画,迹简意澹而雅正,顾(恺之)、陆(探微)之流是也。中古之画,细密精致而臻丽,展(子虔)郑(法士)之流是也。"[①]张彦远的话虽有褒贬,我们却可以从中窥见晋宋迄隋绘画风格和审美

---

① 《历代名画记·论画六法》。

意识上的新变。

齐梁重形似铺写以描摹细密,毫发毕现的齐画家谢赫为代表。重图物写貌的谢赫批评追求简古、空灵境界的宋画家宗炳为"必有损益,迹非准的",并在所著《古画品录》中置之于甚低的六品之中。姚最《续画品》说谢赫"点刷精研,意存形似","别体细微,多从谢始",其审美趣味截然不同如此。其时,与绘画同步发展的诗歌艺术也正朝着体物形似的道路上发展。

刘勰《文心雕龙·物色篇》谈齐梁诗文形似体物、密附切状的描写方法说:"近代以来文贵形似,窥情风景之上,钻貌草木之中。吟咏所发,志惟深远;体物为妙,功在密附。故巧言切状,如印之即泥,不加雕削,而曲写毫芥,故能瞻言而见貌,即字而知时也。"如果说谢灵运的山水诗还夹杂"情"和"理"的成分,不全是体物形似的描写,那么,到宫体诗人手里,这种体物形似、随物赋采的描写方法正日趋细密,日趋成熟。

以萧纲《美女篇》为例,其诗云:

> 佳丽尽关情,风流最有名。
> 约黄能效月,裁金巧作星。
> 粉光胜玉靓,衫薄拟蝉轻。
> 密态随流脸,娇歌逐软声。
> 朱颜半已醉,微笑隐香屏。

萧纲的《美女篇》承曹植同题乐府而来。北宋郭茂倩曾经这样解释这个题目:"美女者,以喻君子。言君子有美行,原得明君而事之。若不遇时,虽见征求,终不屈也。"①以美人喻君子,可谓"香草美人"书写的正格。

子建由于才高而遭忌、志大而难伸,同"怀美玉而不见用"的

---

① 《乐府诗集》卷六十三解题。

"香草美人"传统相吻合。而萧纲的《美女篇》则完全不同,萧纲在诗中描绘了一位进行音乐表演的美丽女子。诗歌对女子容貌妆饰的描摹,已经突破了子建大写意式的描绘。

子建的"素手""皓腕""金爵钗""翠琅玕""明珠""珊瑚""罗衣""轻裾""遗光彩""气若兰"皆从虚处着笔,意在避免滑入轻佻浅浮的艳俗格套。萧纲则将女子置于音乐表演的场景中,以"关情""风流"起笔,细致地刻画莺歌燕舞中的女子:妆饰上"约黄"、"裁金"、施粉、着纱,音容上"娇歌"、"软声"、醉颜、笑语,透露出的并非一种庄重、文雅的气质,而是一种妩媚、艳丽的华彩。我们无法将此诗理解为诗人借美女来写自己希冀君王的恩宠,因为诗人本身就是皇子甚至已经是皇太子,更是因为诗中的女子是一个具体可感的、有血有肉的存在。这种将身份与生活融为一体的书写模式,抵制了读者"香草美人"式的解读模式,还原了女性貌美的人性立场,消泯了女性主题"香草美人"式的政治解读,从而将笔触从政治道德的狭窄空间深入到人性与心灵的深处。诗能移人,不仅在于蕴含其中的政治道德意味,更是在于人在真实生活中散发出的人性魅力。

3. 声韵谐和与偶辞俪语

明胡应麟《诗薮》说:"五言律诗,肇自齐梁,而极盛于唐。"

我们认为,这里的"齐梁"主要指齐梁宫体诗。胡氏还明确说阴铿的《新成安乐宫》诗为"百代近体之祖",咏新成安乐宫之诗当属宫体范围,由此推之,正是近体律诗肇自齐梁宫体之意,而这一发展过程自有线索可寻。

《南史·陆厥传》说:"永明末盛为文章,吴兴沈约、陈郡谢朓、琅邪王融,以气类相推毂,汝南周顒,善识声韵。约等文皆用宫商,将平、上、去、入四声,以此制韵,有平头、上尾、蜂腰、鹤膝。五字之中,音韵悉异;两句之内,角徵不同。不可增减,世呼为永明体。"

谢朓、沈约、王融作为先行者,作诗讲求四声八病,对近体律诗的产生起了先导作用。明杨慎《五言律祖》以谢朓、王融、沈约等人的作品为律诗之祖,正是从这个意义上的肯定。但事物的发展需要时间和失败为代价,以近体律诗的标准及其声律论验之,三贤或其他永明诗人的作品,或平仄不调,或对偶不稳,或韵律不协,尚不能与近体律诗应声符节。

永明诗人以后,宫体诗人继起,孜孜不倦的艺术追求终于使声律更加精密,平仄更加协畅,属对更加工稳,句式更加固定。"众里寻他千百度,蓦然回首",近体律诗终于在千百次的呼唤和探寻中产生。

律诗肇自宫体,胡应麟举阴铿诗为例并非孤证。我们不妨再举宫体诗代表诗人徐陵的作品为例:

> 袅袅河堤树,依依魏主营。
> 江陵有旧曲,洛下作新声。
> 妾对长杨苑,君登高柳城。
> 春还应共见,荡子太无情。

(《折杨柳》)

> 关山三五月,客子忆秦川。
> 思妇高楼上,当窗应未眠。
> 星旗映疏勒,云阵上祁连。
> 战气今如此,从军复几年。

(《关山月》其一)

以上诗歌已全合格律。基本合律尚有微拗者如《关山月》(月出柳城东)、《秋日别庾正员》、《咏织妇》等。徐陵存诗四十首,合律和近于合律的竟然占了大半①,固然,我们相信徐陵的存诗一定大大少于原作,所以其诗歌真正合律的比例实难得知,但是我们仍然

---

① 顾学颉《徐陵为律诗首创人说》将今存徐陵诗 40 首的合律情况作以统计,其中完全不合律者 37.5%,余占 62.5%,该文见载于《艺文志》1983 年第一辑。

可以从这样的统计工作中看到一个大概的情况，而如果考虑到盛唐诗人也有相当部分不合律的诗，则律诗创于徐陵宫体之说应可成为定论。

如《关山月》（二首）中"星旗映疏勒，云阵上祁连""苍茫萦白晕，萧瑟带长风。羌兵烧上郡，胡骑猎云中"，《秋日别庚正员》中"朔气凌疏木，江风送上潮"诸句，其苍茫风尘之气，悲凉雄阔之风，高迈的境界，精熟的语言，都已直逼唐人，置之《王右丞集》中，细校其风神骏骨，亦可与《使至塞上》《观猎》诸篇相颉颃。五律而外，五绝、五排、七古、七律、七排诸形式如何？徐陵诗中，与五言排律相合的有《和简文帝赛汉高祖庙》《春情》《山斋》等四首。

至于七言，我们不妨看看另外一位宫体诗代表作家江总的《闺怨篇》："寂寂青楼大道边，纷纷白雪绮窗前。池上鸳鸯不独自，帐中苏合还空然，屏风有意障明月，灯火无情照独眠。辽西水冻春应少，蓟北鸿来路几千。愿君关山及早渡，念妾桃李片时妍。"全诗由起至结，几乎全用对仗。其中"屏风有意障明月"一联，在工整的对仗中跌宕流走，以移情屏风，怨艾灯火写女主人公哀怨的变态心理，直是唐人句法。故《古诗赏析》说："友人卞近村云：'此种七言，专工对仗，已开唐人排律之体。'良然。"颇值得一说的是对形式的贡献更为明显的宫体诗代表诗人庾信。明张溥《庾子山集题辞》说："史评庾诗'绮艳'，杜工部又称其'清新'，'老成'，此六字者，诗家难兼，子山备之。""夫唐人文章，去徐（陵）、庾最近，穷形写态，模范是出。"杨慎《升庵诗话》说："庾信之诗，为梁之冠绝，启唐人之先鞭。"刘熙载《艺概》说："庾子山《燕歌行》开唐初七古，《乌夜啼》开唐七律，其他体为唐五绝、五律、五排所本者，尤不可胜举。"五言作为当时诗歌的主要形式，发展过程已为大家所熟知。七言诗从乐府、鲍照发展到宫体①，在诸多形式美的武装下也渐入唐音。作为

---

① 关于七言诗的生成过程可参阅葛晓音女士的《中古七言体式的转型——兼论"杂古"归入"七古"类的原因》一文，收在《先秦汉魏六朝诗歌体诗研究》一书中。

对形式美孜孜不倦追求探索的报偿,在盛唐蔚为大观的五律直接肇自齐梁成了宫体诗堪以自豪的丰碑。因此,可以总括说,五、七言近体律诗所具有的音韵、声律、对偶、词藻的形式美,正是宫体诗审美意识新变后重要的艺术特征。

(四) 萧纲是宫体诗的主帅

萧纲六岁开始写诗,七岁有诗癖,当时的诗歌风气,正在转型,从精神转向体物,酷爱诗歌的孩子遇到了前所未有的诗歌新变运动,所以萧纲的诗歌兴趣和诗歌才能,正与迎面到来的诗歌创作新潮流不谋而合,而且相匹配。

"宫体诗"就是以萧纲入主东宫而得名的,不得名宫体诗,也会得另一个名字,总之,风格是类似的,或大同小异的。

这就使得无论其作者群可以庞大到什么样的程度,其创作时间可以向前拉到哪一个时代,我们终究不能离开萧纲这个核心人物来探讨"宫体诗"。而在萧纲与"宫体诗"的关系中,有很多问题是颇值得探讨的,比如萧纲的创作实践,"宫体"之号与萧纲入主东宫的关系,《玉台新咏》的编纂与宫体诗的关系,乃至萧纲与佛教的因缘,等等,这其中最后一个问题我们将在讨论萧纲的思想的部分重点展开,这里就不再提出来专门讨论了。

1. 酷爱诗歌的萧纲大量写诗

据逯钦立先生《先秦汉魏晋南北朝诗》辑录,萧纲现存诗 294首,这个数量不唯在兰陵萧氏作家群中来看是比较多,即使是通算整个南朝诗人的诗作,也不为少。这里我们不妨引用罗宗强先生的一个统计:"萧纲存诗 294 首,写妇女或男女情怀的 112 首,言佛理的 14 首,咏物诗 48 首(咏物而涉及男女情怀的未计入),侍宴、应诏、应令 25 首,其他(游仙、宴游、闲适、述怀等)95 首。"[①]由此可见,我们一般所言的宫体诗在萧纲诗歌中的比重之大。

---

① 罗宗强《魏晋南北朝文学思想史》,中华书局,1996 年,第 408—409 页。

萧纲的宫体诗写作受到徐摛、庾肩吾这样有代表性的宫体诗人影响良多。我们今天一般所说的狭义的"宫体诗"的作者多出自萧纲与萧绎的藩府,特别是像徐摛这样的角色,萧纲几乎是在他的影响下长大的,作品风格自然也受到他的影响。但是同时,我们也不能不承认,作为一个领袖人物,这个相对不那么稳固的文学群体终究是在一定程度上是以萧纲为核心展开的,尤其是在萧纲入主东宫有了更大的影响力之后,如徐陵与庾信就有很多同题诗,且据诗题即知为奉和之作,由此可见一斑。由萧纲本人亲作及其带动的大量的宫体诗歌实践无疑是宫体诗最终形成、确立的充分条件。

2. 宫体诗独立在政治之外

中大通三年(531),萧统过世,而接续他入主东宫的不是他任何一个儿子,而是他的同母弟弟萧纲。按照常理,萧统死后,以嫡孙萧欢为嗣,才是比较合理的情况,而萧衍却立萧纲为嗣,这就属于"越次"之举了,无怪乎萧衍要下这样一个诏书:"非至公无以主天下,非博爱无以临四海。所以尧舜克让,惟德是与;文王舍伯邑考而立武王,格于上下,光于四表。今岱宗牢落,天步艰难,淳风犹郁,黎民未乂,自非克明克哲,允武允文,岂能荷神器之重,嗣龙图之尊。晋安王纲,文义生知,孝敬自然,威惠外宣,德行内敏,群后归美,率土宅心。可立为皇太子。"

很明显,萧衍在诏书里首先要论证的是萧纲接任太子之位的合法性,如果其本身合理就无须这个论证。由此也就不难理解,萧纲甫一入主东宫,听来的声音便不都是赞成的。我们翻检史料,不但当时朝内群臣有异议,如袁昂就曾"独表言宜立昭明长息欢为皇太孙。虽不见用,擅声朝野。自是告老乞骸骨,不干时务"[①]。连曾为晋安王主簿的周弘正都曾上书言及此事:"伏惟明大王殿下,天挺将圣,聪明神武,百辟冠冕,四海归仁。是以皇上发德音,下明诏,以大王为国之储副,乃天下之本焉。虽复夏启、周诵,汉储、魏

_____

① 《南史》卷二十六袁昂本传。

两,此数君者,安足为大王道哉。意者愿闻殿下抗目夷上仁之义,执子臧大贤之节,逃玉舆而弗乘,弃万乘如脱屣,庶改浇竞之俗,以大吴国之风。古有其人,今闻其语,能行之者,非殿下而谁? 能使无为之化,复兴于邃古,让王之道,不坠于来叶,岂不盛欤! 岂不盛欤!"①这封奏记直接交到了萧纲手上,希望他能急流勇退,在这封奏记的后面还有一段周弘正自述之辞,简直是要以性命谏言,可谓慷慨激昂之至。

就连北方的朝廷在发动战争时都要以此事攻讦梁武帝。杜弼《檄梁文》都说萧衍"用舍乖方,废立失所"。可以说这是一个非常特殊非常敏感的时期,可就在这样的情势下,"宫体"之号不胫而走,梁武帝岂能不震怒? 所以才有了"高祖闻之怒,召摛加让,及见,应对明敏,辞义可观,高祖意释。因问《五经》大义,次问历代史及百家杂说,末论释教。摛商较纵横,应答如响,高祖甚加叹异,更被亲狎,宠遇日隆"。萧衍何以大怒? 难道只是因为写作了艳诗吗?"宫体"之名或起于萧纲,然若论内容与风格,在藩时已有,更不要说连萧衍自己都写做过很多同类诗歌,可知其震怒的原因本不在诗上,乃是为政治情势而怒。

因此,召见徐摛却问《五经》大义、历代史及百家杂说、释教诸事,哪里是为了斥责诗歌内容,分明是要借此表现立身与为文貌一而实二。

如果说"宫体诗"的政治意涵至斯而止也就罢了,实际上,随着萧纲之死与梁王朝之亡,"宫体诗"的政治评价非但没有消失,反而越加鲜明。如前揭《隋书·文学传》中史臣就认为梁代大同以后的"雅道沦缺,渐乖典则,争驰新巧",这种在文学上的放荡最后导致了国家的灭亡,即所谓:"格以延陵之听,盖亦亡国之音乎?"由此,关于"宫体诗"的评价千余年间往往笼罩在政治批判之下,直到现在,仍未逃脱。

---

① 《陈书》卷二十四。

正是因为萧纲的身份,使得一种本来是文学史上自然而然发展出来的艳情诗一派,在评价中却往往与政治相联系,一种本来是写美人的诗,却成了亡国之音。

3. 宫体诗与《玉台新咏》的编纂

关于《玉台新咏》,历来讨论不少,其成书年代也是很有争议的。近来章培恒先生提出,此书当为张丽华撰录而成,于是又有了新一轮的讨论。

在这里,我们不打算纠缠于《玉台新咏》的成书问题,只简单表明我们的立场,也即在这个问题上,我们更倾向于认同国内学者如沈玉成、傅刚等与日本学者兴膳宏等的考证,即《玉台新咏》成书是在梁代,大约在中大通四年到大同元年之间①。这个时间的提出无疑与对此书撰作目的的判定有关。

关于《玉台新咏》的撰作目的,一般认为此书编录的直接目的是为后宫妇女编选的一部读本,这往往是从《玉台新咏序》来谈的。而即使是作为后宫女子的读本,正如沈玉成先生所说,也"必然会体现选家本人的观点和眼光"。尤其"事涉后宫,没有皇帝或太子的命令、指示,一位文学侍从之臣决不可能去编这样性质的书"。那么,直接目的而外,此书还有什么其他目的呢?

这恐怕就需要我们援引刘肃《大唐新语》中的一段记载来讨论这个问题:"梁简文帝为太子,好作艳诗,境内化之,浸以成俗,谓之'宫体'。晚年改作,追之不及,乃令徐陵撰《玉台集》以大其体。"前半段主要是讨论"宫体"的特点及由来,前文已论,此不赘述。我们这里要讨论的首先是"晚年改作,追之不及"的问题。确如沈玉成先生讨论的那样,以萧纲殒命的状况,"晚年"之说实无法成立。何况从《玉台新咏》所存的萧纲作品,我们一毫也看不到追悔之意。那么在此情况之下"乃令徐陵撰《玉台集》以大其体"是否可信呢?

---

① 可参考沈玉成《宫体诗与〈玉台新咏〉》、兴膳宏《〈玉台新咏〉成书考》(收在《六朝文学论稿》中)、傅刚《〈玉台新咏〉编纂时间再讨论》等文章。

仅从《大唐新语》的记述实在是很难说明的,但如果以《玉台新咏》的内容,衡以"宫体诗"之名,实在是很有道理的。

什么叫"大其体"呢? 王运熙、杨明二先生认为:"即张大其体、为宫体诗张目之意,亦即广收博取汉以来作品,以表明此类诗作向来有之,实有回护其实之意。"①确实,从萧纲入主东宫到轻艳的诗风获得宫体之号,再到梁武帝的震怒与徐摛受责问,再到《玉台新咏》的编录,我们能明显看到一条时间的线索。在这条线索之后,是萧纲面对并非善意的批评之后如何收拾局面的问题,毕竟此时不再是藩王而是太子的身份,不能不对朝野的批评有所顾忌,何况在于太子的身份得到好评本是一件必须之事。

在这样的情况下将历来写艳情的诗作搜罗起来,编成一部集子来显示自己这个群体所创作的诗歌并非是诗歌史上独特的存在,甚至于将此前乃至当时的很多文人都拖入集中,一方面以壮大声势,另外一方面也足以让很多人闭嘴。从当时萧纲所处的状况,从《玉台新咏》的内容来看,这样的判断是很合理的,从这里我们也可以看到萧纲的危机公关能力,其扭转情势的本事毋庸置疑。我们甚至可以相信,萧衍本人恐怕也是默许了此事的,毕竟"宫体诗"这种带有恶意的称号是他不能容忍的,而一旦将之归为一个寻常的文学现象,政治的意涵也就不重要了。

(五) 宫体诗的副帅萧绎

萧绎和萧统、萧纲虽然不是同一个母亲所生,但也喜欢文艺,在家庭内部,和萧统、萧纲志同道合,属于同一个兴趣集团。

萧绎幼年患眼疾,盲一目,然颖悟好学,五岁能诵《曲礼》,六岁解为诗。及长,不好声色,但博览群书,工书善画,雅好文学,下笔成章,才辩敏速,博综群书,又通佛典,世人称奇。"颇有高名,独为

---

① 《魏晋南北朝文学批评史》。

诗赋,婉丽多情,妾怨回文,君思出塞,非好色者不能言。"①

可惜平定侯景以后,看似大有作为的梁中兴局面只是昙花一现。致使"挟陈思之才,攘子桓之坐"②的梁元帝萧绎真的只是"眇僧"的化身。

作为一个诗人和学者,也许他身体上的疾病使他有点极端,但也充满人情味。他写给八弟武陵王萧纪的信,使一千多年以后的张溥读了觉得"'兄肥弟瘦,让枣推梨;上林闻鸟,宣室披图'。友于之情,三复流涕。汉明、东海,词无以加。"③

他既聪明、博学,又迷信、偏执;明明知道清谈误国④,但习性不改,在国家危急存亡之际仍在清谈,讲不着边际的学问;思想老在某种极端中徘徊冲突。《梁书·元帝纪》说他失败的原因之一是"禀性猜忌",不肯把大本营移到金陵,致使自己过于靠近西魏前线;而且不怎么留心政道,"不隔疏近,御下无术,履冰弗惧",既没有领导艺术,也不了解下情,在政治、军事、管理,做皇帝方面都没有才能。

但是一位绝对优秀的学者和读书人。

萧绎才思敏捷,下笔成章,为世所称,四十七岁,已留下惊人的著述,计有《金楼子》《孝德传》《忠臣传》《丹阳尹传》《注汉书》《周易讲疏》《内典博要》《连山》《洞林》《老子讲疏》各地地方志等四百余、文集五十卷,已佚,明人张溥辑有《梁元帝集》。

作为宫体诗的副帅,萧绎不仅用诗歌写生活,写内心感受;还用诗歌写公文,写军书,写儒学论文,甚至把佛教教义都用诗来表

---

① 均见殷孟伦《汉魏六朝百三家集题辞注·梁元帝集题辞》,人民文学出版社,1981年,第215页。

② 均见殷孟伦《汉魏六朝百三家集题辞注·梁元帝集题辞》,人民文学出版社,1981年,第215页。

③ 均见殷孟伦《汉魏六朝百三家集题辞注·梁元帝集题辞》,人民文学出版社,1981年,第215页。

④ 《金楼子·立言》篇云:"道家虚无为本,因循为务。中原丧乱,实为此风,何(晏)、邓(飏)诛于前,裴(頠)、王(衍)灭于后,盖为此也。"

现。他虽然比萧统小七岁,比萧纲小五岁,但是,就相差这几岁,也许还有他们身份的不同,诗歌的风格就出现了不同。

萧绎的诗歌,清词丽句的风格,多与何逊、阴铿为邻。他对诗歌艺术的热爱,超过哥哥萧纲,也超过了绝大多数的唐朝诗人。他在《金楼子序》和《立言篇》里提出的诗歌理论,不仅比萧统,就是比萧纲也更加前卫。

萧氏三兄弟出身同一个家庭,有相同的思想环境、读书方式,使他们都兼通儒、佛、道和很类似的知识结构。但由于经历不同,年岁的差别,特别是他们各自形成的文学集团不同,受不同文人的影响,使他们的文学观产生差异。若仔细分析他们的理论,不偏不倚地全面考察,则可以得出以下的结论:

“三萧”是三个圆圈,萧统在前,萧纲在后,萧绎居中;居中的萧绎的文学观与萧统、萧纲有部分重叠;与萧统重叠的部分多,与萧纲重叠的部分少;可知萧绎的文学观,虽与萧纲有相似的地方,但比较而言,更接近萧统。

萧纲与萧绎之间,是亲密无间的文学友于。

他们一起学习当时的乐府民歌,以四季为主调,以女性为题材,以色彩艳丽的辞藻,表现女性美丽的外貌和内在的情绪天地。

作为宫体诗副领袖的湘东王萧绎,作为宫体诗重要的诗人和诗论家,萧绎与他的哥哥持有同样的诗学观念和诗学态度。他在《金楼子·立言》篇中对文学和诗学作了中国文学史上最纯粹的规定,把哥哥的诗学观念,进一步变成对诗歌具体的美学要求,这就是:

> 吟咏风谣,流连哀思者谓之文。
> 至如文者,惟须绮縠纷披,宫徵靡曼,唇吻遒会,情灵摇荡。

萧绎的这一段话,表明了萧绎心目中的“文”的审美特征,要像流行的吟咏情性的歌谣,有流连情思的作品才能称之为"文";至于"文"的标准,必须像精美的丝织品那样文采绚烂,音节要靡靡动听,语言要精练,要有动荡感人的情思性灵。这是萧绎论文的核心,成为衡量中国文学和诗歌性质的"标杆",即是在中国文学史上对文学和诗学作的最纯粹的规定,和后来的"纯文学"有点接近,在中国古代文学理论史和美学史上具有重要的意义。

从纯文学的角度出发,萧绎不仅强调诗歌用韵,还要求在声律上"宫徵靡曼,唇吻遒会",文藻上"绮縠纷披",情感上"情灵摇荡",风格上"流连哀思"。以自己的情绪引起读者心灵的摇荡和心绪上的共鸣。这种理论观念,无疑是他写作《荡妇秋思赋》《鸳鸯赋》《咏晚栖鸟》《咏秋夜》等宫体诗的思想基础。

由此,中国诗歌的本质论,在先秦两汉诗言志和陆机诗缘情的基础上,又得到进一步的确定和净化。

《北史·文苑传序》论当时的文风说:"简文(萧纲)、湘东(萧绎),启其淫放。"把萧绎与萧纲相提并论,说他们共同开启了"淫放"之风,也许说得夸张了一点,事情并没有那么严重。但却从一个侧面说明了,在文学的审美特征方面,萧绎的文学观与萧统不同,与钟嵘有别,倒与萧纲接近。

(六)萧纲与宫体诗人群

抛开政治面纱来说,"宫体诗"能够成立除了和萧纲本人的地位与文学观念有关外,我们不能不关注的是宫体诗人群,尤其是萧纲同他们之间的关系。

首先是头号宫体诗人徐摛(474—551)。梁天监八年(509),萧纲七岁,为云麾将军,领石头戍军事,量置佐吏的时候,徐摛来到了他的身边。徐摛与庾肩吾并称,少年时期即喜爱诗歌,又读遍经史。写文章喜欢标新立异,不拘旧体。起家太学博士,迁左卫司马。自追随晋安王以后,历任记室参军、谘议参军等职。晋安王萧纲为太子,则转任家令兼掌管记。在徐摛的指导下,萧纲的诗风也崇尚新奇靡丽,浮艳巧似。

接着要提到的是张率(475—527)。几乎与徐摛同时,也是萧纲七岁时,三十五岁的张率来到了萧纲身边。任云麾将军萧纲的记室。张率是吴郡吴县(今苏州)人。十二岁的时候开始写文章,经常每天限令自己作诗一首;与陆倕、任昉等友善,曾得沈约称赞。他写了一篇待诏赋,梁武帝看了大加赞赏,手敕答曰:"相如工而不敏,枚皋速而不工,卿可谓兼二子于金马矣。"

张率十六岁的时候,写了二十多首赋,名家虞讷见了毁谤它。张率于是一下子把赋烧了,把这些内容改写为诗再给虞讷看,伪托说是沈约的作品,虞讷就句句加以嗟叹赞赏。张率却说:"这是我写的呀!"虞讷听了,惭愧地离去了。天监初年,他曾经被敕"使抄乙部书,又使撰妇人事二十馀条,勒成百卷……以给后宫"。可见,他对女性从外貌到内心很是了解,与写宫体诗的审美心理不谋而合;徐摛的诗,今已不存;而今存张率的诗,不乏艳情的内容和新变绮丽的风格,可以作为内证。

虽然他的身份不像徐摛那样,与萧纲的关系带有学生老师的性质,做得不好梁武帝会责怪,但张率对萧纲的影响也是绝对重要的。张率逝世,萧纲曾十分伤心。

宫体诗人群中的另一位干将庾肩吾(487—551)随后也来到了萧纲身边。梁天监十二年(513)萧纲十一岁时,入为宣惠将军、丹阳尹。根据《梁书·简文帝本纪》的记载,那一年萧纲"便能亲庶务,历试藩政,所在有称"。时张率三十九岁,随萧纲还都,除中书侍郎。而另一个重要的人二十七岁的庾肩吾,迁晋安王萧纲宣惠府行参军,从此跟随萧纲。萧纲封晋安王,庾肩吾为晋安国常侍;萧纲迁镇,庾肩吾也随同迁转,历任云麾参军,并兼记室参军。萧纲喜好文学,招纳文士,庾肩吾和徐摛、刘孝威等同被赏接,又受命抄撰书籍,当时号为高斋学士。简文帝萧纲继位后,以庾肩吾为度支尚书。庾肩吾历任萧纲府中属官,当时盛行宫体诗,庾肩吾是推波助澜者之一。

　　徐摘和庾肩吾跟随萧纲的意义,不仅带来了辞藻绮靡、流连哀思的诗歌新风气,让萧纲接受并影响一生。而且,他们还各自带来了他们的儿子,徐陵和庾信。徐陵比萧纲小四岁,庾信则比萧纲小十岁,两人在文学上都是时代巨匠、非常了得之人,萧纲就夹在这两对父子之间。更重要的是,徐陵以后帮助萧纲编纂《玉台新咏》,向哥哥萧统的《文选》学习看齐,同时表明自己的诗学观已经因时代、风尚而有所不同,显示了齐梁萧家人才之盛和诗学观念的多样性。

　　萧子显(489—537),字景阳,是齐高帝萧道成的孙子,萧氏家族中的文学家和史学家。幼年聪慧,博学能文,颇负才气,好饮酒、爱山水。萧子显十三岁的时候,齐就灭亡了。萧纲的爷爷萧顺之是齐高帝萧道成的族弟,都姓萧,而且是同族。

　　萧纲对萧子显非常敬佩和欣赏,萧子显对梁初诗坛的分析批判,影响了少年的萧纲;萧子显在《南齐书·文学传论》中对文章发展变化的看法,如“在乎文章,弥患凡旧。若无新变,不能代雄”。也影响了萧纲的《与湘东王书》和对文学发展一系列的看法。

　　钟嵘(约468—518),在建立了自己的诗歌理论体系,写完《诗品》以后,来到萧纲身边。梁天监十七年(518)萧纲十六岁的时候,被“征为西中郎将,领石头戍军事”引五十一岁的钟嵘为“西中郎晋安王记室”。钟嵘坚决反对以密集型的知识、典事、掌故支撑诗歌的做法,这在诗歌认识上是一个转折点。萧纲对诗歌的思考,诗歌与公文、经文、应用文字的区别,以及对京师文体的批判,无疑受了钟嵘的影响。

　　作为萧纲的记室,事实上也是萧纲诗学上辅导老师的钟嵘,无疑将自己的认识和诗歌应该“吟咏情性”的思想影响萧纲;以致成为萧纲诗歌理论的一部分。等萧纲和抱同样审美意识的诗人登上历史舞台的时候,就更旗帜鲜明地构筑新的理论,并成为宫体诗理论的一个重要支撑点。这从萧纲学钟嵘《诗品序》的一段文字中可以看出来①。不要以为，这只是一段论述文学发生论的文字，类似的很多。其实，论述文学发生的原因，大都强调"四季感荡"说，以前陆机《文赋》、刘勰《文心雕龙》都是典范。真正强调"人际感荡"说的，除了钟嵘，就是他做参军的幕主，他的学生萧纲以上这段话。

梁普通元年(520)萧纲十八岁为南徐刺史时，又有二十九岁的王规等人入幕；王规是王俭之孙；琅琊临沂人。好辞赋，有至性，称孝童。既长，好学有口辩。先为昭明太子萧统所礼，后又入萧纲幕府，被引为云麾谘议参军。

大通元年(527)，萧纲在雍州府，陆杲的儿子陆罩是萧纲的记室参军。萧纲命陆罩编辑他的文集，共有八十五卷②。集文编成之后，萧纲将文集出示给张缵看，张缵看了写信给萧纲表示感谢。萧纲遂又有《答张缵谢示集书》。

从梁普通四年至中大通二年(523—530)，萧纲在雍州刺史任上七年。有刘孝仪、刘孝威等人入萧纲幕府。加上著名文学家和历史学家萧子显的指导；刘遵、陆罩等幕僚的文学趣味影响。其中梁中大通元年(529)，萧纲二十七岁在刺雍期间，以庾肩吾、刘孝威、江伯摇、孔敬通、申子悦、徐防、王囿、孔铄、鲍至等十人抄撰众籍，丰其果馔，号高斋学士。作为副领袖的湘东王萧绎同样正推波助澜，萧纲的文学集团已自然形成；诗歌创作也水到渠成地日趋繁荣。

萧纲新入主东宫，根据惯例，要有一批新的东宫属官。他们是，萧纲为雍州刺史时为长史的柳津，现亦跟从萧纲，担任太子詹事；徐摛为太子家令，兼管记，寻带领直；王规为散骑常侍、太子中庶子；刘遵也跟随萧纲从藩镇来到东宫，为太子中庶子；庾肩吾兼

---

① 萧纲在《答张缵谢示集书》中说："伊昔三边，久留四战。胡雾连天，征旗拂日，时闻坞笛，遥听塞笳。或乡思凄然，或雄心愤薄。是以沈吟短翰，补缀庸音，寓目写心，因事而作。"只要把这段话与前所举钟嵘的序对照一下，我们就可以看出，这番话，无论是思想立意，还是语言句式，都是钟嵘《诗品序》中一段文字的缩写。
② 《隋书·经籍志》集部别集类载："《梁简文帝集》八十五卷，陆罩撰并录。"

东宫通事舍人;刘孝威出任太子洗马;韦粲迁步兵校尉,入为东宫领直,还有一些人。经过人事的调整后,昭明太子东宫里的旧官属,只有刘杳一个人留下,继续任通事舍人,因为刘遵以前也做过萧纲云麾将军府的参军,比较熟悉,用起来得心应手。

其时东宫又设置学士,一大批人,以前跟随萧纲和没有跟随萧纲的,如徐陵、庾信、张长公、傅弘、鲍至等人为学士;后来,孔敬通、杜之伟、刘陟、纪少瑜等人为东宫学士。萧纲又与宗室上皇侯、新渝侯、建安侯、南浦侯号称"东宫四友",都是写作宫体诗的朋友。

此时的宫体诗呼之而出,引起了外界的关注。

不管"宫体诗"遭到怎样的批判,我们不能不看到的是来自南朝偏安一隅的社会状况、乐府诗歌的影响特别是对于统治阶层的影响以及佛教思想的影响等外部因素,与文学自身发展规律的内在必然性,都使得"宫体诗"的形成与确立几乎是呼之欲出只待萧纲入主东宫一般。而如果将宫体诗置于诗歌发展的历史中来看,宫体诗虽以风格轻艳饱受批评,艺术成就却也不容彻底否认,尤其是体物之细致、声韵之和谐乃至偶辞俪语之调用上。这些当然与萧纲有着密不可分的关系,无论萧纲自身的文学天赋,还是偶然接任太子之位的命运来看,甚至是从梁武帝安排给他的师友与幕僚的著作情况来看,萧纲成为宫体诗的旗手几乎是必然的,也是意义非凡的。

（七）宫体诗的意义和影响

1. 宫体诗新声组成盛唐之音

唐人殷璠在《河岳英灵集序》中论唐诗所以取得辉煌的原因,说唐诗的特点是:"既闲新声,复晓古体;文质取半,风骚两挟。言气骨,则建安为俦;论宫商,则太康不逮。"殷璠的《河岳英灵集序》看似论唐诗的特点,其实是在论唐诗产生的渊源:唐诗其实由两大内涵组成:一是"风骨",二是"声律";"风骨"从"建安风骨"而来;"声律"则来自太康以降,包括"永明体"和紧接着的"宫体",是

"风骨"与"声律"兼备的结果。诗歌至唐代最终形成"盛唐气象"的原因固然很多,但是,继承以往诗学合理的方面,是"建安风骨""齐梁宫体"所有风格特点和形式美学合乎逻辑的继承的发展,是其中最根本的原因。

"齐梁宫体"否定"建安风骨",至唐代又被"盛唐气象(风骨)"所否定;这正如绘画史上顾恺之、陆探微、宗炳的"骨法用笔""气韵生动"被齐谢赫,隋展子虔、郑法士的"别体细微""随物赋形""随物赋彩"的画法所否定,而"随物赋形""随物赋彩""纤毫毕显"的形似方法,又被唐代张彦远等重视"骨法"和"气韵"的画风所否定。这就是"形"否定"神",又被"神"否定,至唐代最终达到"神形兼备"最高境界的逻辑发展过程。在这种逻辑发展的过程中,缺少"神"和缺少"形",缺少"风骨"和缺少"声律"都同样不能到达"神形兼备"和"文质取半,风骚两挟。言气骨,则建安为傲;论宫商,则太康不逮"的境界。

因此,假如说,没有宫体诗的审美意识新变,就没有唐诗的发展和辉煌也许是不过分的。

历史的发展是立体的而不是平面的,否定之否定不等于简单地重复。从建安至盛唐,我国诗歌的发展正表现为一个周期。作为诗歌两次向对立方向转化形成的"盛唐气象",在诗歌思想内容的奋发有为,充满建功立业的渴望,昂扬的时代精神,语言刚健有力、豪迈俊爽方面,与建安风骨的某些特征相似,但却是更高层次上的相似。这种螺旋式的发展,正是因为宫体诗审美意识新变以后为诗歌提供了新的形式美学的缘故。中国诗学作为一个不可分割的整体,诗界灿烂的美景是内容和形式共同创造的,是各个时代、各个诗人努力变成"合力"的结果。

建安诗人面对汉末《古诗》提供的五言诗形式,扩大了诗歌的题材,拓展了诗歌的内涵,提高了诗歌的造型能力和表达力,以充实的内容、刚健爽朗的语言,创造出一种昂奋的风力和雄健开张的诗歌精神。宫体诗人则汲取了风骚辞赋中的审美内涵和民歌中的市民意识,以声韵、对偶、词采表现了人体美和服饰美,继永明诗人之后努力探索诗歌形式美学上的奥秘,为我国诗歌的发展提供形式美,与建安风骨、诗歌精神同样都是不可或缺的另一半。

2. 宫体诗拓展唐诗宫廷题材

和东晋以来的玄言、田园、山水、咏物诗一样,宫体诗也是在同一条轴线上,随着社会生活发展,不断开拓出的诗界新领域。

历史是人民和帝王共同创造的;历史的车轮向前滚动,是帝王将相和全体人民共同合力推挽的结果;从某种意义上说,帝王和知识分子是时代的代表。宫廷生活既是社会生活的一部分,再贫弱,也有被反映、被表现的权利,这种说法是不过分的。

就题材上看,宫廷内容只有前代辞赋偶尔涉及,但大都作为宫室和其他描写的点缀和陪衬,并不占据诗歌的中心,也很少成为被诗歌歌唱的主人公。而宫体诗不同,宫体诗第一次笔涉宫廷内部,第一次把描写对象扩大到宫廷,而且描写了宫廷内部大量的生活细节。

就像章太炎在《国故论衡》中说的,是"简文帝初为新体,床笫之言扬于大庭",把许多掩盖在宫闱内部不为人知的细节都抖出来,同时把掩盖在道德、教化幌子下的私情和要求解放的人性展示出来,表现了人们从未表现,也羞于表现的内容——女性的美,包括美目、樱唇、秀发、柳腰、纤足以及她们内心的情绪天地。

尽管这种接在玄言、田园、山水、咏物诗以后又一次诗歌革新的尝试,引起道德家们被人剥去伪装的羞愧和恼怒,从而把宫体诗送上道德法庭,甚至送上政治法庭,剥夺宫体诗在诗歌史上的"终身权利",但仅宫体诗对宫廷的描写成为以后,特别是唐、宋大量出现的"宫词"一类题材的滥觞和范本,就应该为宫体诗在中国诗歌庙堂里立一块长生牌位。

宫体诗描写宫廷内部的生活,描写宫女、宫娥、宫妃的哀怨、宫花的寂寞、阶草的枯黄、宫中的四季的变换和人心中的四季情绪,这些都成了唐诗中常见的富有魅力的内容,组成唐诗富丽堂皇的另一面。宫体诗风行一百多年或更长,其实有一大半时间在唐初流行的。唐初的"上官体"、"文章四友"(李峤、苏味道、崔融、杜审言),一直到"初唐四杰"(王勃、杨炯、卢照邻、骆宾王)和沈、宋(沈佺期、宋之问),无不受宫体诗的滋养和熏染。

如卢照邻的《长安古意》起首"青牛白马七香车""金鞭络绎向侯家"就是从萧纲的《乌栖曲》"青牛丹毂七香车,可怜今夜宿娼家"化用而来的;诗中所有对"宝盖""流苏""画阁""罗襦""妖童""倡妇",以及对古代妇女蝉鬓和额上鸦黄的描写,都是以宫体诗中的美妇和妖童形象为蓝本的。

而杜审言的《赋得妾命薄》:"草绿长掩门,苔青永巷幽。宠移新爱夺,泪落故情留。啼鸟惊残梦,飞花搅独愁。自怜春色罢,团扇复迎秋。"以及沈佺期《独不见》中写的相思别离,无论从思念的类型(由少妇独处——描写思念的对象关山征戍——再回到少妇生活环境),还是对环境气氛的渲染烘托上,更与宫体诗中的七言歌行,特别是与江总的《杂曲》和《闺怨篇》之类的语言结构,有着一脉相承的血缘关系。

不要说上官仪、卢照邻、沈佺期,唐太宗本人就是宫体诗的爱好者和作者。从这一点分析,这也许就是魏徵在《隋书·文学传序》里拼命攻击宫体诗,说宫体诗是"亡国之音"的真正原因,魏徵攻击宫体诗,其实是为了规劝唐太宗不要"玩物丧志",故以"亡国"相威胁。

更为深刻的是,宫体诗拓展了唐诗宫廷的题材。只要翻翻《全唐诗》,统计一下其中的"宫词""宫怨""春闺曲""长信秋词"之类的诗歌,就可以看出,这类被宫体诗人咏唱过的宫体题材,还是唐诗中的大宗,数量是十分可观的;唐代许多著名诗人如王昌龄、顾况、李益、元稹、王建、花蕊夫人,都是描写这方面内容的名家和圣手。

尽管唐人洗落六朝的轻靡,著以蕴藉的情韵,隐寄谲谏的微讽,改造宫体诗,使它从语言、方法和审美意识上都上升到一个崭新的阶段。但是,宫廷题材毕竟是宫体诗开拓的,唐代的宫词,无论变到何种地步,尾巴的旗杆终还竖在宫廷女子侍立的后花园。

还有,像李白供奉翰林时期的作品,如《清平调》"云想衣裳花想容"、《侍从宜春苑赋柳色听新莺百啭歌》"东风又绿瀛洲草"之类,白居易的《长恨歌》"回眸一笑百媚生,六宫粉黛无颜色"、"云鬓花颜金步摇,芙蓉帐暖度春宵"、"金屋妆成娇侍夜,玉楼宴罢醉和春"、"云鬓半偏新睡觉,花冠不整下堂来",这些作品,写宫中之事,其实属"半宫词"性质。除了描写人体美和服饰美,蕴涵着与宫体诗相邻的审美意识,就形式本身而言,其实也是宫体诗的子嗣。

这种"半宫词"性质的作品及其审美意识,一直延伸到唐五代词里,欧阳炯《花间集序》就公然宣称:他们的作品"不无清绝之词,用助娇娆之态。自南朝之宫体,扇北里之倡风"。把作品的风格、写作的原因、与宫体诗的承传关系和此类作品的作用说得清清楚楚,一点也不害怕受宫体诗恶名的牵累。

与宫体诗有千丝万缕的联系。假如抽去这部分内容,抹去这部分诗歌,唐诗无疑会逊色不少。这是一个简单的事实,可惜常常为我们的文学史家所忽视。

3. 宫体诗体物形似的描写方法影响唐诗

宫体诗人在物象的观察和描摹上,不仅比建安时代的曹植、王粲细腻深入,就是比以沈约、王融、谢朓为代表的"永明体"诗人,在体物形似、细心刻画方面,也更进了一层。

像萧纲的"渍花枝觉重,湿鸟羽飞迟"(《赋得入阶雨》)、"风声随筱韵,月色与池同"(《和湘东王三韵诗二首》);庾肩吾的"寒云间石起,秋叶下山飞"(《游甑山》)、"泉飞疑度雨,云积似重楼"(《寻周处士弘让诗》);萧绎的"树杂山如画,林暗洞疑空"(《巫山高》)、"寒沙逐风起,春花犯雪开"(《关山月》)、"年光遍原隰,春色满汀洲"(《别荆州吏民》);阴铿的"鼓声随听绝,帆势与云邻"(《江津送刘光禄不及》)、"潮落犹如盖,云昏不作峰"(《晚出新亭诗》)、"戍楼因嶮险,村路入江穷"(《晚泊五洲诗》);庾信的"荷风惊浴鸟,桥影聚行鱼"(《奉和山池》)[15]、"两江如溃锦,双峰似画眉"(《上益州上柱国赵王二首》)等,皆情巧语工,堪称佳句。

像萧绎的"花红似故人"以及"春色满汀洲"、"鸡人怜夜刻,凤女念吹箫"(《鸟名诗》),完全是唐人的句法;此话说得不确切,应该倒过来说,唐人句法就是从萧纲、萧绎这些宫体诗人和宫体诗中来的,当然是一步步来的。

宫体诗的五、七言字句虽然没有变化,但在长短、句式的定型、句法和审美意识方面影响唐诗例子很多。这就是杜甫一再称道"清新庾开府"(《春日怀李白》)、"庾信平生最萧瑟,暮年诗赋动江关"(杜甫《咏怀古迹五首》之一)、"庾信文章老更成,凌云健笔意纵横"(杜甫《戏为六绝句》之一)、"颇学阴何苦用心"(《解闷》)的原因。宋黄伯诗说,何逊"集中若'团团月隐洲'、'轻燕逐风花'、'野岸平沙合,连山远雾浮'、'岸花临水发,江燕绕樯飞'、'游鱼上急濑'、'薄云岩际宿'等语,子美皆采为己句,但小异耳。"(《东观余论·跋何水曹集后》)。

如果说杜甫的诗受何逊、庾信的影响较大,则李白诗歌的风格倾向,更接近于水乡的江南乐府民歌和受萧氏南朝诗歌的影响。萧纲和李白都有许多拟乐府民歌的作品,李白模仿学习六朝乐府民歌,同时有模拟、学习萧纲作品的痕迹。

前所举徐陵的诗多已合律,其实,宫体诗的另一个代表诗人庾信的诗,经笔者统计,合律的也有很高的百分比。庾信的诗不仅合律,且在诗歌意象,南北风格的合流方面,也开启了唐诗的先声。

4. 宫体诗通向盛唐边塞

唐代产生了以高适、岑参、王昌龄为代表的雄奇瑰丽、豪迈奔放的边塞诗,产生的原因,除了因为唐代军事的强盛、疆土的扩大、战争的频繁、经济的发展诸多因素以外,就诗歌本身的内在动因看,宫体诗中由宫闱通向边塞的诗歌,也是其中重要的方面,参与了边塞诗发展的过程。因此,从某种意义上可以说,唐代边塞诗的某一部分是宫体诗的变种,一开始是孕育在宫体诗歌中的,初唐时期的边塞诗也还是与宫体诗混沌不分,直至盛唐才慢慢与宫体诗分离,形成了被后人称之为的"边塞诗"一切特点。因此,宫体诗是唐代边塞诗的先声。不说由南至北,使南北文风合流的庾信、徐陵、王褒等人描写的边塞的诗已入唐调,告别了鲍照时代的粗犷和豪放,就是梁简文帝萧纲等人的宫体诗中,也已有不少边塞诗的成分。

且随意列举梁简文帝萧纲宫体诗中描写边塞的内容和词句与唐代边塞诗相对照:

(一)

萧纲《陇西行》:"送阵出黄云","洗兵逢骤雨";

岑参《奉和杜相公发益州》:"朝登剑阁云随马,夜渡巴江雨洗兵";

(二)

萧纲《从军行》:"嫖姚校尉初出征","贰师将军新筑营";

王维《出塞》:"护羌校尉朝乘障,破虏将军夜渡辽";

(三)

萧纲《雁门太守行》:"高旗出汉墉","悲笳动胡塞";

王维《使至塞上》:"征蓬出汉塞,归雁入胡天";

(四)

萧纲《从军行》:"小妇赵人能鼓瑟,侍婢初笄解郑声";

李颀《古意》:"辽东小妇年十五,惯弹琵琶解歌舞"。

我们只要把以上萧纲的诗句和唐代著名的边塞诗人的诗句从句法、字法、章法和立意上稍作对照,就可以看出许多问题。萧纲写的是宫体诗,岑参、王维、李颀等人写的是边塞诗。而两者为什么如此相似呢?

齐梁宫体往往由宫廷、宫闱以想象为中介连接边塞;唐代边塞诗则往往由边塞通过回忆连接春闺。从写法上看,宫体诗喜欢以边塞将士的困苦作为闺中少妇相思的点缀,而边塞诗则以闺中春情、陌上风暖反衬战士的苦辛。一个由内向外,一个由外向内;同样都是将闺情的娟秀美与边塞的雄奇美,将阴柔美和阳刚美结合在一起,进行对比以取得巨大艺术魅力的创作方法。其中的渊源流变关系,仅仅说两者只是词句和立意的相似是绝对不够的。

其实,宫体诗新变的审美意识对唐诗的影响更为深远,更为重要。

譬如,李白供奉翰林时期的作品,如《清平调》和"东风又绿瀛洲草"之类、白居易的《长恨歌》,在这些作品中,除有不少描写人体美和服饰美的词句不算,其中蕴涵的审美意识,也与宫体诗有千丝万缕的联系。

只重内容或只重形式否定任何另一半的做法都同样偏颇,同样可笑。盛唐诗歌的七宝楼台,拆去建安时代的"风骨"或拆去齐梁宫体的"声律"形式都会不成片段。只重视齐梁看不起建安,或只赞美盛唐诗歌贬斥齐梁宫体,都与"最后一只饼吃饱肚子,埋怨白吃了前几只饼"的人一样愚蠢。

九、"文学放荡论"的理论家

（一）萧纲不仅是宫体诗的主将，还是宫体诗的理论家

萧纲对中国诗学的贡献，不仅在于写作宫体诗，在艺术实践上衔接起中国诗歌美学的链条，还在于他倡导宫体诗的诗学理论，是宫体诗文学放荡论的理论家。

其实，宫体诗从它襁褓开始，有关它的理论就产生了。随着宫体诗的写作、繁荣，以萧纲为主的宫体诗的理论，始终伴随着宫体诗的发展而发展；成为宫体诗运动的理论支撑和思想指导。

宫体诗以"文学放荡论"为核心的理论，不仅体现在萧纲的诗歌创作里，同时表达他诗学观念的书信里。他的《诚当阳公大心书》《答张缵谢示集书》《答新渝侯和诗书》特别是他的《与湘东王书》，成了那一时代诗学"新变"的理论的宣言。

换句话说，宫体诗新变有一个不断演化和不断发展的过程，政治、哲学、宗教、社会文化生活，以及诗歌本身的形式因素，所有的辐射都连成的线条，最后都在梁简文帝萧纲处形成聚焦，作为纽结，使萧纲成了"新变"的代表人物。我们为萧纲作评作传，对他的理论贡献是应该大书特书的。

（二）萧纲批评曹植是他理论的宣言书

萧纲的宫体诗学有几个显著的特点：

一是具有批判的锋芒和理性精神；二是具有系统性、完整性和自成诗学体系；三是具有独创的理论核心；四是具有现实意义和普遍意义，在宫体诗创作实践中产生，又反过来指导宫体诗的创作。

第一个特点就是具有批判的锋芒和理性的精神。我们先读一段文字，这是魏陈思王曹植的《与杨德祖书》：

> 仆少好为文章，迄至于今，二十有五年矣。然今世作者，可略而言也。昔仲宣独步于汉南，孔璋鹰扬于河朔，伟长擅名于青土，公幹振藻于海隅，德琏发迹于此魏，足下高视于上京。当此之时，人人自谓握灵蛇之珠，家家自谓包荆山之玉……辞赋小道，固未足以揄扬大义，彰示来世也。

> 昔扬子云先朝执戟之臣耳，犹称壮夫不为也。吾虽德薄，位为藩侯，犹庶几戮力上国，流惠下民，建永世之业，流金石之功，岂徒以翰墨为勋绩，辞赋为君子哉！若吾志未果，吾道不行，则将采庶官之实录，辩时俗之得失，定仁义之衷，成一家之言，虽未能藏之于名山，将以传之同好，非要之皓首，岂今日之论乎？

信写于公元 216 年，曹植二十五岁，与曹丕争立太子已进入渐处下风的失败阶段。因为他喝醉酒，私自坐着王室的马车，打开了王宫的正门——司马门，在国家举行典礼，只有皇帝本人才能走的"驰道"上策马驰骋、纵情游乐，曹操大怒。此事就发生在这一年前后，所以，这封书信有明显不得意的情绪化倾向。不管怎么说，读到曹植这封书信的萧纲，对曹植说的这些话很不满意。

此前，萧纲将自己的文集给张缅的弟弟，曾任太子舍人、吏部尚书的张缵看，张缵收到萧纲的文集后，写信表示感谢；收到感谢信的萧纲再给张缵写回信,意犹未尽地将他对文章产生的原因,文章在人世间的作用,对人心的审美作用做了义正辞严的评述。在他的评述中,充满一种发现真理的正义的力量,不因为被他批评的人地位有多高,作品有多么伟大就不敢说。

萧纲《答张缵谢示集书》说:

> 纲少好文章,于今二十五载矣。窃尝论之:日月参辰,火龙黼黻,尚且著于玄象,章乎人事,而况文辞可止,咏歌可辍乎? 不为壮夫,扬雄实小言破道;非谓君子,曹植亦小辩破言,论之科刑,罪在不赦。

这封信有几个有意思的地方:第一,曹植写信的时候,年龄是二十五岁,萧纲写这封信的时候,年龄也是二十五岁。

也许是一种巧合,也许是一种模仿;假如是巧合,即同样年龄段的文学青年,对文学事业会勃发出类似的青春激情;假如是模仿,则萧纲也许意识自己也到了曹植当年给杨修写信的年龄,到了应该直面社会,对文学问题发表自己看法的时候了。

第二,无独有偶的是,萧纲这封信的开头,竟然和曹植信的开头一样。曹植说:"仆少好为文章,迄至于今,二十有五年矣。"萧纲说:"纲少好文章,于今二十五载矣。"萧纲的话和曹植的话其实都有话外之音,就是说,我已经不是小孩子了,在文章方面,我也涉猎很长时间,有资格说话了。巧合也好,模仿也好,这个意思,他们是一样的。

三是,曹植的书信提到汉代的扬雄对文学的言论①;萧纲也提到扬雄对文学的言论。曹植对扬雄的言论正面肯定,说:"昔扬子云先朝执戟之臣耳,犹称壮夫不为也。"

---

① 扬雄在《法言·吾子》中说:"或问:'吾子少而好赋?'曰:'然。童子雕虫篆刻。'俄而曰:'壮夫不为也。'"

萧纲对扬雄的言论完全持否定态度,并把他和曹植放在一起批判:"不为壮夫,扬雄实小言破道;非谓君子,曹植亦小辩破言,论之科刑,罪在不赦。"其中要把扬雄和曹植的言论定为"不赦"之大罪,不是萧纲的法制意识有多强,也不完全出于戏谑的口吻,而是用戏谑表达极致的严厉;表达理所当然、不容置辩、舍我其谁的激情与勇气。这种舍我其谁的激情与勇气,和他做人的低调,形成强烈的反差。

萧纲认为,文学的存在,就像日月星辰在天上展开的图案,像衣服上的花纹一样,都是天地和社会生活中一种美丽的存在。扬雄明明自己的赋写得那么好,却在《法言·吾子》中贬低文章和辞赋。把文章辞赋说成是"童子雕虫篆刻","壮夫不为也",好像对自己以前写过辞赋很后悔,一点不像君子应该说的话。

还有曹植,曹植的诗歌当时人很推崇。

梁天监十七年(518)的时候,十六岁的萧纲为西中郎将,领石头戍军事,这时,完成《诗品》的钟嵘入其帐下担任记室参军,管理文书,其实也是自己聘请的诗歌理论老师①。

钟嵘在他的《诗品》中评论了一百二十多个诗人,在一百二十多个诗人中,最推崇的就是曹植,说他是"文章之圣",列在上品。并评价说:"其源出于《国风》,骨气奇高,词彩华茂。情兼雅怨,体被文质。粲溢今古,卓尔不群。嗟乎!陈思之于文章也,譬人伦之有周、孔,鳞羽之有龙凤,音乐之有琴笙,女工之有黼黻。俾尔怀铅吮墨者,抱篇章而景慕,映余晖以自烛。故孔氏之门如用诗,则公幹升堂,思王入室,景阳、潘、陆,自可坐于廊庑之间矣。"

萧纲对曹植诗歌的成就,没有进行什么评价;对钟嵘《诗品》中对曹植最高的赞誉,是不是赞同?也不清楚。但有一点是很清楚的,那就是,萧纲对曹植不管出于什么原因,为了政治,把文章说得

---

① 参见曹旭《钟嵘的文学观念与诗学思想》,《上海师范大学学报》1996 年第 1 期。

一钱不值非常生气,非常有意见。

(三)萧纲在丕、植兄弟的争论中站在曹丕一边

虽然在萧纲六岁的时候,父亲梁武帝就惊叹萧纲是"吾家之东阿"。逐渐长大的萧纲也必以东阿王曹植自期,但是,在丕、植兄弟关于文学价值意义的争论中,坚定地站在曹丕一边。

曹丕在《典论·论文》中说:"盖文章,经国之大业,不朽之盛事。年寿有时而尽,荣乐止乎其身,二者必至之常期,未若文章之无穷。是以古之作者,寄身于翰墨,见意于篇籍,不假良史之辞,不托飞驰之势,而声名自传于后。"

而在太子之争中失败的曹植,以自己诗歌上的成就和价值,反过来说文章的价值不大。曹植在给他的朋友杨德祖的书信中,先说了一通自己写不好,就不要评论别人的话:"盖有南威之容,乃可以论于淑媛;有龙渊之利,乃可以议于断割。刘季绪才不能逮于作者,而好诋诃文章,掎摭利病。昔田巴毁五帝、罪三王、訾五霸于稷下,一旦而服千人。鲁连一说,使终身杜口。刘生之辩,未若田氏;今之仲连,求之不难,可无息乎! 人各有好尚:兰茝荪蕙之芳,众人之所好,而海畔有逐臭之夫;《咸池》《六茎》之发,众人所共乐,而墨翟有非之之论,岂可同哉!"

很明显是针对他的哥哥曹丕论调的。即使曹植在发这通言论的时候,曹丕的《典论·论文》还没有写出来,但平时在家里,兄弟讨论,不待哥哥曹丕写出来,曹丕的那些观点、论调,曹植早就知道得清清楚楚。所以,他会说自己:"吾虽薄德,位为藩侯,犹庶几戮力上国,流惠下民,建永世之业,流金石之功,岂徒以翰墨为勋绩,辞赋为君子哉!"在政治、功业的对比下,把文学狠狠地贬了一通,令萧纲大为不满。

萧纲没有正面评价曹丕的《典论·论文》的意义,但在这场哥哥、弟弟的政治、文学和文学主张的较量中,应该是明确地站在曹丕一边的,萧纲对于文学的说法,也深受曹丕《典论·论文》的

影响。

在写这封书信的时候,萧纲自己相信,他已经成熟了,我们读了他的这封书信,也觉得他成熟了。因为他非常坚决,非常果断,毫不留情地说曹植是"小辩破言",不仅是"小辩破言",以他在文学上的地位说这样的话,就是文学的罪人,"论之科刑,罪在不赦"。

从汉代开始,至于魏晋南北朝,由于人的觉醒,文的觉醒,在儒教的大框架上,人对诗歌的认识不断发展,不断提出新的理解,文学的观念也就不断前进,不断得到纯化。文学、文学价值、文学创作的意义不断被提升。

作为宫体诗的旗手,萧纲不断地和各种非文学、反文学的理论观念作斗争。

(四) 从批评曹植到批评京师文体

萧纲于普通二年(521)出为外藩,任雍州刺史,后都督扬、南徐二州诸军事,任骠骑将军,前一年春正月又调任扬州刺史,离开京城已经有九年时间。此前成功地举行过北伐、在严酷激烈的斗争中得到磨炼、已经二十九岁的萧纲,其成熟度和决断力,以及自信心都有了很大的提高。带着胡雾征尘和边地风沙,听惯坞笛塞笳,也带着奋发的意气回到建康的他,对流行于京城的语言浮疏、节奏拖沓、言不由衷的诗风感到十分惊讶。这种完全背离了诗歌比兴传统和风骚意蕴的诗歌,怎么会有这样大的市场?于是,愤怒和责任感使他大声疾呼,对陈旧、懦钝和阐缓的风气,猛烈地加以批判。他在《与湘东王书》中说:

> 比见京师文体,懦钝殊常,竞学浮疏,争为阐缓。玄冬修夜,思所不得,既殊比兴,正背风骚。

这是萧统死后被立为皇太子的萧纲,在写了一系列的《谢为皇太子表》《拜皇太子临轩竟谢表》以后,又在怀着悲伤的心情为哥哥萧统编《昭明太子集》并撰写《昭明太子别传》的间隙里,写给弟弟湘东王萧绎的信。

"懦钝殊常,竞学浮疏,争为阐缓"、"既殊比兴,正背风骚",是针对京师文体陈旧的现状说的。所谓"懦钝殊常,竞学浮疏,争为阐缓",指的是一味摹仿儒家的经书,因雍容而阐缓,因质朴而枯槁,引经据典、坐而论道以致浮疏。这种出于经书,而非出于人的性情;出于盲目模仿、生搬硬套,而非出于对客观物象有敏锐审美感受的作品,决无真挚感人的艺术魅力。

在当皇太子的这一年里,虽然大赦天下、修缮和扩建萧统以前住过的东宫不是他的事,但作为政权的接班人,举国上下的关注度、人气度,足以使他找不到自己。政务繁忙,千头万绪,儒、佛、道,很多人事都要打交道、都要他出面敷衍。

在这种情况下,这封信竟然写了七百三十多字,甚至比《谢为皇太子表》《拜皇太子临轩竟谢表》的文字加起来还要长;因为信是附录在《梁书》和《南史》"庾肩吾传"里的,很可能还有删节。因为信没有称呼,开头就是"吾辈亦无所游赏,止事披阅,性既好文,时复短咏",直奔主题。至最后八字"相思不见,我劳如何",算是讲了哥哥分内的话,其余的文字都在讲诗歌。由此可以看出,萧纲对诗学的关心,其时代感和原则性是非常强的。

萧纲虽然说:"吾既拙于为文,不敢轻有掎摭。"但批判的锋芒,可谓前无古人,此前曹丕、陆机、刘勰,甚至钟嵘,都没有他这样的勇气和力度。说曹植:"小辩破言",钟嵘想都不敢这样想。"论之科刑,罪在不赦",曹丕、陆机、刘勰、钟嵘,即使《典论·论文》《文赋》《文心雕龙》和《诗品》重写,他们也永远不会说这样的话。当然,个人书信和正式的诗学著作也是有区别的。

萧纲的诗学批判,其可贵之处,不仅在于感觉的敏锐、锋芒的锐利,还在于他的理性精神。即不以亲疏关系、不把个人感情爱好夹杂其中的纯粹的诗学批判,在整个中国文学批评史上都具有标杆性的意义。

其实,萧纲是曹植的粉丝,曹家的文学功业是萧家的偶像,曹植是萧纲的偶像,而且不是一般的偶像。曹植的诗学地位,十六岁的萧纲在任西中郎晋安王、领石头戍军事的时候,记室钟嵘就反复给他强调过的[①]。

钟嵘《诗品·上品》把曹植奉为"文章之圣",赞美曹植的诗歌:"骨气奇高,词彩华茂。情兼雅怨,体被文质。粲溢今古,卓尔不群。""譬人伦之有周、孔,鳞羽之有龙凤,音乐之有琴笙,女工之有黼黻。"相信这些句子,萧纲耳熟能详。

可以证明的是,萧纲在另一封《与湘东王书》中说:"历方古之才人,远则扬、马、曹、王,近则潘、陆、颜、谢。"这里的扬,即扬雄;曹,指曹植。都是创造文学经典的人。说明扬雄和曹植在他心目中的存在。但崇拜归崇拜,批判归批判,不夹杂个人情感,这就是萧纲诗学的理性精神。

(五) 对谢灵运和裴子野的批评

在京师的这股文学风潮中,很多人一学谢灵运,二学裴子野,让萧纲觉得奇怪:

> 又时有效谢康乐、裴鸿胪文者,亦颇有惑焉。何者? 谢客吐言天拔,出于自然,时有不拘,是其糟粕。裴氏乃是良史之才,了无篇什之美。是为学谢则不届其精华,但得其冗长,师裴则蒇绝其所长,惟得其所短,谢故巧不可阶,裴亦质不宜慕。

谢灵运和裴子野,都有自己的长处,但模仿者不知道谢灵运、裴子野的长处在哪里,生吞活剥的结果,画虎不成反类犬。

萧纲对谢灵运诗歌的利钝分得很清楚:"谢客吐言天拔,出于

---

① 见《梁书·简文帝本纪》:"(天监)五年,(萧纲)封晋安王;(天监)十七年,征为西中郎将,领石头戍军事。"《南史·钟嵘传》:"迁西中郎晋安王记室……顷之,卒官。"

自然;时有不拘,是其糟粕。"

对学习谢灵运成功的诗人,如写《入若耶溪》的诗人王籍,萧纲也表示欣赏。《南史》卷二一《王弘传》附王籍传说:"籍好学,有才气,为诗慕谢灵运。至其合也,殆无愧色。时人咸谓康乐之有王籍,如仲尼之有丘明,老聃之有严周。"

《颜氏家训·文章篇》记载:"王籍《入若耶溪》诗云:'蝉噪林逾静,鸟鸣山更幽。'江南以为文外断绝,物无异议。简文吟咏,不能忘之。"学得好的他吟咏不忘,学得糟糕的他批评指正。

谢灵运是前朝名流,裴子野则是当代文章名人。梁天监七年(508),在中书郎、国子博士范缜的荐举下,默默无闻的裴子野和他的《宋略》二十卷突然出现在人们眼前。

范缜上书梁武帝,建议由裴子野替代自己任国子博士。读过《宋略》的尚书徐勉则认为,裴子野应该任著作郎掌国史。

与当朝名公任昉有姻亲但不巴结,尤其记载"淮南太守沈璞(沈约的父亲)"被杀是因为他"不从义师故也"。使在《宋书》沈璞传中隐瞒事实真相的沈约向裴子野道歉。裴子野的"硬汉"形象、人品和文章名重一时①。特别值得一提的是,裴子野和弟弟湘东王萧绎还是莫逆知己。普通七年(526),十九岁的萧绎任丹阳尹,有善政,裴子野就写了《丹阳尹湘东王善政碑》,碑文中为这位十九岁的青少年编了许多好听的话。

所以,萧绎在《金楼子》序言中说:"裴幾原(子野)、刘嗣芳(显)、萧光侯(子云)、张简宪(缵),余之知己也。"《金楼子·立言》篇中记载与裴子野论学之语。裴子野死后,萧绎写了《散骑常侍裴子野墓志铭》,这些,萧纲不会不知道。因此,在湘东王面前批评裴子野尤其不容易。

即便如此,萧纲还是要把作为"良史"的裴子野和"了无篇什之

---

① 裴子野给人的印象更是一切"淫文破典"的对立面,是反对齐梁形式主义和淫靡诗风的斗士,和宫体诗风马牛不相及。《梁书·裴子野传》说:"子野为文典而速,不尚丽靡之词。其制降多法古,与今文体异。当时或有诋诃者,及其末皆翕然重之。"

美"的裴子野区别开来。知己归知己,诗学归诗学,这同样是萧纲诗学的理性精神。

裴子野写下了著名的《雕虫论》,攻击当时的不良文风。多少年来,只要一提到裴子野和新变体诗歌的关系,人们会想起他的《雕虫论》——这篇长期以来让人误解他的诗歌观念和态度的文字:

> 自是闾阎年少,贵游总角,罔不摈落六艺,吟咏情性。学者以博依为急务,谓章句为专鲁。淫文破典,斐尔为功,无被于管弦,非止乎礼义。……荀卿有言:"乱代之征,文章匿而采。"斯岂近之乎!

其实,裴子野的这篇《雕虫论》,原来不叫《雕虫论》,而是今已亡佚的二十卷《宋略》"选举论"中的一部分。"雕虫论"三字,是宋代《文苑英华》的编者加上去的。《文苑英华》卷七四二中,这篇文字被冠以"雕龙论"三字,并作为一篇独立的文章,与李华的《质文论》、顾况的《文论》、牛希济的《表章论》一起,作为"论天"一类的内容①。

《宋略》是刘宋时代历史要略之意,书成于齐永明六年(488),并不是对梁代诗风发表的意见。也就是说,裴子野的这段话,主要是针对刘宋时期的"选举"不公平说的,真正有才有能的人选拔不了,一些会弄一点"淫文破典"的家伙却纷纷被选拔上去,表面上说的刘宋时期的诗风和诗坛状况,核心却在"选举"的不公平②。

总之,与弟弟湘东王萧绎保持联系,同声共气。希望自己和萧绎就像曹丕、曹植主导建安文坛那样,以批判当前京师陈旧而懦钝的文体为契机,确立梁代新的诗学观,领导新潮流,建立新诗学,同

---

① 参见林田慎之助《中国中世纪文学批评史》第四章第二节《裴子野〈雕虫论〉考证》,曹旭译,待出版。

② 参见王运熙师和杨明合著《魏晋南北朝文学批评史》第二编第二章第四节。

时充满对弟弟的鼓励和希望:

> 文章未坠,必有英绝领袖之者,非弟而谁? 每欲论之,无可与语,思吾子建,一共商榷。

说湘东王萧绎是萧家的"曹子建",使"萧家的文学"与"曹家的文学"前后相继。这时,湘东王萧绎虽然远在荆州,但萧纲与他频繁地书信往返,在文学创作新变的运动中,萧绎心照不宣地成了宫体诗学的副领袖。

(六) 萧纲的理论具有系统性和自成体系

1. 诗是什么? 人为什么写诗?

萧纲的宫体诗学,除了有批判锋芒和理性精神,也具有系统性、完整性和自成体系。

对诗歌"是如何产生"作出回答的,是诗歌的发生论;对诗"是什么"作出回答的,是诗歌的本质论;对写诗是"为了什么"作出回答的,是诗歌的功能论;对诗歌"如何保持审美和感人力量"作出回答的,是诗歌的新变论。萧纲和宫体诗的理论家对此一一作出自己的回应。对于诗歌的发生,萧纲在《答新渝侯和诗书》以为:

> 至如春庭落景,转蕙承风;秋雨且晴,檐梧初下;浮云生野,明月入楼。时命亲宾,乍动严驾;车渠屡酌,鹦鹉骤倾。伊昔三边,久留四战;胡雾连天,征旗拂日;时闻坞笛,遥听塞笳;或乡思凄然,或雄心愤薄。是以沉吟短翰,补缀庸音,寓目写心,因事而作。(《艺文类聚》卷五十八)

2. "四季感荡"和"人际感荡"的诗歌发生论

六朝诗学对于诗歌的发生,多以为自然四季感荡的原因。陆机《文赋》说:"遵四时以叹逝,瞻万物而思纷;悲落叶于劲秋,善柔

213

条于芳春;心懔懔以怀霜,志眇眇而临云。"刘勰《文心雕龙·物色》篇说:"春秋代序,阴阳惨舒。物色之动,心亦摇焉。盖阳气萌而玄驹步,阴律凝而丹鸟羞,微虫犹或入感,四时之动物深矣。……岁有其物,物有其容;情以物迁,辞以情发。一叶且或迎意,虫声有足引心。况清风与明月同夜,白日与春林共朝哉。是以诗人感物,联类不穷。"钟嵘《诗品》序论诗歌发生说:"若乃春风春鸟,秋月秋蝉,夏云暑雨,冬月祁寒,斯四候之感诸诗者也。嘉会寄诗以亲,离群托诗以怨。至于楚臣去境,汉妾辞宫,或骨横朔野,或魂逐飞蓬,或负戈外戍,或杀气雄边;塞客衣单,孀闺泪尽;又士有解佩出朝,一去忘返;女有扬娥入宠,再盼倾国:凡斯种种,感荡心灵,非陈诗何以展其义,非长歌何以释其情?"《梁书·萧子显传》录其《自序》,叙述写作经历时说:

> 若乃登高目极,临水送归,风动春朝,月明秋夜,早雁初莺,开花落叶,有来斯应,每不能已。

陆机、刘勰、萧子显自然触动四季感荡的层面,萧纲也说了;但在此外,社会的感荡,人世的悲欢离合,同样是诗歌发生的原因,能同时涉及这一层面的理论家,除了他的记室老师钟嵘以外,就是萧纲了。和钟嵘不同的是,钟嵘的社会感荡和人生感荡论,举的是"楚臣"和"汉妾"这些历史人物,而萧纲举的,也许是自己在沙场的经历。

事实上,任雍州刺史的萧纲在二年前北伐中,破魏之南乡郡、晋城,又破马圈、雕阳二城;围绕穰城的战斗,尤其激烈。因为穰城是魏属荆州的治所,几经争夺,最后穰城守将求和,萧纲作《答穰城求和移文》,命令守将前来投降。此后,萧纲又为此次北伐战争中阵亡的将士祭奠。因此,"伊昔三边,久留四战;胡雾连天,征旗拂日;时闻坞笛,遥听塞笳;或乡思凄然,或雄心愤薄。是以沉吟短翰,补缀庸音,寓目写心,因事而作",就是萧纲的亲历。

萧纲长期生活在边塞前线,对山川的险阻、战争的酷烈和民间的疾苦,是一个体会得比王维、高适、岑参更深刻的皇太子。笔者曾经粗略地统计,发觉王维、高适、岑参和其他唐代边塞诗人的诗句,有不少是从萧纲的诗歌中夺胎而来的。因此,就诗歌的发生论而言,萧纲自己的感受,比钟嵘借历史说得更加真实深切。

3. 诗歌的本质是什么?

对于诗歌的本质,萧纲同样作出了回答,诗歌是"吟咏情性"的,《与湘东王书》说:

> 若夫六典三礼,所施则有地,吉凶嘉宾,用之则有所。未闻吟咏情性,反拟《内则》之篇,操笔写志,更摹《酒诰》之作;"迟迟春日",翻学《归藏》,"湛湛江水",遂同《大传》?

因为诗歌吟咏情性的本质,因此,就没有必要堆砌典故,把诗写得像《内则》《酒诰》《归藏》《大传》那样枯燥乏味。

这一段文字,没有人注意,今天读来,其实是钟嵘《诗品序》的改写。《诗品序》说:"夫属词比事,乃为通谈,若乃经国文符,应资博古;撰德驳奏,宜穷往烈。至乎吟咏情性,亦何贵于用事?'思君如流水',既是即目;'高台多悲风',亦唯所见;'清晨登陇首',羌无故实;'明月照积雪',讵出经史?观古今胜语,多非补假,皆由直寻。"意思是一样的①。

4. "若无新变,不能代雄":萧子显的话深深烙在萧纲的心里

在诗歌新变理论上,萧纲既受到沈约、刘勰、钟嵘的影响,更受到萧子显的影响。萧绎上述的宫体诗创作原则,也和萧子显《南齐书·文学传论》中说的"言尚易了,文憎过意;吐石含金,滋润婉切;

---

① 《梁书·简文帝本纪》:"(萧纲)五年,封晋安王;(天监)十七年,征为西中郎将,领石头戍军事。"《南史·钟嵘传》:梁武帝天监十七年(518),五十一岁的钟嵘任西中郎晋安王萧纲记室。"(嵘)迁西中郎晋安王记室……顷之,卒官。"时萧纲十六岁,诗癖正甚。钟嵘既为记室,《诗品》当为萧纲所闻或披阅。

杂以风谣,轻唇利吻;不雅不俗,独中胸怀;轮扁斫轮,言之未尽;文人谈士,罕或兼工"意思相近。

萧子显反对诗中霉米砂砾一般的典事,叫人咽不下去,不得不吐出来;他反对复古,反对阐缓冗长,反对酷不入情的态度,哪怕是谢灵运这样的大师,有这种倾向,也要反对;读诗应该是轻松愉悦的事,话要简易明白,行文要婉转流畅,句子要滋润生动;不妨采纳一点歌谣的风格进来,不要过分雅,也不要过分俗。

总之,诗是美文学,要让人读了性情解放,神明超越。这就是《文学传论》一开始就说的"文章者,盖性情之风标;神明之律吕也"。如果把这段话和曹丕《典论·论文》中说的"盖文章,经国之大业,不朽之盛事"比较一下,哪怕是瞎子,看不见字,听听声音,也知道时代不同了。

在诗歌创作论上,萧子显在他的《自序》中还说到"每有制作,特寡思功,须其自来,不以力构"。强调创作依靠灵感,依靠独特的审美感悟能力;灵感之来,则文章不必闭门苦思、向壁虚构,而自有佳篇。

最让萧纲倾心的,也许是萧子显《南齐书·文学传论》中说的:

> 五言之制,独秀众品。习玩为理,事久则渎;在乎文章,弥患凡旧;若无新变,不能代雄。

这些话说得太好了,完全是经典。没有出息的文学家,总喜欢模仿和点化前人的作品,夺胎换骨、点铁成金,或模仿其语言,或承袭其意境,何若萧子显说的"新变"以后"代雄"耶!

萧子显比萧纲大十六岁。他在天监年间撰成《南齐书》,已经是一个很成熟的历史学家和文学批评家了,而萧纲还是个十岁左右的孩子,萧纲对萧子显一直处于仰望的态势可以想见。直到萧纲当上了皇太子,在萧子显新变文学理论营养中长大的萧纲,才有能力、有资格和萧子显进行诗学对话。

除了萧子显,比萧纲小四岁的徐陵,于普通四年(523)和父亲徐摛一起入晋安王萧纲幕,也是宫体诗学的一件大事。与萧纲几经离合的徐摛为参军,同时带了十七岁的儿子徐陵入幕,名义上参与军事,更多是参与文事。

(七) 编辑《玉台新咏》以大其体

此后,萧纲便命徐陵编《玉台新咏》①以扩大宫体诗的题材范围。根据日本学者兴膳宏的考证,徐陵《玉台新咏》的编成,在中大通六年(534)②。徐陵在《玉台新咏序》里说:

> 优游少托,寂寞多闲。厌长乐之疏钟,劳中宫之缓箭。……无怡神于眼景,惟属意于新诗。庶得代彼皋苏,蠲兹愁疾。……选录艳歌,凡为十卷,曾无参于雅颂,亦靡滥于风人。……方当开兹缥帙,散此绡绳,永对玩于书帷,长循环于纤手。岂如邓写《春秋》,儒者之功难习;窦专黄老,金丹之术不成。……东储甲观,流咏止于《洞箫》。娈彼诸姬,聊同弃日。

编《玉台新咏》的目的,是为了让宫体诗更好地读、更好地写、更好地保存和流传。在这个意义上,萧纲才命徐陵为宫体的类型诗和相同审美的诗编制一只精致美丽的花篮,并贴上标签。而宫

---

① 参考章培恒《再谈〈玉台新咏〉的撰录者问题》及谈蓓芳《〈玉台新咏〉版本补考》,均见《上海师范大学学报》(哲学社会科学版)2006 年第 1 期。从《玉台新咏》卷首徐陵为此书写的《序》来看,《玉台新咏》乃是深受皇帝宠爱的一位妃子所编。而且,书中称萧衍为梁武帝,必然编在萧衍死后,否则不可能称他的谥号。而在萧衍死后八年,梁就灭亡了;何况此书又称萧纲为简文帝,"简文"谥号的确定距梁亡只有五年;其时又处在战乱剧烈之际,梁代皇帝的妃子不可能去编《玉台新咏》这样的"艳歌"(《玉台新咏·序》中语)集;加以徐陵在梁武帝末年出使北魏,至梁元帝死后才回梁地,即使简文帝或元帝的妃子在当时编了这部"艳歌"集,也不可能请远在北魏的徐陵作序。所以,从《序》来看,此书实是陈代一位妃子所编。
② 见兴膳宏《玉台新咏成书考》,收入《六朝文学论稿》,彭恩华译,岳麓书社,1986 年。

体诗学的本质论和功能论,正潜移默化地让诗从经国之大业、不朽之盛事,一点点向生活、向审美、向娱乐人生和人感情需要的方向移位。

综上可知,宫体诗学是具有系统性、完整性和自成体系的。

(八) 萧纲宫体诗的理论核心——"文学放荡论"

如果说萧纲的诗歌发生论、本质论、功能论、新变论都多少受前人的影响,而对诗歌创作论的阐述,则是萧纲独特的创造发明,是萧纲的理论核心。

但是,他的这种理论,应该来源于他诗歌和五经的老师徐摛。

梁天监八年(509),萧纲七岁,为云麾将军,领石头戍军事,量置佐吏的时候,徐摛来到了他的身边①。

徐摛与庾肩吾并称,少年时期即喜爱诗歌,又读遍经史。写文章喜欢标新立异,不拘旧体。起家太学博士,迁左卫司马。自追随晋安王以后,历任记室参军、谘议参军等职。晋安王萧纲为太子,则转任家令兼掌管记。

在徐摛的指导下,萧纲的诗风也崇尚新奇靡丽,浮艳巧似。这件事引起了某些人不好的议论。梁武帝知道后,很生气,把徐摛叫来训斥;不慌不忙的徐摛作了解释;梁武帝还不放心,又问了徐摛关于"五经大义"和"历代史及百家杂说",徐摛一一应答如流。这使自己也写诗,也学习民歌,写过像《白纻词》那样的作品,很跟风气的梁武帝立刻明白了是怎么回事②。

我们不应该轻易放过这段文字,因为这段文字里还隐藏着一个长期被人忽视的重要信息:即徐摛一方面写作轻艳的宫体诗,

---

① 《梁书·徐摛传》:"会晋安王出戍石头,高祖谓周舍曰:'为我求一人,文学俱长兼有行者,欲令与晋安游处。'舍曰:'臣外弟徐摛,形质陋小,若不胜衣,而堪此选。'高祖曰:'必有仲宣之才,亦不简其容貌。'以摛为侍读。"

② 《梁书·徐摛传》:"摛之文体既别,春坊尽学之。宫体之号,自斯而起。武帝闻之,怒召摛加让。及见应对明敏,辞义可观,武帝意释。因问五经大义,次问历代史及百家杂说,无不应对如响,帝叹异之,宠遇日隆。"

创造新倾向,领导新潮流,一方面又把做人的准则定在《五经》上。这种法则,与儒、佛、道诸家杂糅,信仰多元的梁武帝萧衍的思想方法有相通之处,也许梁武帝萧衍自己在无意识中受这类诗审美意识的影响,总之这次谈话对徐摛来说是非常成功的。

徐摛身体力行和梁武帝萧衍的认可,我们可以看出宫体诗人有一条非常重要原则:即写诗归写诗,做人归做人,两者应该分开,而不应该混为一谈。这种文艺观念和诗学理论,不仅在当时,在梁代,乃至在今天,在世界诗学批评史上,都应该有一席位置。在徐摛的影响下,不仅是萧纲,几乎东宫有关的人都受徐摛的影响,萧纲的诗风一定会向徐摛不拘旧体,好为新变的方向转变。所以,齐梁宫体诗的产生,再多的因素,徐摛是一个最直接的因素。

(九)"立身谨重"和"文章放荡"

作为宫体诗的主要倡导者,萧纲的宫体诗学观念,是在他从小热爱诗歌、长而不倦的文学生涯中逐步建构完成的。

萧纲在《诫当阳公大心书》中说:

> 汝年时尚幼,所阙者学。可久可大,其唯学欤?所以孔丘言:"吾尝终日不食,终夜不寝,以思,无益,不如学也。"若使墙面而立,沐猴而冠,吾所不取。立身之道,与文章异。立身先须谨重,文章且须放荡。

"立身先须谨重,文章且须放荡。"这是一个辩证的而充满理性精神的命题。但用狭隘的阶级斗争的眼光看,有人还是不看你的"立身谨重",而误解你的"文章放荡"①。

有的文学史认为,"文学放荡论"是提倡描摹色情的理论主张,

---

① 参见《南朝文学放荡论的审美意识》林田慎之助著、曹旭译,《上海师范大学学报》增刊 1986 年 3 月。

是通过淫声媚态的宫体诗以满足变态性心理的要求;有人认为萧纲是想把"放荡"的要求寄托在文章上,用写文章来代替纵欲和荒淫,是萧纲写宫体诗荒淫无耻的自白,这些说法都是不正确的。

其实,萧纲所说的"放荡",并不是我们现代汉语里"放纵浪荡"的意义,而有其特定时代的涵义。

"放荡"一词,是当时用得很普遍的概念。与《汉书·东方朔传》中"指意放荡,颇复诙谐";《三国志·魏书·王粲传》:"(阮)籍才藻艳逸,而倜傥放荡,行己寡欲,以庄周为模则。"以及《世说新语》注引《名士传》中"刘伶肆意放荡,以宇宙为狭"的意思相近,指创作时感情大胆袒露、语言表达不受束缚、想象自由驰骋之意。

这种将"立身"与"文章",将身边真实的世界和文学中幻想的世界截然分开的"文学放荡论",既是审美意识新变的产物,又反过来促进了审美意识的新变。

要知道,这是作为父亲的萧纲,告诫儿子的一封书信。十三岁的儿子萧大心为郢州刺史,初次离开家门,出为远藩,萧纲写信告诫他的三件事:

一是引用了孔子的话,告诫萧大心要好好学习,切不可做"墙面而立,沐猴而冠"的人;二是告诫萧大心做人立身先须"谨重";三是说写文章且须"放荡"。这里的"文章放荡",是在诫"立身之道"时作为对比涉及的。而"先须"和"且须",在语义上亦有先后主次的不同。

为什么诫"立身之道"会涉及"文章放荡"呢? 因为萧大心和他父亲一样,也是自幼爱好诗歌写作的人。《太平御览》卷六〇二引《三国典略》说:

> (大心)十岁并能属文。尝雪朝入见,梁武帝咏雪,令二童(萧大心、萧大器)各和。并援笔立成。

所以,萧纲要求儿子要好好读书以后,又叮嘱儿子要好好做人,这是"诫"的主要内容。

为了达到告诫的目的,萧纲用了儿子最能接受、也最感兴趣的——写诗歌的道理来反衬。萧纲的话其实已经告诉我们,萧大心写诗,已经懂得"放荡"的意义。正因为是萧大心懂的道理,所以萧纲才用来作立身的对比。可以推测,关于"文章放荡"的创作论,萧纲已经不止说过一遍,并且已经成为萧大心的写作理念。

那么,"放荡"一词,到底是什么意思呢?"放荡"的内涵,是指思想内容?艺术形式?还是指写作方法?也是耐人寻味的,目前学术界并无一致的看法①。

我的意见是,放在当时的历史背景下,不可能说你的诗应该写得轻艳放荡一点,或写一点女性歌声舞姿的内容。这不是父亲对一个十三岁要出远门的儿子应该说的话。萧纲说的,应该是对写诗的一般性指导,如何驰骋想象,自由挥洒,思路要"放"而能"荡"起来等等。因为宫体诗题材广泛,不仅仅是女性的容貌和歌声舞姿。萧纲指导儿子写诗的内容,他也早就说过,儿子也是知道的,这就是"寓目写心,因事而作"。

总之,宫体诗学的产生和建立,绝不是无源之水、无本之木,而有一个渐变、量变和质变的过程;是在萧纲和宫体诗人群大量写作的基础上慢慢形成的。那么,创作是如何升华成理论的呢?

北伐功成的萧纲,信心满满地请记室陆罩为自己编文集计八十五卷,从萧纲编成八十五卷文集可知,他是一个努力创作而多产的诗人。

萧纲在《与湘东王书》中说:"吾辈亦无所游赏,止事披阅,性既好文,时复短咏。虽是庸音,不能阁笔,有惭伎痒,更同故态。"可知,写诗是萧纲和其他宫体诗人的一种生存状态,他们生活在写诗、交流诗歌和互相品评的氛围里。而交流诗歌和互相品评的过

<hr>

① 参见归青《"文章且须放荡"辨——兼与某些说法商榷》,载《上海大学学报》1994 年 6 期。

程,是写作的过程,同时是理论升华的过程。

(十) 赞美新人:一代有一代的文学

新渝侯萧晔是萧纲叔父萧憺的儿子,是萧纲在东宫时的诗友,是宫体诗的重要作家;在诗歌创作上因为有天赋而被称为萧家的"千里驹",作为萧纲时代的"东宫四友"之一。所谓"东宫四友",虽然历史记载不详,但我们猜测,应该不会是什么政治集团,而是文学集团,是宫廷里的文学沙龙。在这个诗歌沙龙里,萧晔和萧纲就诗歌互相交流、互相切磋。从萧纲这封书简可以看出,先是萧纲写诗送给萧晔,萧晔和诗三首还赠萧纲,萧纲再写了这篇答词,《答新渝侯和诗书》①说:

> 垂示三首,风云吐于行间,珠玉生于字里,跨蹑曹、左,含超潘、陆,双鬓向光,风流已绝;九梁插花,步摇为古,高楼怀怨,结眉表色,长门下泣,破粉成痕,复有影里细腰,令与真类,镜中好面,还将画等。此皆性情卓绝,新致英奇。故知吹箫入秦,方识来凤之巧,鸣瑟向赵,始睹驻云之曲,手持口诵,喜荷交并也。

新渝侯的三首诗是和诗,和谁的诗? 萧纲的吗? 这封信中似乎没有关涉自己诗歌的消息。可惜的是,新渝侯的诗今佚失不传,是不是真像萧纲说的可以和曹植、左思、潘岳、陆机等人相提并论? 我想不太可能,这只是同声相求的一种延誉;但有一点是可以肯定的,即这三首诗所描写的崭新的内容,其中所包涵的审美意识,绝不是曹植、左思、潘岳、陆机的时代可以比拟的。

一代有一代的文学,一代有一代的诗歌,萧纲认识到了代有才人的规律。而且,不管和谁的诗,都应该是"风云吐于行间,珠玉生

---

① 见《艺文类聚》卷五十八。

于字里"的宫体诗。萧纲给予很高评价的原因,其实是借对新渝侯萧暎宫体诗的评价,表达了他与湘东王萧绎,以及其他优秀宫体诗人的作品,已完全达到了"跨蹑曹、左,含超潘、陆"的历史高度,是曹植、左思、潘岳、陆机以后生机勃勃的新文学。

萧纲在对仿效谢灵运和裴子野的不满中表现出强烈的当代经典意识和批判精神,恰好如同他在《答新渝侯和诗书》中对新渝侯萧暎诗的赞美。在性情卓绝,新致英奇,人的情性得到充分展示和审美意识的"新""奇"上,宫体诗与曹植、左思、潘岳、陆机,都是各领风骚中的一环。

随着徐摛、徐陵父子和庾肩吾、庾信父子入晋安王萧纲幕;围绕在萧纲周围的宫体诗人便云蒸霞蔚,托乘后车者,抱篇章而景慕,映余晖以自烛,创作越来越繁盛。

萧统逝世,萧纲任皇太子,宫体诗的名称和新变的诗歌与理论,便溢出东宫的围墙,被写进历史,成为影响唐代一百年的新诗体和中国诗学审美中的一环。

十、诗人皇帝悲惨的结局

梁武帝在深宫被饿死以后,萧纲即位登上皇帝的宝座,成了一个本色的诗人皇帝,一个心有不甘的傀儡皇帝。

张溥在《汉魏六朝百三家集·梁简文集题辞》中,对萧纲作了一个客观而同情的评价。他说:

> 贼景犯阙,强登帝座,吞土不祥,终于协梦。至今读其题壁序,自云:"兰陵正士,弗欺暗屋",辄为泣数行下。武帝开门揖盗,自戕血胤。简文立颠沛之中,罹怀、愍之酷。跋胡疐尾,孽非己作。后代讳其闵凶,并其文字指为无福,不得拟《秋风》,步《短歌》,亦足悲也。

张溥一是说他死得悲惨;二是说他的题壁诗读之使人泣下;三是说引进侯景造成梁朝的混乱不是他的过错;四是说因为他的不幸,所以后代把他写的文字也认为不祥,不得拟《秋风》,步《短歌》,实在可悲,真是一针见血。

作为一个优秀的诗人,诗人会有梦,萧纲也许做梦都想成为一个为老百姓爱戴的好皇帝,一个能掌控时势令,内外臣服、能关心

224

人民,促进国计民生、能推进文明,光大文化的好皇帝,像他父亲
一样。

但他的生命真是一场诗人梦;诗人皇帝萧纲的人生分成以下
三段:

(一) 萧纲七岁就成了诗人

萧纲聪明、低调、敏睿,识悟过人。作为一个皇家子弟来说,这
时候最主要的工作是学习,学习立身之道,学习经学知识,学习从
政的手段等等。但萧纲最感兴趣的,也许是诗歌,最有天赋的地
方,也是诗歌。

与其他兄弟相比,除了自己的亲哥哥萧统,萧纲大概是最受萧
衍宠爱的一个。四岁被封为晋安王,七岁时正式出宫,初为云麾将
军,领石头戍军事,量置佐吏,第二年为南兖州刺史。从梁代诸藩
王的将军号来看,初出宫就为云麾将军的独萧纲一个人。萧纲对
这些半懂不懂的任务和职务也从听父亲话的角度认认真真,兢兢
业业,但他最酷爱,令他最愉快,最游刃有余的还是诗歌。

前面说过,萧纲六岁就能写文章,让父亲萧衍惊讶得不敢相
信。萧衍认真地面试过萧纲,亲眼看到儿子萧纲不仅写出文章,而
且辞采甚美。惊叹说:"此子,吾家之东阿。"

"东阿"是谁? 就是曹操的儿子曹植。曹植是在中国诗歌史上
有重要贡献的大诗人,父亲以"吾家的曹植"来评论、期许萧纲,那
是对萧纲最大的赞美。

父亲萧衍咨询周舍,周舍推荐徐摛,萧衍请徐摛为萧纲的侍读
老师。

但萧纲说自己:"七岁有诗癖,长而不倦。"①说明他写诗,并且
成"癖",是徐摛来之前就开始,没有受徐摛的影响。但侍读徐摛来
了以后,还是对他的诗歌创作发生了很大的影响。徐摛的"遍览经

---

① 见《梁书》卷第四《本纪》第四《简文帝》。

史。属文好为新变,不拘旧体",不拘旧体的"新变",从此成了萧纲一生追求的种子;萧纲后来的"宫体诗",其实是徐摛"不拘旧体""新变"的发扬光大;这一诗体,成了萧纲对中国诗歌的贡献。

从七岁开始,不仅写诗,有了"诗癖",而且"长而不倦",这也影响了萧纲的一生。

诗是什么? 是"真善美"的结合体,是"白日梦"——这使萧纲一生所有的行事,包括当皇帝的事业里,都有"真善美"的内涵和"梦"的憧憬。

(二)东宫"养德"的诗人太子

中大通三年(531),三十一岁的萧统去世。

《梁书》昭明太子本传里载萧衍亲往东宫,临哭尽哀。我们知道,相比于其他的儿子,萧衍给予萧统的爱宠是最多的。萧统自身的聪慧是一方面,更重要的恐怕是长子的身份,萧衍早年无子,曾过继临川王萧宏的儿子萧正德为子,可见对于后嗣本已不抱希望,然而齐和帝中兴元年(501)萧衍三十八岁时突然就有了这个儿子。而不久之后,萧衍便建梁代齐,同年十一月就将萧统立为太子。

萧统五岁时,萧衍方令他出居东宫,而一听说萧统出宫后"思恋不乐",萧衍便挂心了,每五日一朝,之后便留萧统住在永福省,"或五日三日乃还宫"。宠爱之情可想而知。

而就在萧统过世之前,先是普通六年(525)有萧综奔魏,后有萧绩于中大通元年(529)逝世,所以,萧统的逝世,对于中大通三年已过六十八春秋的萧衍来说,白发人频繁地为黑发人举哀,其痛可以想见。

但是,作为一个皇帝,在这个时候只有尽哀是不够的。他必须尽快为这个王朝选立下一任的太子,萧纲就在这样的一个时间,应运而出,用萧伦的话来说:"时无豫章,故以次立。"

说到这里,我们并不是为了重复讲萧纲如何被立为太子,这一点之前已经讲了足够多了,这里我们要讲的是在这样的前提之下,萧纲对于身为太子所应承担的责任是不能不有所自觉的。

《梁书·简文帝本纪》说他："及居监抚，多所弘宥，文案簿领，纤毫不可欺。"第一是"监抚尽责"，而且在处理这些事情的时候，态度是"多所弘宥"，气量很大。

作为太子，萧纲是有监抚之责的，他对于身上的责任还是相当清楚的，曾经在《答徐摛书》中说：

> 山涛有云，东宫"养德而已。"但今与古殊，时有监抚之务。竟不能黜邪进善，少助国章，献可替不，仰裨圣政，以此惭遑，无忘夕惕。驱驰五岭，在戎十年，险阻艰难，备更之矣。观夫全躯具臣，刀笔小吏，未尝识山川之形势，介胄之勤劳，细民之疾苦，风俗之嗜好，高阁之间可来，高门之地徒重。玉馔罗前，黄金在握，涅訾栗斯，容与自憙，亦复言義、轩以来，一人而已。使人见此，良足长叹。①

什么叫"东宫'养德而已'"呢？山涛的原话见《文选·竟陵王行状》李善注所引山涛《启示》，原文说："东宫少事，养德而已。"这话说得模糊，仿佛太子的工作极少一般，其实山涛要表达的恐怕是太子不必做其他的事情，只"养德"即可了。

萧纲待人的宽厚，品行、性格都像哥哥萧统一般，对世界一片仁慈。待民尚且宽厚，更不必说对自己的亲人了。普通七年（526），他的母亲丁贵嫔去世，哥哥萧统居母忧，哀毁骨立，自不必说，萧纲自己亦是"昼夜号泣不绝声，所坐之席，沾湿尽烂"。

这一年，因为之前的种种政绩，萧纲当以雍州刺史权进都督荆、益、南梁三州诸军事。萧纲以母忧，上表陈解，萧衍遂诏准其还摄本任。也是在这一年，雍州发生了一件颇可一说之事。有一个叫张景愿的百姓，八岁时见父亲为人所杀，一心要报仇，多年后遇

---

① 萧纲《答徐摛书》，见《梁简文帝集校注》，第768页。

到了杀父仇人手斩其首并以其首级祭父墓。事后,张景愿到郡里自首。萧纲听说此事后,非但没有治他的罪,还下令赏赐他以旌表孝子。我们自然相信,这事就算发生在别的年头,萧纲恐怕也会释其罪过并旌其孝行,但在母亲刚刚过世的这一年,萧纲这样的举动里就不仅仅有对百姓教化之意,恐怕也寄托了自己对于母亲的孝思。

(三) 和谐宫闱,息事宁人的诗人太子

"时无豫章,故以次立",从萧纶的话不难看出,当时人对于萧纲被立为太子是颇有意见的,这一点在前文中已有讨论,我们要说的是萧纲的态度。一方面,被立为太子后,外有朝臣议论,甚至是《檄梁文》中都以"用舍乖方,废立失所"来评价,内有兄弟与侄子们的不满,萧纲不可能不有所省觉。据《南史·梁宗室下》萧范本传载:

> 时武帝年高,诸王莫肯相服。简文虽居储贰,亦不自安,而与司空邵陵王纶特相疑阻。纶时为丹阳尹,威震都下。简文乃选精兵以卫宫内。兄弟相贰,声闻四方。①

又,据《资治通鉴》载:"上(梁武帝)年高,诸子心不相下,邵陵王纶为丹杨尹,湘东王绎在江州,武陵王纪在益州,皆权侔人主;太子纲恶之,常选精兵以卫东宫。"②

《资治通鉴》的这段记载是放在中大同元年(546),这里没有提到萧绎,实际上这一年萧绎尚在。没有提到他,恐怕是因为他是萧纲的同母弟弟,从萧纲的角度最不必防备。

而所论及的诸人之中,即使"权侔人主",从当时的表现来看,

---

① 《南史》卷五十二。
② 《资治通鉴》卷一百五十九。

萧绎也不太会起兵,这一点我们稍后再谈。而结合《南史》的记载来看,这里萧纲特别提防的当是萧纶。

特别值得一提的是,萧纶在中大同二年(或太清元年)萧续死后的举动。据《南史·萧纶传》载:"及庐陵之没,纶觖望滋甚,于是伏兵于莽,用伺车驾。而台舍人张僧胤知之,其谋颇泄。又纶献曲阿酒百器,上以赐寺人,饮之而毙。上乃不自安,颇加卫士,以警宫内。于是传者诸相疑阻,而纶亦不惧。武帝竟不能有所废黜,卒至宗室争竞,为天下笑。"①

萧纶何以会起杀父之念呢?他的逻辑很简单:作为萧衍第六子,他之前有萧统等五位兄长,老大去世,老二出奔,老四老五也都去世了,在他之前除了父亲萧衍,便只有萧纲,一旦萧衍、萧纲没有了,天下自然是他的了。对父亲尚且会起杀戮之心,何况是对萧纲!可以想见,萧纲的担心不是没有道理的。

但另一方面,萧纲还是要尽力去和谐宫闱。这已经不仅仅是身为太子的气度,还是身为太子的责任。

要讨论这个,恐怕得从萧衍说起。宋齐以来,宗室相残杀时有发生,萧衍更是亲眼见过骨肉相残。当年王融试图以萧子良为帝时,就曾联络萧衍与乃兄萧懿,而萧氏兄弟并没有与王融站在一处,这也导致了萧子良在这一次皇权争夺战中的失败。正是因为亲见了南齐宗室的纷争,所以从建立梁朝开始,萧衍一直有意避免宗室之间的矛盾,只要弟弟们能安于现状,哪怕狂敛钱财也无所谓,这也就有了萧衍对萧宏满库财帛不过发出"汝生活大可"之叹。

萧统的态度和父亲也是一样,萧正德与自己的亲妹妹长乐主私通,甚至为了彻底地占有她烧宅杀婢,佯为妹死的地步,到后来又要夺张准的雉媒,结果被张准在重云殿净贡的场合大声叱骂,萧统唯恐被萧衍得知而居中劝和。

秉承着萧衍、萧统的做法,萧纲在太子位上也以和谐宫闱为要

---

① 《南史》卷五十三。

务,有两件事情颇可为证。其一是关于萧纶。据《南史》萧纶本传载:

> 中大通四年,为扬州刺史。纶素骄纵,欲盛器服,遣人就市赊买锦采丝布数百疋,拟与左右职局防阁为绛衫、内人帐幔。百姓并关闭邸店不出。台续使少府市采,经时不能得,敕责,府丞何智通具以闻,因被责还第。恒遣心腹马容戴子高、戴瓜、李撤、赵智英等于路寻目智通,于白马巷逢之,以槊刺之,刃出于背。智通以血书壁作"邵陵"字乃绝,遂知之。帝悬钱百万购贼,有西州游军将宋鹊子条姓名以启,敕遣舍人诸昙粲领斋仗五百人围纶第,于内人槛中禽瓜、撤、智英。子高骁勇,逾墙突围,遂免。智通子敳之割炙食之,即载出新亭,四面火炙之焦熟,敳车载钱设盐蒜,雇百姓食撤一脔,赏钱一千。徒党并母肉遂尽。

萧纶在少年时代就做过很多荒唐的事,到了中大通四年已经二十六岁了,却并没有完全去掉恶习,非但如此,似乎更无法无天。年少时犯错,萧衍差点逼他自尽,幸有萧统百般求情,而这一次,他被免为庶人,又有萧纲以自居兄长未尽劝励之职而上启谢罪。

萧纲《谢邵陵王禁锢启》说:

> 臣纶习近宵人,不能改过,屡犯明宪,三入刑科。昔缪彤掩扉,曹议著论,布衣昆弟,且相诫勖,以臣居长,终惭劝励。仰负慈严,心颜战誓。(《艺文类聚》卷五十四)

实际上,从前面的叙述中,我们不难发现,萧纲与萧纶之间并不真的那么兄友弟恭,但是,作为太子的萧纲深知自己的责任所在,因此在这样的关头站出来为弟弟承担罪责,这是他负责的表现。

另外一件颇可一说之事即所谓"西归内人"之事。据《南史·萧续传》载：

> 元帝之临荆州，有宫人李桃儿者，以才慧得进，及还，以李氏行。时行宫户禁重，续具状以闻。元帝泣对使诉于简文，简文和之得止。元帝犹惧，送李氏还荆州，世所谓西归内人者。自是二王书问不通。及续薨，元帝时为江州，闻问，入阁而跃，屉为之破。寻自江州复为荆州，荆州人迎于我境，帝数而遣之，吏人失望。

萧续是萧统、萧纲的同母弟弟，关系自不必说。萧绎的生母是阮修容。《南史·萧续传》说，他母亲的得幸，是由丁贵嫔撮合而成。"故元帝与简文相得，而与庐陵王少相狎，长相谤。"

所以，萧绎和萧统、萧纲的关系，在某种程度上也反映了母亲之间的关系。

前章已经说过，萧衍的原配夫人是出身名门的郗徽，但只为萧衍生了三个女儿：永兴公主萧玉姚、永世公主萧玉婉和永康公主萧玉嬛，没有等到萧衍代齐建梁，三十二岁就死了。但萧衍最爱她，无论生前死后，一直对她念念不忘。

萧衍代齐建梁后，追封她为"德皇后"，并下葬于修陵。萧纲的母亲丁令光是萧衍的第二任妻子。兖州刺史、宣城太守丁道迁之女，十四岁时，被萧衍纳为妾。

被萧衍纳为妾的萧统、萧纲的母亲，一直生活在郗徽的阴影之下。《南史·卷十二·列传第二》记载：郗徽对她妒忌、刻薄，经常虐待她，她一直很痛苦。

但是，事业如日中天的萧衍都快四十岁的萧衍还没有一个儿子，心里自然很着急，而就在他着急的时候，中兴元年（501）九月，丁令光在襄阳为他生下儿子萧统，天监元年（502）四月，萧衍受禅登基，建立梁朝。

　　成为梁武帝的萧衍,怀念的仍然是妻子郗徽,追封她为"德皇后"。此后终身都未立其他皇后。甚至礼仪部门奏请梁武帝封丁令光为比皇后低一等的贵人,梁武帝都没有同意;过了几个月,礼仪部门再次奏请梁武帝封丁令光为贵嫔,梁武帝才同意了;从此,萧统的母亲,地位才在另外三位夫人之上,并居住在显阳殿。

　　萧统被立为皇太子以后,丁夫人又为已经成了梁武帝的萧衍再添二子。天监二年(503),丁令光又生下萧纲;天监三年(504)又生下第五子萧续。大臣们又上奏说,既然皇太子萧统是皇帝的副手,普天下都对他执臣子的礼节。那么,太子的母亲,也就应该相应地加以敬重,应以敬奉皇太子的礼节敬奉她,梁武帝同意了。以后,丁夫人所具备的典章礼仪,与太子萧统相同。

　　丁氏虽然不怎么被丈夫喜欢,却因为生了三个儿子,儿子使她的地位越来越高,也越来越稳固。

　　被丁夫人撮合成为梁武帝夫人的阮修容,一是敬畏丁夫人,二是感谢丁夫人。所以,会尽一切努力搞好和丁夫人以及她三个儿子的关系。这种想法和行动,一定会传授给她的儿子萧绎,并成为她们母子的法宝和秘密。

　　因此,萧绎无疑从小就会受阮修容的感染和耳提面命,跟萧统兄弟保持极好的关系,所以他早年与萧统、萧纲乃至萧续的往来都很多。

　　由此可知,前面引到《资治通鉴》中诸侯"权侔人主"的记载,恐怕有想当然的成分,从当时萧绎的身份与萧绎对萧统、萧纲兄弟一贯的态度来看,是不可能的。大同六年(540)萧绎出任江州刺史时,萧纲还曾设宴送别,有庾肩吾《侍宴饯湘东王应令诗》为证①。

　　而至中大同元年(546)萧绎"尝有不豫",甚至《金楼子·终制篇》都被推断为作于此时。而萧纲、萧绎是有相通的文学意趣的,一向知道进退的萧绎,绝不会贸然与萧纲作对,这是可以肯定的。

　　萧绎和萧纲的关系,是萧绎第一要考虑的,这和他与萧续的关

---

① 《艺文类聚》卷二十九。

系又不一样。萧绎与萧续的关系，可以随便一点，从所谓"少相狎"可知两人的关系是极其亲昵的，但是过于亲近的关系，往往很难善始善终，何况二者之间年龄相近，地位相差无几，随着年龄的增长关系变得很糟似乎也是可以理解的，于是所谓的"西归内人"事件才会上演。

在这样的关头，萧绎想起了萧纲，而萧纲果然担负起了兄长的责任，居中调解，终于令此事消匿于无形。

综上所述，在成为太子以后，无论是监国抚民还是和谐宫闱，萧纲都尽职尽责，这是有很多材料证明的。

（四）诗人仍然有指挥打仗的能力

普通五年梁朝发动的北伐战争正是在荆雍之地展开的，时任雍州刺史的萧纲在襄阳拜表北伐，率诸军进讨，平定了南阳、新野等郡，拓地千余里。其中，穰城守将曾经向梁求和。

萧纲写了《答穰城求和移文》：

> 属彼数及悔亡，运逢瓦解，石言水斗，实验地凶，飞絮雨粟，还符天怪，故沦俗骏奔，遗黎南请。所以皇略北征，事同拯溺，愍百姓之未安，伤一物之失所。故馀民襁负，扫地来王。而向化之党，忽览今移。咸以陶兹礼乐，重睹衣冠，已变伊川之发，兼削呼韩之衽。宁当生入玉关，死归建业。民情若此，匪我求蒙。行人远届，实亦劳止。想近察时机，远详图纬，早去中原，遄反桑梓，旋地脉而北移，越天渠而南指。然后三姓二贤，可存十半，如其遂固守株，不达玄象。将恐卫将之师，复有狼居之战；应侯之讨，更睹阴山之哭。

萧纲攻下了穰城①，这是他一生中最辉煌的时刻之一。

①　见《艺文类聚》卷五十八。

这一胜利至少说明萧纲有调兵遣将之能,这对于一直想要将势力延伸至北朝的萧衍来说,无疑很重要。

根据《南史》卷五十二《萧暎传》记载:

> 普通中北侵,攻穰城,城内有人年二百四十岁,不复能食谷,唯饮曾孙妇乳。简文帝命劳之,赐以束帛。

在这战争频繁,天灾人祸,饥荒连连的时代,穰城竟然还有一个活到二百四十岁的老人。不要说"二百四十岁",就是打对折,一百二十岁,也够吓人的了。而且,听说这位老人已经不能吃米谷,只能饮妇女的乳汁了。出于慈悲为怀的萧纲"命劳之,赐以束帛"。战争是一回事,但人性是不能泯灭的。

又,梁武帝大通二年(528),即北魏孝庄帝建义元年,萧纲发《北略教》,攻魏荆州穰城,其间魏南荆州刺史李志以地来降,这对于萧梁王朝来说无疑非常重要,萧纲又写了《与魏东荆州刺史李志书》①:

> 卿门世英叶,中州旧族。自金天失驭,帝鼎南迁,衣冠播越,不及俱迈,岂可屈志膻戎,久沦胡壤。今皇师外扫,天钺四临,海荡电飞,云蒸雨合,所摧所克,是卿之具闻也。且伪国沸腾,四方幅裂,主虐臣奸,牝鸡乱政。若能早识事机,翻归有道,岂直图形长乐,刻像钟鼎。时事易差,相似勉励,但明月暗投,昔人为诫,邻藩赠药,有可虚怀。密驿轻邮,侧望归简。

这些不仅为萧纲留下了文章,从中也证明,李志来降是有萧纲一份功劳的。可见萧纲不唯在处理藩镇政务上颇有成绩,便是在军事方面,也颇有功劳,这就无怪于中大通元年,萧纲得到了父亲

---

① 见《艺文类聚》卷二十五。

梁武帝给鼓吹一部的赏赐①。

萧纲有《让鼓吹表》：

> 宽博为善，不饰被于声明，缘宠成功，未增荣于铙管，岂宜响芳树于西河，鸣朝飞于黑水？彼己之讥何惧，尸素之诚知惭。

此外，颇可一说的是萧纲关心民生疾苦。即便在战争期间，譬如在梁武帝萧衍普通六年(525)北伐的时候，他为雍州的老百姓着想，写了《临雍州原减民间资教》②。

萧纲《临雍州原减民间资教》说：

> 诚欲投躯决堤，曝身求雨，九伐方弘，三驱未息，役爨之忧，兵家斯急，师兴之费，日用弥广。今春流既长，舻舳争前，转漕相追，馈粮不阙，义存矜急，无俟多费。

此后，萧纲又写下《临雍州革贪惰教》③。萧纲在《临雍州革贪惰教》中写道：

> 壮夫疲于擐甲，匹妇劳于转输，藜藿难充，转死沟壑，春蚕不暖寒肌，冬收不周夏饱，胡宁斯忍，复加衰削，伤盗抵罪，遂为十一之资，金作赎刑，翻成润屋之产。

北伐之后，萧纲更为战争中阵亡的将士祭奠赠赙④，更不用说上文提到的普通年间攻下穰城之后对于老者的厚赐了。

---

① 见《艺文类聚》卷六十八。
② 见《艺文类聚》卷五十。
③ 见《艺文类聚》卷五十。
④ 萧纲《祭北行战亡将客教》。

（五）萧纲警惕朱异

中国长达两千多年的帝制社会中，有一个重要的问题，即皇党和太子党之间的矛盾，不论父子关系如何，父亲在位期间，做太子的儿子如果不能把握分寸，日子总是要过得很艰难的。也就是说，作为太子，不宜锋芒太露，更何况萧衍根本不会把权力放开，萧纲怎么会不懂得这个道理，他一方面想要承担一些工作，借感慨有监抚之务在身，叹自己不想仅仅养德而已的意愿，另一方面却也不能不承认想要做点什么实际很困难。

即便这样，对父亲身边的隐患，这篇文章里反复讲到了"黜邪"，"刀笔小吏"，萧纲还是敢于斗争的，这就是对朱异。实际上，在萧纲的心目中，朱异恐怕也算一"邪"。

朱异在萧衍身边典掌机要，《梁书》朱异本传称他："居权要三十余年，善窥人主意曲，能阿谀以承上旨，故特被宠任。"而徐摛的离开东宫，按照《梁书》的记载便是梁武帝受了朱异挑唆的结果，今人往往要去为此加以辩驳，我们且不论梁武帝本身是否有意将徐摛遣离东宫，但在萧纲眼里，"刀笔小吏"的作用不容小觑，那么将徐摛的离开与朱异联系在一起，恐怕就不是史家杜撰的东西，在当时恐已有风评了，至少在萧纲心目中恐怕已是如此。

当然，最后朱异的死也被认为与萧纲的《围城赋》有关系，若果真如此，萧纲也算完成了"黜邪"之责。

也是跟"刀笔小吏"相关，我们看到的，也仍是欲尽监抚之责的萧纲的无奈。按《隋书·刑法志》载，由于梁武帝以儒家治世，不用法家，故此疏简刑法，公卿大臣也就都不在刑狱方面下功夫，致使小吏玩弄权法，以权钱交易，致使冤刑、滥刑之事多发，甚至于每年光是判处两年有期刑罚的人就多达五千人。

还是大同中，萧纲在春宫视事，见而慼之，乃上疏父亲萧衍说：

臣以比时奉敕，权亲京师杂事。切见南北郊坛、材官、车府、太官下省、左装等处上启,并请四五岁已下轻囚,助充使役。自有刑均罪等,怨目不异,而甲付钱署,乙配郊坛。钱署三所,于事为剧,郊坛六处,在役则优。今听狱官详其可否,舞文之路,自此而生。公平难遇其人,流泉易启其齿,将恐玉科重轻,全关墨绶,金书去取,更由丹笔。愚谓宜详立条制,以为永准。

萧衍收到这份上书,倒是亲手写了敕令,称:

> 顷年已来,处处之役,唯资徒谪,逐急充配。若科制繁细,义同简丝,切须之处,终不可得。引例兴讼,纷纭方始。防杜奸巧。自是为难。更当别思,取其便也。

显然,萧纲的意见,萧衍并不打算接受。《隋书·刑法志》还记载了萧宏造反企图杀兄时萧衍的反应,不过是"泣而让",虽暂免所居官,很快又让他还复本职了。由是王侯骄横转甚,待到大同十一年十月,又开赎罪之科,至中大同元年七月甲子,甚至下诏称只有不犯大逆之罪,父母、祖父母都不受牵连。

由于"禁网渐疏",百姓虽一时为安,贵戚之家却不法尤甚矣,最终侯景逆乱甚至久而不平,不能说与此毫无干系。而萧纲虽知结果终究是无可奈何,却仍在太子任上为国为家尽其绵薄之力。

(六) 太子诗人本色:频频举行诗歌文化活动

此外,萧纲在发展文化事业上也作出了一定的贡献。萧纲在藩时就经常组织文化活动,如下令赋诗①,或是编撰书籍,如庾肩吾就曾"被命与刘孝威、江伯摇、孔敬通、申子悦、徐防、徐摛、王囿、孔

---

① 《三日赋诗教》:"二府州纲纪:今气序韶明,风云调谧,岂直洛格嘉宴,金谷可游,景落兴道,舞雩斯在,咸可赋诗。"载于《文馆词林》卷六百九十九。

铄、鲍至等十人抄撰众籍,丰其果馔,号高斋学士"①。可以想见,《法宝联璧》就是这样编撰完成的②。他还曾结交当世贤士,如何胤等。总之,可以看到萧纲在文化事业上的努力。

自为太子后,萧纲在这一方面就更加努力了,《梁书·简文帝本纪》说他:

> 引纳文学之士,赏接无倦,恒讨论篇籍,继以文章。

萧纲具有诗人的同情心,这一点,只要与魏曹彰对比一下就知道了。

曹操的儿子曹彰喜欢好马,曾用自家的宠姬交换了一匹马,后世文人,对此津津乐道。萧纲从妇女的角度考虑,对曹彰这种把女人当作牛马一样可以任意交换的做法很难受,很生气。以抑制不住的感情,写了《和人以妾换马》:

> 功名幸多种,何事苦生离。
> 谁言似白玉,定是愧青骊。
> 必取匣中钏,回作饰金羁。
> 真成恨不已,愿得路傍儿!

萧纲希望路旁能出现个杀马豪士,毁掉这场人畜交易。因此史臣说:"及养德东朝,声被夷夏,洎乎继统,实有人君之懿矣。"③ "人君之懿"的意思就是"有道德的好皇帝"。

同情心还可以看萧纲对于一些臣子或名士隐者如陆杲、王规

---

① 《南史》卷五十庾肩吾本传。
② 《南史》卷四十八《陆杲传》载:"初,简文在雍州,撰法宝联璧,杲与群贤并抄掇区分者数岁。中大通六年而书成,命湘东王为序。其作者有侍中国子祭酒南兰陵萧子显等三十人,以比王象、刘邵之皇览焉。"
③ 见《梁书·简文帝本纪》。

等身后事件的处置。

以王规为例。王规是琅琊王氏之后，王俭之孙，且不说王俭对梁武帝有赏识之恩，单从王规自身的文才，萧纲对他也是极看重的。自普通二年(521)萧纲为南徐州刺史，引王规为云麾谘议参军以后，二人的关系便不比从前(王规曾为萧统属官)，至萧纲为太子，新选东宫属官时，王规预其列。

大同二年(536)，王规卒，年四十五，萧纲临哭，次日便作《与湘东王令悼王规》①，痛惜王规之离世，《与湘东王令悼王规》说：

> 威明昨宵奄复殂化，甚可痛伤。其风韵道上，神峰标映，千里绝迹，百尺无枝。文辩纵横，才学优赡，跌宕之情弥远，濠梁之气特多，斯实俊民也。一尔过隙，永归长夜，金刀掩芒，长淮绝涸。去岁冬中，已伤刘子；今兹寒孟，复悼王生。俱往之伤，信非虚说。

还亲为王规作《庶子王规墓志铭》②。墓志铭上写：

> 玉挺蓝田，珠润隋水，价重连城，声同垂棘。偶应龙之篇影，等威凤之羽仪。名理超于荀、王，博洽侔于终、贾。稍迁侍中，佩玉玺于文昌，珥金貂于武帐。文雅与绮谷相宣，逸气并云霞俱远。副君取敬杜夷，时回晋储之驾；追嗟徐翰，亦降魏两之书。爰发睿辞，为铭云尔：七略百家，三藏九部。成诵其心，谈天其口。胜气无俦，高尘谁偶，荣圭掩采，灵剑摧锋。宋郊沦鼎，洛水沈钟；玄扉不昼，幽夜恒冬。

萧纲对王规的痛悼，自然有个人关系的一个层面，但是对臣属表达

---

① 《与湘东王令悼王规》，载于《梁书》卷四十一王规本传。
② 《庶子王规墓志铭》，载于《艺文类聚》卷四十九。

出这样的情谊正应是身为太子该有的姿态。

身为太子,萧纲带动的文化活动颇多,饮宴赋诗,标举新体,抄撰书籍,等等,又从父亲作了种种佛事活动,这其中颇可一说的是在教育方面的推波助澜活动。

据《梁书·武帝纪》载:"大同中,于台西立士林馆,领军朱异、太府卿贺琛、舍人孔子袪等递相讲述。皇太子、宣城王亦于东宫宣猷堂及扬州廨开讲,于是四方郡国,趋学向风,云集于京师矣。"①总之,从以上内容,不难看出萧纲为太子的身份所作的努力。

(七) 一着不慎满盘皆输

"侯景之乱"是整个梁朝的转折点,梁太清元年(547),一辈子英明的梁武帝犯了错误,接纳了北朝东魏将领侯景的投降,结果引狼入室,发生了长达四年之久的"侯景之乱"。

其实,当时设身处地地为梁武帝想,接纳侯景投降,不能算错误,说不定还是个英明的举措,是一个伟大的设想。梁朝、东魏、西魏对峙的时期,阶级矛盾和民族矛盾,比魏、蜀、吴三国鼎立的时期更深刻,变化更多,也更加复杂,所有的人,即使再英明的人,也不可能每一步都计算准确;被神话了的诸葛亮其实也一样犯过用人的错误。

"瘌子枭雄"侯景(503—552),少年时顽劣不羁,横行乡里,是当地著名的恶少。原为北魏怀朔镇(今内蒙古固阳南)戍兵,渐升为镇功曹史。北魏末年六镇起义时,侯景率部众投靠契胡族酋长尔朱荣;高欢灭尔朱荣,侯景又叛归高欢。任东魏尚书左仆射、吏部尚书、司空、司徒、河南道大行台(即河南道最高军政长官)。

东魏武定五年(547),高欢逝世,高欢儿子高澄执政。侯景便放出恶言。高澄忌怕侯景叛乱,把他调入京城,解除他的兵权。侯景变而投降西魏,但西魏亦调他入京,他转而求降于梁朝。梁朝大

---

① 《梁书》卷三。

臣虽多反对，但梁武帝考虑到收复中原可以利用侯景，于是招纳，封为河南王。

不久，梁宗室子弟萧渊明被东魏俘获，侯景假冒魏人口吻写信，要求以萧渊明换侯景①，梁武帝回复同意，此事激怒侯景。侯景本有作乱之心，遂暗中勾结野心篡位的梁武帝之侄萧正德作内应。

梁太清二年(548)八月，侯景以讨朱异为名举兵叛。十月，侯景袭谯州、历阳，引兵临江。己酉，侯景横江济于采石，京师戒严。萧纲见事急，面启已经年迈的武帝说："请以事垂付，愿不劳圣心。"

梁武帝说："此自汝事，何更问为。内外军事，悉以付汝。"叛军至朱雀桁南，萧纲命萧正德守宣阳门，庾信守朱雀门，亲率宫中文武三千余人营桁北，保卫京师。结果庾信弃军而走；萧正德则派大船数十艘，暗中接济侯景军辎重，接侯景叛军过江，进军建康，包围宫城。侯景射启城中，求诛朱异。武帝将诛之，萧纲说："贼以异等为名耳，今日杀之，无救于急，适足贻笑将来，俟贼平诛之未晚。"

侯景猛攻台城，又将在南方沦为奴隶的北方人全部放免，让这些底层贫苦的人参加他的军队，这些人以万计，大大提高了贼军的战斗力。并"造诸攻具及飞楼、橦车、登城车、钩堞车、阶道车、火车，并高数丈，一车至二十轮，陈于阙前，百道攻城并用焉"②。围攻梁都建康的核心台城(今江苏南京玄武湖南)一百三十余天。

太清三年(549)正月十三日，萧纲迁居永福省。高州刺史李迁仕、天门太守樊文皎率领一万多名援兵赶到城下。朝廷与援军之间的书信往来已经中断很久，有一位叫羊车儿的人出了一个主意，做了一只纸鸢，系上长绳，将敕令写在风筝里，顺风放出去，希望它能到达援军中的任何一支部队。为了保证成功，纸鸢上还题上这样几个字："得鸢送援军，赏银百两。"萧纲亲自在太极殿前，乘着西北风放出风筝。

---

① 《南史》卷八十载梁武帝复信东魏曰："贞阳(指贞阳侯萧渊明)且至，侯景夕返。"
② 见《梁书·侯景传》。

风筝在台城前的天空上飘飞,侯景贼军没有见过风筝,以为妖术,便用箭射落之。

援军那一边也在招募能进入都城呈送文书的人,鄱阳王嫡长子萧嗣身边的下属李朗主动请求先打自己一顿鞭子,然后假装得罪了上司,叛逃到贼兵那里,因此得到机会进入城中,城中的军民这才知道援军已经聚集在周围,全城上下高兴得又是擂鼓又是呐喊。梁武帝任命李朗为直将军,赏赐他金银后又派他出城。李朗沿着钟山的后面,晚上行走白天潜伏,几天后到达援军的营垒。

太清三年(549),二月,台城中公卿士兵粮食严重缺乏。当初,关闭城门时,男的、女的、尊贵的、低贱的都出来背米;拆除尚书省的建筑作木柴,军士没有粮食,或煮铠、熏鼠、捕雀而食之。御甘露厨有乾苔,味酸咸,分给战士;军人屠马,杂以人肉;侯景贼军亦饥饿。

梁临贺王记宝,吴郡顾野王起兵讨侯景。侯景忧援军日至,便派人来求和,梁武帝不同意。好人萧纲看到城中如此艰难,再拖下去也不利,便请求梁武帝同意谈判媾和。梁武帝愤怒地说:"和不如死!"太子萧纲再三再四地请求说:"侯景围逼已久,援军相仗不战,宜且许其和,更为后图。"梁武帝犹豫了很久说:"汝自谋之,勿令千载贻笑。"于是同意与侯景媾和。

于是,萧纲派出代表与侯景盟于西华门下,由仆射王克、上甲侯韶、史部郎萧与于子悦、任约、王伟登坛共盟;侯景出栅门,遥遥相对,更杀牲歃血为誓。

谈判的主要内容,是侯景乞割江右四州之地(南豫、西豫、合州、光州)给他,并求宣城王大器(萧纲长子)到他那里做人质。梁武帝以大器之弟大款为侍中,为侯景人质;又敕各援军不再前进。

当时同意谈判,其实是一个正确的选择;尽管双方都有防备,但变数仍然很多。

因此,虽然谈判签订了盟书,但侯景仍然包围台城,而且还在修理铠仗,托词无船,不能马上撤军。看出并无撤军的迹象的萧纲知道其中有诈,知道侯景说的是假话,但是表面上还是与他周旋,不放弃任何可以利用的机会。

当时,湘东王萧绎的部队驻扎在郢州的武城;湘州刺史河东王萧誉的部队驻扎在青草湖;信州刺史桂阳王萧象的部队驻扎在西峡口;他们都借口要等待四面来的援兵,因此久留在原地不前进,互探虚实。既得到梁武帝的命令,便引军后退。

但是,前南兖州刺史、南康王萧会理,前青冀二州刺史、湘潭侯萧退,西昌侯的嫡长子萧率领三万的人马来到马洲。侯景担心他们从白下攻打上来,就向梁武帝呈交奏折,说:"请让驻扎在北面马洲的部队聚集起来,回到南岸去,如果不这样的话,就会妨碍我们渡长江北归。"萧纲便命萧会理将部队从白下城转移到江潭苑。

侯景又启奏梁武帝,说:"刚才我接到一封来自西岸的信,上面说高澄已经取得了寿阳、钟离这两个地方,我现在没有地方可以立足,请求皇上将广陵和谯州借给我,等我夺取了寿阳,马上会把广陵和谯州奉还给朝廷。"萧纲也同意了。

侯景见荆州湘东王绎师已退去,其他援军虽多,但无统一督率之令,不久便又挖开皇宫石门前的玄武湖,引出里面的湖水灌城,开始从各处攻城,昼夜不停,发动猛烈的进攻。

三月,台城被攻陷。许多建筑物都被破坏,东宫台殿所藏图书数百橱,全被烧掉。人口剩下十分之二三。湘东王萧绎使全威将军会稽王琳送米二十万石以馈军,至姑孰,闻台城陷,沉米于江而还。

永安侯萧确奋力拼搏,不能打退敌人,就推开宫中的小门启禀梁武帝道:"台城已经陷落了。"梁武帝平静地躺着不动,问道:"还可以打一仗吗?"萧确回答说:"已经不行了。"梁武帝叹了一口气说道:"从我这儿得到的,又从我这儿失去,还有什么可遗憾的呢!"

侯景先去见梁武帝,又来到永福省见太子萧纲。乱兵上殿,侍卫惊散。萧纲面无惧容。台城陷落时,庾信投奔江陵萧绎;此时唯中庶子徐摛和通事舍人陈郡殷不害侍立在萧纲身边。萧纲对侯景说:"侯王当以礼见,何得如此!"侯景不能回答,乃拜退。

侯景于是上书梁武帝,陈述梁武帝的十大过失,并且说:

我正要准备离去,所以冒昧地陈述以下谠直之言:

陛下您喜欢崇饰虚诞,恶闻实录,将妖怪视为呈祥的象征,而对上天的谴责却置若罔闻。

您解说六艺,排斥前儒之说,这是王莽的做法。您用铁来铸造货币,轻重时常变化,这是公孙述所采用的办法。

您还滥授官爵,乱刻官印,使官职像烂羊头、烂羊胃一样不值钱,弄得朝纲混乱,这是汉朝更始年间、晋代司马伦篡位时期的风气。

豫章王萧综将父皇视为仇敌,邵陵王萧纶在父皇在世之时,便把一个老头装扮成自己的父亲而加以捶打,这是晋代石虎的做法。

您还大肆建造佛塔,造成极大的浪费,使得四方的百姓饥饿不堪,这分明又是当年笮融、姚兴佞佛的再演。

侯景还说:

建康的皇宫中移崇奢侈的风气,陛下您只跟主书一道决断各种机要大事,政务要通过贿赂才能办成,宦官们豪奢富足,僧人们产业殷实。皇太子一味喜好珠宝,沉湎于酒宴与女色之中,说出的都是轻薄的话语,撰写与吟咏的都是淫荡的诗赋;邵陵王到处残害百姓,湘东王的官员们贪婪放纵;南康王、定襄王的下属个个沐猴而冠,像孙子、侄子一类的亲人,都封王封侯。

我到这里都一百天了,又有谁真的前来保卫王室?像这样而能国运绵长,以前从来未曾有过。昔日鬻拳以武器强谏楚王,楚王最终改正了自己的错误,我今天的举动,又有什么罪过呢?

我希望陛下您受到这次小的惩罚之后,能够进一步警戒自己,放逐那些谗佞小人,接纳忠贞的臣子,这样就能使我不用忧虑再次发动兵变,陛下您也不用蒙受被围困在城中的耻辱了,这对百姓来说也是非常幸运的!

这番话,以侯景的水平是说不出的;这封上梁武帝书,应该是侯景的头号谋臣王伟的口吻;中间再模拟侯景的"烂羊头、烂羊胃"口气。

这封上书除了谋略上的考虑外,还有泄愤的目的,气死梁武帝的目的。

但是,这封上书指陈的梁武帝"十大罪状",仍然令人大吃一惊,以梁武帝的领导艺术,想不到还有像王伟那样的读书人,对国家,对梁武帝不满,并且充满仇恨。

但假如真的像上书里说的,他们就要"离开"退走的话,假如梁武帝重新上台执政,我相信,梁武帝会找王伟来商谈改正的方法。

(八) 诗人皇帝终成傀儡

梁武帝因饥饿、愤怒而死后,皇太子萧纲登上皇位,大赦天下,改元为大宝元年。侯景出屯朝堂,把士兵派到各处守卫;自为都督中外诸军事、大丞相、录尚书。

萧纲当皇帝的时间虽然不长,只有二年零二个月,期间还一直处于贼人侯景的控制之下,没有自由。但他一即位,就大赦天下,颁布了几项在侯景干扰下的法令。如他颁布于太清三年(549)五月辛巳表明自己治国理想的《即位大赦诏》①;颁布于太清三年(549)五月壬午为奴婢着想,也许为侯景所逼颁布的《原放北人为

---

① 萧纲《即位大赦诏》:"朕以不造,夙丁闵凶,大行皇帝奄弃万国,攀慕号躃,厝身靡所,猥以寡德,越居民上,茕茕在疚,罔知所托,方赖藩辅,社稷用安。谨遵先旨,顾命遗泽,宜加亿兆,可大赦天下。"(《梁书·简文帝本纪》)

奴婢者诏》①。

《原放北人为奴婢者诏》曰：

> 育物惟宽，驭民惟惠，道著兴王，本非隶役。或开奉国，便致擒虏。或任边疆，滥被抄劫。二邦是竞，黎元何罪。朕以寡昧，创承鸿业，既临率土，化行宇宙，岂欲使彼，独为匪民？诸州见在北人为奴婢者，并及妻儿，悉可原放。

颁布于大宝元年（550）正月辛亥《改元大宝大赦诏》②。

萧纲《改元大宝大赦诏》曰：

> 盖天下者，至公之神器，在昔三五，不获巳而临莅之。故帝王之功，圣人之馀事，轩冕之华，傥来之一物。太祖文皇帝含光大之量，启西伯之基。高祖武皇帝道洽二仪，智周万物，属齐季荐瘥，彝偷剥丧，同气离入苑之祸，元首怀无厌之欲，乃当乐推之运，因亿兆之心，承彼掎角，雪兹仇耻，事非为己，义实从民，故功成弗居，卑宫菲食，大慈之业普薰，汾阳之诏屡下，于兹四纪，无得而称。朕以寡昧，哀茕孔棘，生灵已尽，志不图全，黾勉视阴，企承鸿绪，悬旌履薄，未足云喻，痛甚愈迟，谅闇弥切。方当玄默在躬，栖心事外，即王道未直，天步犹艰，式凭宰辅，以弘庶政，履端建号，仰惟旧章，可大赦天下，改太清四年为大宝元年。

以及颁布于大宝元年（550）二月丙戌的《解严诏》③。萧纲《解严诏》曰：

---

① 见《梁书·简文帝本纪》。
② 见《梁书·简文帝本纪》。
③ 见《梁书·简文帝本纪》。

近东垂扰乱,江阳纵逸,上宰运谋,猛士雄奋,吴会肃清,济衮澄谧,京师畿内,无事戎衣,朝廷达官,斋内左右,并可解严。

简文帝萧纲自即位以来,侯景对他防范甚严,外人不得进见,唯武林侯谘(帝侄)及仆射王克、舍人殷不害,皆以文弱得出入卧室,帝与之讲论而已,等到萧纲的侄儿萧会理想行刺侯景不成,被杀。王克、殷不害惧祸,稍疏远帝,独侄儿萧谘不离萧纲,朝拜不断,为侯景所杀。

萧纲在严密的监视之下,密诏授荀朗云麾将军、豫州刺史,令与外藩讨伐侯景。又遣太子舍人萧歆至江陵宣密诏,任命萧绎为侍中、假黄钺、大都督中外诸军事。把小儿子萧大圜托付给了湘东王萧绎,并且自己的头发与指甲剪下来寄给他。

侯景纳萧纲女溧阳公主。三月甲申,侯景请萧纲禊宴于乐游苑,帐饮三日。四月,侯景又请萧纲巡游西州。简文帝萧纲乘坐不加雕漆的素辇,带四百多名侍卫人员;侯景则率几千名铁甲铮亮的武士,翼卫在左右。

简文帝听到丝竹之声,凄然流泪,传命侯景起舞;侯景也请简文帝起舞。酒阑人散,简文帝在床上抱着侯景说:"我心里念着丞相。"侯景回答说:"陛下如不念顾我,我哪能得到现在的地位!"直到夜色降临才分手。侯景的奏章和说话,一直说得周全而低调。说话周全而低调的人,最不使人警惕。如有野心,亦容易得逞。面对流氓侯景,萧纲也以智慧与之周旋,但毕竟书生本色,有底线的人对没有底线的人,终将吃亏。

(九) 兰陵正士的最后结局:诗人皇帝之死

大宝元年(550)十月,侯景上表,请简文帝萧纲加封他为"宇宙大将军",都督"六合"诸军事。诏文呈上。简文帝萧纲惊道:"将军乃有宇宙之号乎!"

由于萧纲的机智和应变,加上萧纲女儿溧阳公主长得非常漂亮,侯景沉溺在公主的美色之中,政事也不管了。王伟每次对侯景说什么,侯景都告诉公主。公主每次都数说王伟的恶行。王伟知道以后,担心自己被公主离间。加上梁简文帝萧纲大宝二年(551),湘东王萧绎以尚书令王僧辩为江州刺史,江州刺史陈霸先为东扬州刺史,讨伐侯景。在形势危急之下,王伟劝侯景杀简文帝萧纲以绝众心。

这年八月,侯景遣卫尉卿彭隽等帅兵入殿,杀死萧纲的太子萧大器等宗室王侯二十多人,又将萧纲软禁于永福省,废简文帝萧纲为晋安王。迎立更容易控制的豫章王萧栋为帝。

侯景派吕季略逼萧纲写禅位诏书,萧纲提笔写了个开头,止不住泪下,再也难以握笔,吕季略无可奈何,只得暂时罢休。

侯景假矫萧纲诏,把帝位禅让给豫章王萧栋,改元天正。几个月后,又废豫章王萧栋为淮阴王侯,幽于密室;自己称帝,国号汉,年号太始。但多行不义必自毙①。

萧纲在囚禁了二个月后的一个冬天里,突然做了一个梦,他梦见自己的嘴里塞满了泥土,动弹不得。就问舍人殷不害,是怎么回事?殷不害说,以前晋公子重耳梦见有人送泥土给他,终于复国。陛下所梦,也许是个好兆头。

冬十月,贼臣侯景派部下王、彭隽、王修纂送来酒菜;王伟给萧纲传话说:"承相因陛下忧愤很久,特派臣送酒为陛下上寿。"

萧纲说:"我已禅让了帝位,你怎么还称我陛下?这寿酒还有

---

① 第二年,梁承圣元年(552)四月,湘东王萧绎讨伐侯景。梁将王僧辩、陈霸先大败侯景军,攻下建康。侯景乘船出逃。《梁书·侯景传》说:"王僧辩遣侯瑱率军追景。景至晋陵,劫太守徐永东奔吴郡,进次嘉兴,赵伯超据钱塘拒之。景退还吴郡,达松江,而侯瑱军掩至,景众未阵,皆举幡乞降。景不能制,乃与腹心数十人单舸走,推堕二子于水,自沪渎入海。至壶豆洲,前太子舍人羊鲲杀之,送尸于王僧辩,传首西台,曝尸于建康市。百姓争取屠脍啖食,焚骨扬灰。曾罹其祸者,乃以灰和酒饮之。及景首至江陵,世祖命枭之于市,然后煮而漆之,付武库。"侯景之乱虽平,梁朝的寿命也不长了。不久,陈霸先以攻北齐为借口,袭杀了平定侯景的主帅王僧辩,独自专权,不久,取代梁朝,建立陈朝。

其他的用意吧!"

萧纲自知难免于死,强装笑颜说:"既是寿酒,怎么能不喝?"

于是喝得大醉后睡着。王伟、彭㑺、王修纂就运来土囊,压在萧纲身上,王修纂还坐在土囊上,萧纲就这样被活活闷压而死。地点在永福省,年龄四十九岁,皇帝只做了二年零两个月。死的情况,竟然与梦相同。王伟拆下窗户和门为棺,迁殡于城北酒库中。

萧纲被幽执时,侯景贼军围守甚严,生活凄苦,绝无复纸。萧纲就在墙壁和门板上为文作诗。自序云:

> 有梁正士,兰陵萧纲。立身行己,终始若一。风雨如晦,鸡鸣不已。非欺暗室,岂沉三光。数至于此,命也如何![①]

萧纲死后,诗迹仍留在门板和墙上。贼臣"王伟观之,恶其辞切,即使刮去"[②]。"辞切",其实是"语言真实而措辞真切";所以王伟感到害怕。有跟随王伟进去的人,诵记其中诗句,今存《被幽述志诗》两首:

> 恍忽烟霞散,飕飗松柏阴。
>
> 幽山白杨古,野路黄尘深。
>
> 终无千月命,安用九丹金?
>
> 阙里长芜没,苍天空照心。

"侯景之乱"不能怪萧纲,等到侯景攻陷建康台城,烧杀掠抢;

---

① 《先秦汉魏晋南北朝诗·梁诗卷二十二》。
② 《梁书·简文帝本纪》:"帝自幽絷之后,贼乃撤内外侍卫,使突骑围守,墙垣悉有枳棘。无复纸,乃书壁及板鄣为文。自序云:'有梁正士兰陵萧世缵(讃),立身行道,终始若一,风雨如晦,鸡鸣不已。弗欺暗室,岂沉三光?数至于此,命也如何!'又为文数百篇。崩后,王伟观之,恶其辞切,即使刮去。有随伟入者,诵其连珠三首,诗四篇,绝句五篇,文并凄怆云。"

又侵入吴中,对江南的经济文化造成了极大的破坏。对这种局面,萧纲始料未及,虽经努力,终难挽回,亦无可奈何。

只有姚察,萧纲即帝位时,他已经十七岁,目睹了这些场景。因为萧纲对他尤加礼接。到了陈代,姚察写《梁书》的时候,对梁武帝和萧纲君臣的记载,都带同情之理解①。

最后,让我们看看萧纲一生的著述吧。在他四十九年的生命里,在战争风云变幻,戎马倥偬的间隙里,他为中国文化史,也为我们留下了:

《昭明太子传》五卷、《诸王传》三十卷、《礼大义》二十卷、《长春义记》一百卷、《法宝连璧》三百卷、《谢客文泾渭》三卷、《玉简》五十卷、《光明符》十二卷、《易林》十七卷、《灶经》二卷、《沐浴经》三卷、《马槊谱》一卷、《棋品》五卷、《弹棋谱》一卷、《新增白泽图》五卷、《如意方》十卷、文集一百卷(以上据《南史》卷八)。《老子义》二十卷、《庄子义》二十卷(据《梁书》卷四补)。《毛诗十五国风义》二十卷、《春秋发题》一卷、《孝经义疏》五卷、《老子私记》十卷、《庄子讲疏》十卷。后人辑有《梁简文帝集》八十五卷。

萧纲临死,怕世人不理解他,所以,绝命诗中最后一句感叹:"苍天空照心。"但是,经过改革开放以后的中国思想界是应该理解萧纲的。我们对萧纲的评价是——萧纲应该是那个时代优秀的诗人、学者皇帝;是个追求艺术和人性的尊严,关心老百姓生活,一个"正士",和"立身行道,终始如一"的人,即如本标题所言,萧纲是个具有诗人善心的皇帝,并且必有悲惨的结局。

---

① 《梁书》包含本纪六卷、列传五十卷,无表、无志。它主要记述了南朝萧齐末年的政治和萧梁皇朝(502—557)五十余年的史事。其中有二十六卷的后论署为"陈吏部尚书姚察曰",说明这些卷是出于姚察之手,这几乎占了《梁书》的半数。此后,子姚思廉继承他父亲的遗稿,把《梁书》写完。

十一、千年的拒斥与接收

（一）搬掉压在宫体诗上的"土囊"

萧纲是被贼人拿来酒、菜、饭，让他吃饱，趁他昏睡的时候用"土囊"（装满泥土的袋子）压死的。

虽然萧纲死了以后，"土囊"就从他的身上搬走了；但是，压在萧纲和宫体诗名誉上的"土囊"却一直没有搬掉。

其实，齐梁时期的萧家与魏晋时期的曹家，都是对中国诗学的发展，作出了非凡贡献的家族。萧衍、萧统、萧纲、萧绎父子"四萧"形成的文学梯队，是建安时代"三曹"文学集团、文学梯队对中国诗学发展和推动的继续。

历史对萧纲和宫体诗的评价，基本上是贬大于褒。原因很多，但基本的原因有三方面：

一是文学受政治的打压。我们很长时间是封建国家，是皇帝当家作主而不是人民作主。除了萧纲和后来唱"一江春水向东流"的李后主、书法绘画大师宋徽宗等为数不多的艺术审美至上的皇帝外，历来帝皇都把巩固他们的江山和专政放在第一位。人们会觉得，身为君主，你萧纲应该道貌岸然，像那些一本正经的皇帝那样,表面上对女子不屑一顾,实质上视女性为玩物;现在公然写这些男欢女爱、卿卿我我的诗,不仅有失身份,而且会被人攻讦,被人咒骂,这多少使人感到可悲,也使诗歌和艺术成了牺牲品。

二是我们对艺术、道德和人性的边缘划不清楚;心存疑虑,为了怕受到政治残酷无情的打击,因此宁左不右;甚至说一些违心的话;用对宫体诗的批判,来证明他们是正人君子的目的。

三是我们对萧纲和宫体诗的研究也不充分,有很多结论,是在没有弄清基本真相的情况下得出的。

从接受学的理论上讲,文化史和文学史上的任何一种"接受",都会与"拒斥"携手同行。可以说,从萧纲写诗和创建"宫体诗"的一千五百年来,对萧纲和宫体诗的是非功过,都伴随着激烈的"拒斥"与"接受"。

这种"拒斥"与"接受",从萧纲活着的时候,刚在徐摛的指导下写宫体诗的时候就开始了。

对宫体诗,当时朝廷中也不是所有的人都认可的,有人攻击萧纲宫体诗的目的,是想攻击萧纲和指导萧纲写诗的老师徐摛。

听了谗言的梁武帝很生气,急忙召徐摛来,准备责问和责备。但在听了徐摛的汇报以后,觉得问题没有那么严重。不仅没有批评徐摛,还对徐摛"宠遇日隆",这应该是有人对宫体诗的"第一波攻讦";但是,是谁在梁武帝面前拨弄是非的,不知道。

(二) 第一个反对宫体诗的是"贼人侯景"

历史上有记载的第一个反对萧纲写宫体诗的是"贼人侯景"。

在台城被包围的时候,侯景上书梁武帝,指陈梁武帝的十大过失,其中一条过失就是梁武帝放任宫体诗的流行。他说:"皇太子(萧纲)一味喜好珠宝,沉湎于酒宴与女色之中,说出的都是轻薄的话语,撰写与吟咏的都是淫荡的诗赋。"

当然,我们也不会把事物极端化,说因为侯景反对宫体诗,因为是坏人反对的,所以,宫体诗就是好的。但可以肯定地说,历史上凡是把文学作为工具向政治发难的人，大都是野心家和骗子，侯景就是这样的人。

其实，在侯景用文学向政治发难之前，诗歌的审美意识早就发生了"新变"。

新变是当时诗坛的总趋向，《梁书·庾肩吾传》说："齐永明中，文士王融、谢朓、沈约文章始用四声，以为新变。"称齐永明年间的"永明体"是"新变"体。宫体诗的"新变"，是当时"永明体"新变的继续和延续。隋末唐初的各种史书里，称宫体诗"新变"的记载最多，因为它新变的特征最明显。以描摹物象擅长的"永明体"，发展至宫体诗，"永明体"中的"咏物"进一步泛化，把"美人"也看成是一种广义的"物"——"尤物"，并作为描写对象，这使宫体诗描写宫中的女性，从她们美丽的外貌，到她们寂寞的内心，刻画女子精神空虚和内心感伤的艳情诗，就成了自然而然的事。可以说，宫体诗是一种特殊的新变体，是整个自齐梁以来在词藻和声韵两方面新变的"核心"和"归结点"。

（三）貌似反对宫体诗的裴子野其实是"宫体诗外围诗人"

裴子野表面上似乎反对宫体诗，但他写的诗歌也不免受到当时诗风的影响。如谓不信，请看他和萧纲同样咏雪的诗歌：

（一）同云凝暮序，严阴屯广隰。落梅飞四注，翻霰舞三袭，实断望如连，恒分似相及。已观池影乱，复视珠帘湿。（《雪朝诗》）
（二）飘飘千里雪，倏忽度龙沙。从云合且散，因风卷复斜。拂草如连蝶，落树似飞花。若赠离居者，折以代瑶华。（《咏雪诗》）

这两首诗，究竟哪一首更像宫体诗？
第一首，写了雪花似落梅，落在池水里，池水感到了雪花破坏的倒影,基本上都是描写风景。第二首《咏雪诗》先从眼前的雪想到千里边塞龙沙,再写"雪"与"云"与"风"与"草"与"树"的关系,写得缠绵悱恻。"拂草如连蝶,落树似飞花"。尤其是结尾,是"思妇"在窗前隔着帘幕看雪飘落在草上、树上,因此想念起远在边塞龙沙的丈夫,心里充满了感伤的情绪,很有袅袅不绝的情思。

二诗中,第二首最类似宫体诗,也是典型的宫体诗写法。作者出人意外地不是萧纲,而是裴子野。

裴子野原有集十四卷,已佚;今存诗三首:《答张贞成皋》诗被《文苑英华》《艺文类聚》所收录;《咏雪诗》被《初学记》《文苑英华》《艺文类聚》所收录;《上朝值雪》诗被《艺文类聚》所收录。

假如把这首诗与他的另一首《上朝值雪》诗联系起来读,对裴子野的诗歌艺术风格就会看得更清楚。两首雪诗都写得晶莹剔透,如蝶似花,给人印象很美。都是词采秀美、对偶精巧、意象谐和、情思委婉的作品。末尾"若赠离居者,折以代瑶华",与萧纲的《同刘谘议咏春雪诗》很类似。其中:"晚霰飞银砾,浮云暗未开。入池消不积,因风坠复来。思妇流黄素,温姬玉镜台。看花言可折,定自非春梅。"几乎完全一致。

裴诗说,雪可以代花,折赠远人以慰思念;萧诗说,雪遥看似花可以折而赠人,但折的人也知道自己折的并不是春梅。就思妇的形象和内在的情绪天地看,裴诗的意象和情绪,和萧纲诗均十分相似。

其实,只要看看同时代的人差不多每个人的集中都有相当篇幅的咏风、咏雨、咏雪、咏花、咏柳的,裴子野的咏雪诗就不奇怪。

咏雪诗属于歌咏风花雪月的典型,虽然我们并不能以三篇诗歌来确定裴子野的整体诗歌风格,但以《雪诗》之缠绵悱恻、风调哀怨,说裴子野诗歌的文采和审美情绪与宫体诗人比较类似,也许是不为过的。

在这种情况下,萧纲在《与湘东王书》中曾经从诗歌的角度批评裴子野说:

又时有效谢康乐、裴鸿胪文者,亦颇有惑焉。何者?谢客吐言天拔,出于自然,时有不拘,是其糟粕;裴氏乃是良史之才,了无篇什之美。是为学谢,则不届其精华,但得其冗长;师裴则蔑绝其所长,惟得其所短。谢故巧不可阶,裴亦质不宜慕。

裴子野作为萧纲的前辈,其时已名满天下,这使萧纲在批评他的时候也必须用一半话表扬他。萧纲对裴子野在“史学”方面的成就很钦佩,不然就不会称他为“良史”。同时,萧纲对裴子野的诗歌看来也很熟悉,不熟悉,不了解,就不能不负责任地说他的诗“了无篇什之美。”

这就奇怪了。假如萧纲看到裴子野的《上朝值雪》和《咏雪诗》,那么美的作品,几乎完全和自己观念相同的创作,为什么还会在《与湘东王书》中说:“裴氏乃是良史之才,了无篇什之美”呢?

是裴子野的这些诗萧纲没有看见呢?还是这些诗写在萧纲的批评之后呢?或者,就像任昉听到自己诗不如沈约,晚年爱好甚笃一样,裴子野听了萧纲的批评以后,为了证明自己不但是史之“良才”,且有“篇什之美”而拼命努力创作呢?

(四) 没有人能拔自己的头发离开地球

事情没有就此了结,唐代刘知幾撰《史通》,评论历代的史学著作,在评论到裴子野的时候,虽然也肯定裴子野的《宋略》是一部力作,《史通》卷十七说《宋略》“芟繁撮要,实有其力”,给予“若裴氏者,众作之中所可与言史者”的结论。但是,刘知幾对裴子野的文风,仍然不满。《史通》卷六“叙事”篇,将裴子野的《宋略》和王劭的《齐志》对比说:

近有裴子野《宋略》,王劭《齐志》,此二家者,并长于叙事,无愧古人。而世人议者,皆雷同誉裴而共诋王氏。夫江左事雅,裴笔所以专工;中原迹秽,王文由其屡鄙。且幾原(裴子野)务饰虚词,君懋(王劭)志存实录,此美恶所以为异也。

照刘知幾看来,裴子野的文章,实际上仍然受到当时南朝文风、诗风的影响。裴子野"事雅"、"专工"的文风,不免"务饰虚词",影响了他的历史学著作写作。

刘知幾的这一评价,与当时萧纲对裴子野的评价正好相反。萧纲认为裴文采风雅不足,刘知幾认为裴子野文采风雅太多。

我无法理解萧纲对裴子野的评价,倒是赞成刘知幾对裴子野文采风雅太多的结论,因为有裴子野的《咏雪诗》可以佐证。也许,萧纲和刘知幾各在两个极端,萧纲在诗歌纯粹吟咏性情的极端;刘知幾在历史纯粹用客观书写的极端,所以观点相去甚远。

为什么口口声声赞同荀卿"乱代之征,文章匿而采",反对"淫文破典"的裴子野,自己却写风花雪月的诗歌呢?为什么隔了时代,刘知幾会指出裴子野文章中有务饰虚词的倾向,明人把他的《咏雪诗》收入《玉台新咏》,而当时的人看到的只是他"良史"的一面,看不出他风花雪月的一面呢?这就是历史的、集体的无意识。

有时候,观念是一回事,理论是一回事,具体创作是一回事,形成流派又是另一回事。因为理论家也是时代中的人,理论容易实践难,正如理论很容易战胜"过去"和"未来",但却老是输给"现在"。

也许,说裴子野是宫体的"外围诗人",有人会不同意;但无论如何,我可以肯定地说,裴子野的审美——并没有离开他的时代;他写《咏雪诗》和历史著作的时候,用的仍然是宫体诗的审美意识。

(五)唐太宗是宫体诗最大的"粉丝"

过了许多年,梁武帝死了,萧纲死了,贼人侯景死了。
南朝灭亡了,隋朝灭亡了,唐朝建立了。
但是,宫体诗的审美意识,南朝的文学传统并没有随政治、军事和它们存在的朝代一起灭亡,而是很有魅力地潜入隋朝和唐朝的宫廷;使南朝的文化因子和先进的诗歌形式,在新朝流传,得到了包括唐太宗的喜欢。

宫体诗在初唐,仍然上演了一条"高开低走"的曲线。

初唐的宫廷里,弥漫着宫体诗的诗风、绮靡感荡的内容。虽然魏微、令狐德棻、虞世南、李百药等人持强硬的排斥态度。但有的也只是嘴上反对,内心则保留着一份喜欢。譬如李百药,他在写历史教科书时,对宫体诗用了许多批判的词汇,显得一本正经。但自己写作,则完全效法宫体诗的风格,他写的《少年行》《戏赠潘徐城门迎两新妇》《火凤词》《妾薄命》等,比起萧纲来都是有过之无不及的标准的宫体诗。

唐太宗不仅自己公开写作宫体诗,写了以后,还要求大臣一起唱和,弄得下面的大臣一片惊慌。《新唐书》卷一〇二《虞世南传》记载说:

> 帝(唐太宗)尝作宫体诗,使赓和。世南曰:"圣作诚工,然体非雅正。上之所好,下必有甚者。臣恐此诗一传,天下风靡。不敢奉诏。"

就是这个声称"不敢奉诏"的虞世南,他的诗歌文章,也以婉缛、秀丽见称,并且得到徐陵的赞美,所以很有名。但是,在当时为了巩固新朝,他们利用各种机会制造舆论,让"宫体"成为艳情和诗歌"病毒"的代名词。并利用写历史的机会,点名批判萧纲、萧绎、徐陵、庾信,把梁、陈宫体诗牢牢地钉在历史的耻辱柱上,让新唐朝不受宫体诗感染。

在《南史·徐摛传》《简文帝本纪》《简文帝本纪论》里,也有"宫体之号,自斯而起"和"宫体所传,且变朝野"等内容相同、语句也非常类似的记载,可以归在一起。

（六）唐代魏徵等历史学家吹响批判宫体诗的号角

至魏徵等撰《隋书·经籍志》，由于立场和思想观念的变化，《隋书·经籍志》里的说法就有了一些变化：

> 简文之在东宫，亦好篇什。清辞巧制，止乎衽席之间；雕琢曼藻，思极闺房之内。后生好事，遂相放习，朝野纷纷，号为"宫体"。

这里有四层意思：一是梁简文帝萧纲喜欢写诗；二是诗歌内容"止乎衽席之间"、"思极闺房之内"；三是艺术风格"清辞巧制"、"雕琢曼藻"；最后说朝野仿效，纷纷不已，最终形成宫体诗。

由于"经籍志"主要介绍文化典籍，所以语气相对平和，但是，我们注意到，魏徵等人对"宫体"的界定，已与《梁书》的姚察、姚思廉有所不同。姚察和姚思廉认定的"宫体"，主要是"轻艳"的诗风和"新变"的体制。因为由齐入梁，这种诗风发展、蔓延，姚察和姚思廉都置身其中，受此影响，因此并没有表现出激烈的批评态度。

而以魏徵等人为代表的唐人，则从"历史教训"的角度，对宫体诗重新界定，此时的宫体诗，已被用来作为帝王荒淫的、不务正业的证据，成为警示当代统治者不要重蹈覆辙的"反面教材"。

（七）宫体诗成了"亡国之音"的代表

为了使这些证据更加集中，更具有说服力，宫体诗就被史臣从历史学和诗歌风格学的方向，向政治学和道德伦理学的方向引导，至于确定基调，批判宫体诗的，是《隋书·文学传序》和《北齐书·文苑传序》。

《隋书·文学传序》说：

> 梁自大同之后，雅道沦缺，渐乖典则，争驰新巧，简文、湘

东,启其淫放,徐陵、庾信分道扬镳,其意浅而繁,其文匮而彩。词尚轻险,情多哀思,格以延陵之听,盖亦亡国之音乎。

《北齐书·文苑传序》说:

> 江左梁末,弥尚轻险,始自储宫,刑乎流俗。杂粘滞以成音,故虽悲而不雅……原夫两朝叔世,俱肆淫声。而齐氏变风,属于弦管;梁时变雅,在夫篇什。莫非易俗所致,并为亡国之音……雅以正邦,哀以亡国。

《隋书·文学传序》和《北齐书·文苑传序》矛头直指梁“大同”和“江左梁末”,用了很重的语言:“雅道沦缺,渐乖典则,争驰新巧”、“弥尚轻险”。

“雅道沦缺”,批判的对象是那个时代“道德”沦缺;“渐乖典则”的矛头直指那些人背离“文学传统”;“争驰新巧”批判的是大同以后文学创作上的歪风邪气。如果说,《隋书·经籍志》还在做“文化批评”的话,《隋书·文学传序》和《北齐书·文苑传序》便从“文化批评”的方向,转向“道德批判”和“政治批判”了。

被点名的罪魁祸首,一是梁简文帝萧纲、二是梁元帝萧绎、三是徐陵、四是庾信。

萧纲、萧绎的罪过是“启其淫放”;徐陵、庾信则继承“淫放”的道路,虽然分道扬镳,不尽相同,但总体上,其诗“意浅而繁”、“文匮而采”、“词尚轻险,情多哀思”,属于“亡国之音”。对唐人来说,梁朝、陈朝确是亡了国,而宫体诗就成了亡国的文学,所谓“亡国之音”。

其实,《隋书·文学传序》里说的“雅道沦丧,渐乖典则”,是用刻舟求剑的眼光看艺术发展的必然;国家衰亡,社稷式微,不应由一种诗体负责。亡国不去找政治、经济、军事上的原因,却找宫体诗作替罪羊,是历史学家不负责任;说写宫体诗、读宫体诗会亡国,未免把宫体诗的威力夸张过头。但是,"亡国之音"骂了一千四百多年,众口一词,所有的人都以为是正确的。

杜牧《泊秦淮》说:"商女不知亡国恨,隔江犹唱《后庭花》。"李商隐《隋宫》说:"地下若逢陈后主,岂宜重问《后庭花》?"都毫无例外地把政治和文学艺术混为一谈。足以证明,传统道德的力量多么强大。

更有甚者,《周书》卷四一《庾信传》载史臣说:"然则子山之文,发源于宋末,盛行于梁季。其体以淫放为本,其词以轻险为宗。故能夸目侈于红紫,荡心逾于郑卫。昔扬子云有言,诗人之赋丽以则,词人之赋丽以淫,若以庾氏方之,斯又词赋之罪人也。"不仅亡国,且从文学的角度,说他们是"词赋之罪人"。

说"亡国"要他们承担责任,也许不可怕,因为亡国到底是君王的事;说他们是"词赋之罪人",则在摧毁他们在文学上建立的功业,这是一种可怕的对人生最彻底的否定。

(八) 二十世纪以来对宫体诗的评判

历史越过千年。

后人从不同的角度,按照自己的需要进行总结和阐释,在宫体诗的称名、疆界和定义上,就产生盲人摸象、莫衷一是的说法。

有人说宫体诗就是"艳情诗",有人说宫体诗不全是"艳情诗"。尤其一般被认为是宫体诗总集的《玉台新咏》,里面所选的诗,与宫体诗的定义有矛盾。譬如,在《玉台新咏》卷七、卷八中,所选萧纲的作品,并不限于东宫时,题材也并不局限于宫廷。因此,《玉台新咏》的出现,扩大了宫体诗的外延,增加了概括宫体诗的难度。

对宫体诗的产生、发展、功过,直至二十世纪以来,还有不少模糊的认识,把宫体诗定义成流行在萧纲为太子的梁代东宫里淫靡的"艳情诗"。

章太炎在《国故论衡》中说宫体诗是"床笫之言扬于大庭";闻一多说:"宫体诗就是宫廷的,或以宫廷为中心的艳情诗","严格地讲"，"当指以梁简文帝为太子时的东宫及陈后主、隋炀帝、唐太宗等几个宫廷为中心的艳情诗"①。并将宫体诗界定为"一种文字的裎裸狂"。

刘大杰《中国文学发展史》把宫体诗直接称之为"色情文学"。说："山水文学以外，另一种是色情文学。这种文学，主要是描写闺情，甚而及于男色，实在是尽其放荡、淫靡、堕落之能事。这种文学的产生，主要是当代的文学，掌握在荒淫的君主贵族手里，这些作品的内容，正是他们那种荒淫生活的反映。"②说萧纲《咏内人昼眠》是"最艺术的淫诗"。

范文澜在《中国通史简编》里指出："自玄言诗以至对偶诗，大都缺乏性情或者是不敢露出真性情的诗，梁陈诗人却敢于说出真性情，虽然这种真性情多是污秽的，终究是有了内容，代表这种诗体和这种内容的诗叫做宫体诗。"又说："宫体诗正是统治阶级极端腐朽的表现，它所描写的对象，主要是色情。《内人昼眠》、《娈童》也用来作诗题，污秽可厌。"

王瑶《中古文学风貌》中，将宫体诗看作是欲望升华的代替品，从而让作家"在变态心理上得到了安慰，而且即以此为满足"。

这些说法，影响了1949年以来的几种文学史，如游国恩等人的文学史，他们的定义和批判都是联系在一起的。

游国恩《中国文学史》说："萧纲不仅带头写《咏内人昼眠》、《美人晨妆》等等描摹色情的宫体诗，而且还提出公开的理论主张……在萧纲的积极提倡之下，当时的宫廷文人庾肩吾、庾信、徐摛、徐陵等就奉承他的旨意，大力扇扬宫体诗风。他们甚至还写女人的衣领、绣鞋，写枕、席、衾、帐等等卧具，满足他们变态性心理的要求。"还说："到了梁、陈时代，由于士大夫们的生活进一步腐朽、堕落，不少作家更陷入了形式主义的道路。""萧纲所提倡的'宫体

---

① 见闻一多《宫体诗的自赎》。
② 见刘大杰在《中国文学发展史》南朝文学章节。

诗'也起了极端恶劣的影响。这个流派已经不光是靠搬弄典故来写诗,而且以描写女性的姿态为内容,有的还有很浓的色情意味。这种诗风和文风正是当时统治者糜烂生活的反映",是帝王荒淫腐朽生活的反射和折光;不一而足。

仿佛哪一位神灵叛逆,诗国的女神弹错了琴瑟,给这片净土带来了罪孽。其实情况并不如此简单。

这些批判,口吻比魏徵那些唐朝的历史学家还要严厉,还要革命,因此离事实更远,离真理也更远。

(九) 二十世纪六十年代胡念贻挑战宫体诗禁区

1949 年以后,首先提出挑战的是胡念贻。

胡先生觉得宫体诗的问题在心里很郁闷,有骨在喉,不吐不快,于是又写了专谈宫体诗的《论宫体诗的问题》。文章一开头就说:"一位朋友见我要写专谈宫体诗的文章,吃惊地问我:你是不是认为宫体诗好? 我说,我从来没有这样认为。"既然是"专谈"宫体诗的问题,必然包含了当时很流行的"精华"、"糟粕"论,要一分为二,不能一棍子打死,胡先生的真意,是借"精华"、"糟粕"论,要一分为二,不能一棍子打死,替宫体诗说几句好话。

胡先生的这篇论文的价值,就在于对不能一分为二的宫体诗进行了一分为二;在宁左勿右的时代,坚持了探索真理的书呆子精神。

1. 胡念贻掌握了真理,但选错了说话的时机

在山雨欲来风满楼的 1964 年,他的《论宫体诗的问题》在《新建设》5、6 月号上发表,为宫体诗的合理性提出辩护,希望大家对宫体诗心平气和地进行研究以后再得出结论,对宫体诗的名称和疆界,他突破了纯粹艳情诗的框框。指出,宫体诗其实是一种新变体诗,虽以艳情为主,但也包括其他题材,他说:"宫体诗包括了各类题材的诗歌。"宫体诗中,"除了艳情诗以外","还有大部分的诗是写其他题材的"。

　　为了证明自己说得正确，胡先生还列举了要打一棍子的理由，说宫体诗：

　　　　内容贫乏，甚至有许多无聊的东西（包括一些猥亵的东西），其轻浮绮靡的诗风，相当卑下。它反映了梁陈等时代宫廷、帝王贵族的精神空虚和腐朽荒淫的生活，这是无可争辩的。

　　但是，说到这里，并不是胡先生的本意，胡先生的真意还很远，还要继续前进。他兜了一圈以后，又回到了"如何对待文学遗产"的基点。在别人弄不清是他的叙述策略？还是他小骂大帮忙，在假批判真推崇以后。

　　难能可贵的是，在这篇文章里，胡先生率先提出了对宫体诗要具体分析：

　　（一）宫体诗中，有"清新可诵"之作（开始这么说，后来否认，但意思还是清新可诵）；

　　（二）宫体诗在六朝诗歌艺术形式发展上，特别是对唐代五言近体诗的发展上，起过一定的作用；

　　（三）不惜进入禁区，为了树立正确对待古典文学遗产的态度和方法：即要抓住事物的主要方面。

　　虽然胡先生的论述小心翼翼，但在学术等于政治的年代，这篇文章仍然引起了轩然大波；因为写作这篇论文，说了学者的真话的胡先生受到批判和不公正待遇，成为学术另类和反面教材。

　　这就是说宫体诗"好"的人，被定为"坏人"；说宫体诗"坏"的人，就被定为"好人"。因此，最好的方法就是——不去研究，不要碰它，以免踩雷、触礁。

　　胡先生已经逝世多年，有些事情已经无法查考。我不知道，胡先生文章中说的"朋友"，是确有其人？还是托名？是"子虚"、"乌有"、"亡是公"之类的人物，一如在汉赋中，只是谈话的对立面？

2. 胡念贻成了以自己的命运和不幸来捍卫宫体诗学术的
学者

不管怎么说,胡先生完全认识到这件事情的严重性,把文章刊
出后,可能会出现的情况和别人会怎么的攻击批判想在前面,并预
先委婉地作了答复,相信有的人看了以后不再批判。

但是,革命不是绣花,不是请客吃饭,是暴风骤雨,横扫一切
的,这一点胡先生估计不足,所以文章出来后,遭到了更猛烈的批
判。并使胡念贻成了一个以自己的命运和不幸来捍卫宫体诗学术
定义的令人尊敬的学者。

胡先生后来长期职称评不上,最后郁郁而终,都和他的这两篇
文章有关。杜甫说"文章憎命达,魑魅喜人过",说命和文章互相妨
碍,胡先生是一个典型的例子。

很对不起,我们细读了胡先生的文章,竟然在伤口撒盐一般地
揭开了他学术的伤痕,真的不好意思。在将胡先生和他朋友如履
薄冰、如赴汤火,小心翼翼的心态像写小说一样真切描绘出来的时
候,对想说几句真话,又唯恐被人抓辫子,打棍子的学术心态和学
术处境,便被我们撕碎了展示给世人,悲剧就产生了。

尤其是,这些处境和心态,在当时社会氛围和专制的文化政策
下是很自然的,人人都参与其中,没有人说不对。但现在重提,就
有不太道德的感觉。

但是没有办法,学术必须说真话,必须要有自由的思想,独立
的精神。假如我们现在研究宫体诗,不把以前这一段悲伤的往事
弄弄清楚,我们就不能研究宫体诗,至少不能研究好宫体诗。我们
的学术良心也会受到谴责,我们有责任把这段学术史让后生知道,
让他们知道,现在可以随便谈谈的宫体诗,这么一个简单的问题,
在当时都是禁区,让他们觉得现在的宽松、宽容的研究空间来之不
易,我们不说,就是对学术不负责任,论宫体诗尤其如此。

但是,胡念贻的观点,却被周振甫、曹道衡、沈玉成等人继承下
来,并在他们的学术里得到了修正。周振甫的《什么是宫体诗》、曹

道衡、沈玉成的《南北朝文学史》有关章节,对这一问题都有比较深入的论述。周振甫在《什么是宫体诗》一文中说,宫体诗不等于艳情诗;甚至萧纲《登烽火楼》之类的诗,也应该算作宫体诗;周文说,萧纲末年以《被幽述志诗》,来洗刷他的"伤于轻艳"。

魏徵说萧纲的诗"止乎衽席之间"、"思极闺闱之内",周振甫认为"看萧纲现存的诗,这部分的比例比较少"。"魏徵的批评是夸大的。一个新朝兴起,对前朝的缺点往往要加以夸大"。这些看法都是正确的。周先生以为,凡是萧纲写的诗,都是宫体诗。这一观点,也不是所有的人都赞同的。

比周振甫对宫体诗概念更精密的是沈玉成。他在《宫体诗与〈玉台新咏〉》一文中,从内涵和外延两方面对宫体诗作了界定。

沈玉成认为,宫体诗的"内涵是:一、声韵、格律,在永明体的基础上踵事增华,要求更为精致。二、风格,由永明时期的轻绮而变本加厉为秾丽,下者则流入淫靡。三、内容,较之永明时期更加狭窄,以艳情为多,其他大都是咏物和吟风月、狎池苑的作品。与内涵相适应,它的外延是:梁代普通年间以后的诗,凡符合上述三种属性的,就是宫体诗"。这就在时间、声韵、格律、风格、内涵和外延方面,对宫体诗做出了新的定义。

虽然我对沈先生文中"宫体诗是一种贵族化的沙龙文学,是中国诗歌发展过程中一个不大值得称道的阶段"一语不能同意,但觉得沈先生的划分,仍然是一种进步。

这样的人做了太子,做了帝王,假如有一个很好的体制保证他的江山不被人篡夺,那么,就可以证明历史的伟大,文明的进步。但是,审美,是审美者的墓志铭;卑劣,是卑劣者的通行证;历史保存的,经常是"特殊利益集团"的东西。

(十) 二十世纪八十年代的研究

二十世纪五六十年的研究,没有什么可说的,因为那时的社会生活、道德水平就是如此,研究者总不能脱离当时的社会规范和社会准则来行事。就是到了二十世纪八十年代,到了改革开放的前后,社会上的风气仍然是压抑人的。

写到宫体诗①,仍然心有余悸地批判宫体诗中一些"淫荡生活"的东西,什么"淫荡"的东西呢?

我们不妨看看那些战战兢兢的批判话语。

譬如,《和湘东五名士悦倾城》中"履高疑上砌,裾开特畏风",被批判成"注意女方的风吹'裾开',说明他对女方注意的是什么"。

"妆窗隔柳色,井水照桃红。非怜江浦冷,羞使春闺空。"被批判成"这就污蔑美人有'不能让闺中无人'的想法"。

《和徐录事见示内人作卧具》中的"更恐从军别,空床徒自怜",被批判成"'怕空床',实是对女方的一种变态心理(描写)"。《率尔为咏》里"疏花映鬓插,细佩绕衫身。谁知日欲暮,含羞不自陈","把日暮同含羞结合,也是写这种心理。"

《咏内人昼眠》:"簟纹生玉腕,香汗浸红纱。夫婿恒相伴,莫误是倡家。"被批判成"注意腕上的簟纹,衣上的香汗,已经不正常,对妻子说成'莫误是倡家',更显得轻薄。这种诗,所谓'止乎衽席之间',反映了一种变态心理,是要不得的淫荡之作。"

"履高疑上砌,裾开特畏风。"是萧纲学习民歌写法的一种试验,《子夜歌》第二十四首说:"揽裙未结带,约眉出前窗。罗裳易飘飏,小开骂春风。"

情窦初开的女孩子不仅怕羞,而且常常是粗心的。在南朝乐府民歌和宫体诗中,多有写春风掀起罗裙惹恼女孩子的情节。明明是自己的过失,没有系好裙带,却"迁怒"春风,这种"无事生非"的做法,表明这位女孩子心里充盈了太多的爱意要外溢,要找一个人——哪怕不是人,是春风,作为流露和发泄的对象。

至于"羞使春闺空",那更是从"古诗"的《青青河畔草》来。《青青河畔草》中写"盈盈楼上女,皎皎当窗牖。娥娥红粉妆,纤纤出素

---

① 见周振甫《什么是宫体诗》。

手。昔为倡家女,今为荡子妇。荡子行不归,空床难独守。"王国维《人间词话》说此"无视为淫词鄙词者,以其真也"。"羞使春闺空"和"更恐从军别,空床徒自怜",其实也是一种合理的要求和希望,应该得到我们的同情,而不应该对她进行批评和嘲笑的。

萧纲的这些诗学习民歌和"古诗",正可以证明,南朝乐府民歌是宫体诗艺术的一个来源。

此外,如《上巳侍宴林光殿曲水》:"风旗争曳影,亭皋共生阴。林花初堕蒂,池荷欲吐心。"描写初春的景象,生动、鲜明,四句都用对偶,非常讲究词采,绝对是诗歌描写中的进步,应该肯定的。但是,被批判成"他在侍梁武帝宴会时,对国计民生都不想,注意的是旗影亭阴,是花落荷开,就这样注意琐细的事物"。

还有,像《登烽火楼》:"万邑王畿旷,三条绮陌平。亘原横地险,孤屿派流生。悠悠归棹人,渺渺去帆惊。水烟浮岸起,遥禽逐雾征。"被批判成"当时南北对峙,曾发生过大小不等的多次战争。他登上烽火台,把这些重大的矛盾掩盖起来,说成'万邑王畿旷',好像已经天下太平了。他注意的是平原、孤屿、归船、浮烟、遥禽,一些琐碎的事物。"从那个时代走过来的人,看到这些文字,会会心一笑。

(十一) 对宫体诗的新评价

本书作者之一曹旭曾写作《论宫体诗的审美意识新变》[①],对萧纲的宫体诗进行研究。

1. 宫体诗人的生活并不"淫荡"

事实的情况是,以萧纲为代表的宫体诗人,其实并不"淫荡"。

梁朝君主和宫体诗人的生活,绝没有批判者说的"荒于酒色,流连声伎,风俗败坏,生活奢淫"的程度。这是包括眼光严苛的历史批评家赵翼的《廿二史札记》都承认的。

始作俑者徐摛,《梁书》本传说他因为"文学俱长兼有行者",才

---

① 见《文学遗产》1988 年第 6 期。

被周舍推荐给梁武帝萧衍做太子萧纲侍读的;出为新安太守时,"为治清静,教民礼义,劝课农桑,期月之中,风俗便改"。

此外,为简文帝萧纲接赏的宫体诗人有刘孝仪、刘孝威、陆杲、萧子云、庾肩吾、江伯瑶、孔敬通、申子悦、徐防、张长公、鲍至等人,史迹记载不多的暂且从略,从记载上看,这些诗人不仅在生活上不算荒淫,有的在历史上还留有刚正的清名。

《梁书·简文帝本纪》载宫体诗旗手萧纲的事迹更是说他喜爱文学,"器守宽弘","有人君之懿",为贼臣侯景幽絷时,题壁自序云:"有梁正士兰陵萧世缵,立身行道,始终如一,风雨如晦,鸡鸣不已。弗欺暗室,岂况三光?"临终前,表现了君子慎独的本色。

萧纲对文学的兴趣爱好和文学才华,不仅在当时的萧家堪称第一,而且在历史上,也是最优秀的代表,因为他完全热衷于文学,认识到文学的价值地位,不遗余力地写作、提倡,而不是为了什么政治目的。他不像白天打仗、晚上赋诗,右手抓军事,左手抓文化的雄才大略的君主一样,他是从小就喜欢、是一个在骨子里真正喜欢文学的诗人。他这种纯粹的喜欢和他崇尚本性单纯,注重感官和感觉在物质、精神之上,享受审美,超然于历史之上的人,后世唯有"一江春水向东流"的李后主和他类似。

鲁迅先生在《题未定草》(七)中说:"倘要论文,最好是顾及全篇,并且是顾及作者的全人,以及他所处的社会状态,这才较为确凿。"就是说,要评论文学,必须一要顾及作者的全人,二要顾及作者生活的社会历史状况,在社会历史的背景下考察作者其人其作,这才是我们学习古典文学遗产应取的正确方法。但是,说说容易,要做到就很难,因为政治太强势了。

文学不等于历史,文学也不等于道德,何况是旧道德? 因此,虽然说宫体诗是艳情诗不算错,但对这一片面性的说法,对宫体诗长期受旧道德打压的情况,许多人不满意。

2. 宫体诗是中国诗学审美意识链上的一环

我们认为,中国诗学作为一个不可分割的整体,诗界灿烂的美景是内容和形式共同创造的,是各个时代、各个诗人努力变成"合力"的结果。而宫体诗审美意识新变以后,为中国诗歌的发展提供了新的形式美学。

萧纲的宫体诗第一次笔涉宫廷内部,第一次把描写对象扩大到宫廷,而且描写了宫廷内部大量的生活细节。就像章太炎在《国故论衡》中说的,是"简文帝初为新体,床笫之言扬于大庭"。把许多掩盖在宫闱内部不为人知的细节抖出来,同时把掩盖在道德、教化幌子下的私情和要求解放的人性展示出来,表现了人们从未表现,也羞于表现的内容——女性的美,包括美目、樱唇、秀发、柳腰、纤足以及她们内心的情绪天地。

萧纲的宫体诗描写宫廷内部的生活,描写宫女、宫娥、宫妃的哀怨、宫花的寂寞、阶草的枯黄、宫中的四季的变换和人心中的四季情绪,这些都成了唐诗中常见的富有魅力的内容,组成唐诗富丽堂皇的另一面。

3. 宫体诗在初唐最流行

萧纲宫体诗风行一百多年或更长,其实有一大半时间是在唐初流行的。

前面说过唐太宗受宫体诗影响,那些口口声声反对宫体诗的大臣虞世南,在《北齐书》里对宫体诗用了许多批判词汇,显得一本正经,但自己写作,则完全效法宫体诗风格的李百药以外,真正的对唐初诗歌影响的,则有"上官体"、"文章四友"(李峤、苏味道、崔融、杜审言),一直到"初唐四杰"(王勃、杨炯、卢照邻、骆宾王)和沈、宋(沈佺期、宋之问),无不受宫体诗的滋养和熏染。

如卢照邻的《长安古意》起首"青牛白马七香车""金鞭络绎向侯家"就是从萧纲的《乌栖曲》"青牛丹毂七香车,可怜今夜宿娼家"化用而来的;诗中所有对"宝盖""流苏""画阁""罗襦""妖童""倡妇",以及对古代妇女蝉鬓和额上鸦黄的描写,都是以宫体诗中的美妇和妖童形象为蓝本的。

而杜审言的《赋得妾命薄》:"草绿长掩门,苔青永巷幽。宠移新爱夺,泪落故情留。啼鸟惊残梦,飞花搅独愁。自怜春色罢,团扇复迎秋",以及沈佺期《独不见》中写的相思别离,无论从思念的类型(由少妇独处——描写思念的对象关山征戍——再回到少妇生活环境),还是对环境气氛的渲染烘托上,更与宫体诗中的七言歌行,特别是与江总的《杂曲》和《闺怨篇》之类的语言结构,有着一脉相承的血缘关系。

尽管唐人洗落六朝的轻靡,着以蕴藉的情韵,隐寄谲谏的微讽,改造宫体诗,使它从语言、方法和审美意识上都上升到一个崭新的阶段。但是,宫廷题材毕竟是宫体诗开拓的。假如抽去这部分内容,抹去这部分诗歌,唐诗无疑会逊色不少。这是一个简单的事实,可惜常常为我们的文学史家所忽视。

宫体诗新变的审美意识对唐诗的影响更为深远,更为重要。

在盛唐诗歌对宫体诗的否定扬弃中,萧纲的宫体诗在内容、题材、"体物形似"的描写方法、新变的审美意识等方面,都对唐诗产生了无形的不可估量的影响并形成了唐诗美学不可或缺的部分。

像李白供奉翰林时期的作品,如《清平调》"云想衣裳花想容"、《侍从宜春苑赋柳色听新莺百啭歌》"东风又绿瀛洲草"之类,白居易的《长恨歌》"回眸一笑百媚生,六宫粉黛无颜色"、"云鬓花颜金步摇,芙蓉帐暖度春宵"、"金屋妆成娇侍夜,玉楼宴罢醉和春"、"云鬓半偏新睡觉,花冠不整下堂来",这些作品,写宫中之事,其实属"半宫词"性质。除了描写人体美和服饰美,蕴涵着与宫体诗相邻的审美意识,就形式本身而言,其实也是宫体诗的子嗣。

这种"半宫词"性质的作品及其审美意识,一直延伸到唐五代词里,欧阳炯《花间集序》就公然宣称:他们的作品"不无清绝之词,用助娇娆之态。自南朝之宫体,扇北里之倡风"。

在这些作品中,除有不少描写人体美和服饰美的词句不算,其中蕴涵的审美意识,也与宫体诗有千丝万缕的联系。盛唐诗歌除了吸取宫体诗的声韵、对偶、词采等形式美学以外,宫体诗在内容、题材、"体物形似"的描写方法、新变的审美意识等方面,都对唐诗产生了无形的不可估量的影响。

如果说杜甫的诗受何逊、庾信的影响较大；而李白的诗歌，受萧纲的影响十分明显。李白接近于水乡的江南乐府民歌，萧纲和李白都有许多拟乐府民歌的作品，李白模仿学习六朝乐府民歌，同时有模拟、学习萧纲作品的痕迹。

4. 总体评价宫体诗人萧纲

宫体诗是我国齐梁时代诗歌观念发生重大变化后产生的新诗体。新变后宫体诗的审美意识，对唐诗乃至整个古典诗歌的发展，产生了不可低估的影响。

宫体诗新变的意义，不仅在于对建安风骨的否定，给唐诗的发展以形式美学的武装，而且在题材、内容、句式、声律诸方面都开启了唐诗的门户，由此推动诗歌新的节奏、新的韵律、新的时代感和新的逻辑生命。

魏晋时期的曹家，与齐梁时期的萧家，都是对中国诗学的发展，作出了非凡贡献的家族。萧衍、萧统、萧纲、萧绎父子"四萧"，是建安时代"三曹"文学集团对中国诗学发展推动的继续。

汉魏的质朴浑成，假如不经过永明体和宫体诗的精加工，不仅辞句上达不到唐诗那种字字如玑珠、似弹丸精美成熟的地步，在诗歌的意境上，也会因为少了新变因素的参与而达不到灿烂辉煌的高度。

盛唐诗歌的七宝楼台，拆去建安时代的"风骨"，或拆去萧纲齐梁宫体的"声律"形式都会不成片段。只重视齐梁看不起建安，或只赞美盛唐诗歌贬斥齐梁宫体，都与"最后一只饼吃饱肚子，埋怨白吃了前几只饼"的人一样愚蠢。

萧纲对文学的兴趣爱好和文学才华，是因为他热爱文学，认识到文学的价值和意义。他的写作与提倡，不是为了什么政治目的，而是从小就喜欢。他是一个在骨子里真正喜欢文学的人；一个崇尚本性单纯、注重感官和感觉、在物质、精神之上，享受审美、超然于历史之上的人。

说萧纲不关注国民生计,却关心对偶,讲究词采,只着眼琐碎的事物。更加可笑。

我们可以说,萧纲还有一些地方做得不够好;作为太子,作为皇帝,他还应该更关心国民生计,关心天下受苦受难的老百姓才对。

但是,我们不能用要求中国共产党员的要求来要求萧纲。我们今天著文的目的,不是评判他作为太子,作为皇帝是否尽职,而是评其文学上的成就。

在诗国灿烂的星空里,萧纲和一千多年前出现的宫体诗曾像哈雷彗星那样受人咒诅并已在夜空中陨没,然而,在未来的世纪里,我们却仍然可以看清它拖着的长长的光明的尾巴。

为结束本文,曹旭模仿赵翼《论诗》诗说:

建安诗篇万口传,至于齐梁不新鲜。

萧家亦有才人出,宫体诗传千百年。

附录：萧纲年谱简编

梁武帝萧衍天监二年　　癸未(503)　　萧纲一岁

十月,萧纲(503—551)生于显阳殿。

梁武帝萧衍天监三年　　甲申(504)　　萧纲二岁

梁武帝萧衍天监四年　　乙酉(505)　　萧纲三岁

梁武帝萧衍天监五年　　丙戌(506)　　萧纲四岁

正月,立萧纲为晋安郡王。庾肩吾初为晋安王国常侍,纪少瑜为晋安国中尉,刘霁天监初为晋安内史,刘孺为晋安王友,褚沄三十二岁,为晋安王中录事。未知何年任此职,姑系于此。

梁武帝萧衍天监六年　　丁亥(507)　　萧纲五岁

梁武帝萧衍天监七年　　戊子(508)　　萧纲六岁

萧纲六岁便属文,辞采甚美,武帝惊叹,称之为"吾家之东阿"。

梁武帝萧衍天监八年　　己丑(509)　　萧纲七岁

是岁,萧纲七岁,出为云麾将军,领石头戍军事,量置佐吏。萧纲自云七岁有诗癖,长而不倦。徐摛为晋安王萧纲侍读。

梁武帝萧衍天监九年　　庚寅(510)　　萧纲八岁

正月,萧纲迁使持节,都督南北兖青徐冀五州诸军事、宣毅将军、轻车将军、南兖州刺史。张率随转任宣毅谘议参军,并兼记室。

梁武帝萧衍天监十年　辛卯(511)　萧纲九岁

梁武帝萧衍天监十一年　壬辰(512)　萧纲十岁

梁武帝萧衍天监十二年　癸巳(513)　萧纲十一岁

萧纲入为宣惠将军、丹阳尹,能亲庶务,历试藩政,所在有称。

张率随萧纲还都,除中书侍郎。

庾肩吾迁晋安王宣惠府行参军,自是萧纲每徙镇,肩吾常随府。

梁武帝萧衍天监十三年　甲午(514)　萧纲十二岁

正月,萧纲出为使持节,都督荆、雍、梁、南北秦、益、宁七州诸军事、南蛮校尉、荆州刺史,将军如故。

萧纲任荆州刺史,重除乐法才别驾从事史。张率随府转为宣惠谘议,领江陵令。孔休源为晋安工长史、南郡太守,行荆州府州事。刘之遴迁宣惠记室。冯道根为宣惠司马、新兴永宁二郡太守。庾肩吾任府中郎。

萧纲作《述羁赋》。赋云:"奉明后之沾渥,将远述于荆楚。""是时孟夏首节,雄风吹甸。晚解缆乎乡津,涕淫淫其若霰。舟飘飘而转远,顾帝乡而裁见。""引领京邑,瞻望弗远。""观江水之寂寞,愿从流而东返。"是本年出为荆州刺史时所作。

梁武帝萧衍天监十四年　乙未(515)　萧纲十三岁

五月,萧纲徙为都督江州诸军事、云麾将军、江州刺史,持节如故。

刘遵随迁,仍为云麾将军记室。张率随迁江州,以谘议领记室,出监豫章、临川郡。庾肩吾为云麾参军,兼记室参军。徐摛补云麾记室参军。

韦粲初为云麾晋安王行参军,俄署法曹。庾仲容迁晋安王功曹史。二人同在晋安王府。

刘杳除云麾晋安王府参军。

江革为云麾晋安王长史，寻阳太守，行江州府事。按，本年，萧纲出任江州刺史。寻阳为江州治所，江革之任寻阳太守、行江州府事或与萧纲之任江州刺史有关。姑系于此。

刘慧斐明释典，萧纲临江州，遗以几杖。萧纲出镇江州，与萧统有诗歌赠答，萧统有《示云麾弟》七言诗一首。二者均未审为何年所作，姑系于此。

萧纲作《七励》，此篇盖应本年武帝求贤诏而作。

梁武帝萧衍天监十五年　丙申（516）　萧纲十四岁
梁武帝萧衍天监十六年　丁酉（517）　萧纲十五岁

六月，萧纲去江州任，萧续继任江州。

是年，萧纲行冠礼。

梁武帝萧衍天监十七年　己亥（518）　萧纲十六岁

萧纲征为西中郎将，领石头戍军事，寻复为宣惠将军，丹阳尹，加侍中。

刘孝仪作《为晋安王让丹阳尹表》。

萧纲作《复临丹阳教》。司马褧为晋安王长史，未几卒。

庾肩吾时为萧纲云麾府记室，司马褧卒后，萧纲命记室庾肩吾集其文为十卷。

刘遵为晋安王宣惠将军府记室。

钟嵘任西中郎晋安王萧纲记室，顷之，卒官。

萧纲引周弘正为主簿。

萧统于玄圃园设讲，萧纲作《玄圃园讲颂》《上皇太子〈玄圃园讲颂〉启》。萧统有《答玄圃园讲颂启令》，是对萧纲所上颂启的回复。萧子云《玄圃园讲启》云："日天监之十七，属储德之方宣。惟玉帛之方盛，信昌符之在焉。"（《广弘明集》卷二十九上）可知，萧纲启颂当作于本年。

梁武帝萧衍天监十八年　己亥（519）　萧纲十七岁
梁武帝萧衍普通元年　庚子（520）　萧纲十八岁

十月，萧纲出为使持节，都督益、宁、雍、梁、南北秦、沙七州诸军事,平西将军,益州刺史,未拜。

萧纲罢丹阳尹,作《罢丹阳郡往与吏民别诗》。

梁武帝萧衍普通二年　辛丑(521)　萧纲十九岁

正月,以南徐州刺史豫章王萧综为镇右将军,以萧纲为云麾将军、南徐州刺史。

九月,同泰寺初立刹,梁武帝驾临,萧纲作《答同泰寺立刹启》。

萧纲作《与广信侯书》与广信侯萧暎。以萧暎是年封广信县侯,而下年十一月,其父始兴王萧憺卒,武帝后改封萧暎为新渝县侯,故疑此书作于萧憺生前,姑暂将此书系于此。

梁武帝萧衍普通三年　壬寅(522)　萧纲二十岁

二月,梁武帝于大爱敬寺造七层灵塔,萧纲作《大爱敬寺刹下铭》。

十一月,始兴王萧憺(479—522)卒,时年四十五,谥号"忠武"。萧纲《司徒始兴忠武王诔》,当作于此时或稍后,姑系于此。

梁武帝萧衍普通四年　癸卯(523)　萧纲二十一岁

五月,萧大器生,大器为萧纲嫡长子。

是年,萧纲徙为使持节,都督雍、梁、南、北秦四州、郢州之竟陵、司州之随郡诸军事、平西将军、宁蛮校尉、雍州刺史,出镇襄阳。按,襄阳为雍州治所。

徐摛为平西府中记室。萧纲出镇襄阳,徐摛固求随府西上,迁晋安王谘议参军。摛子陵被萧纲引为宁蛮府军事。按,萧纲为平西将军、宁蛮校尉,徐摛为晋安王谘议,徐陵为宁蛮府军事,《陈书》徐陵本传均系于普通二年,不确,此从《梁书》。

萧纲临雍州,作《图雍州贤能刺史教》,令图历代雍州贤能刺史像于厅事,未知此文具体时间,姑系于此。

萧纲发《临雍州革贪堕教》革贪惰,未知此文具体时间,姑系于此。

萧纲发教禁牵钩之戏。按,牵钩即拔河,雍州旧俗。钩初发动,皆有鼓节,群噪歌谣,振惊远近,俗云以此厌胜,用致丰穰。由萧纲发教禁之,此俗颇息。

萧纲有《答湘东王庆州牧书》或作于是年。以"虽心慕子文,申威涿郡"诸语来看,所镇当为楚地,萧纲虽曾在天监十三年正月出为荆州刺史,时萧绎不过六岁,且七月方被封为湘东王,此书自不当作于彼时,而襄阳实亦楚地,故将此书系于萧纲临雍州之年。

萧纲《往虎窟山寺诗》或作于是年或稍前。其时有治中王囧、记室参军陆罩、前臣刑狱参军孔焘、州民前吏刑狱参军王台卿、西曹书佐鲍至等人和诗。按,王囧曾为南徐州台中,孔焘曾为无锡令,无锡又属南徐州,而如鲍至则在萧纲赴任雍州后为萧纲府"高斋学士"之一,想其入萧纲幕下自然更早,则萧纲诗作当作于徐州任上,其余时间信息不确,姑将此作系于萧纲任职徐州的最后一年。

萧纲为南徐州时,曾与陶弘景谈论数日,又与何胤有往还,以萧纲本年年去南徐州任,姑系于此。

梁武帝萧衍普通五年　甲辰(524)　萧纲二十二岁

梁武帝萧衍普通六年　乙巳(525)　萧纲二十三岁

正月,萧纲拜表北伐,遣长史柳津、司马董当门、壮武将军杜怀宝、振远将军曹义宗等众军进讨,克平南阳、新野等郡。

萧纲作《祭北行战亡将客教》以祭奠北伐阵亡战士。

萧纲有《临雍州原减民间资费》,是文内容多涉战时,当作于是年。

萧暎改封新渝县侯或在本年,据此萧纲《答新渝侯和诗书》不应早于本年。

梁武帝萧衍普通七年　丙午(526)　萧纲二十四岁

十一月,丁贵嫔(485—526)卒,时年四十二,谥曰穆。

是年,萧纲权进都督荆、益、南梁三州诸军事。十一月,以所生母丁贵嫔卒上表陈解,诏还摄本任。在母忧,哀毁骨立,尽夜号泣不绝声,所坐之席,沾湿尽烂。

是年,萧纲在雍州旌表孝义之人张景仁,有《甄张景愿复仇教》。按,张景仁与张景愿当为同一个人,未审何者为确,姑皆列于此。

陆倕(470—526)卒,时年五十七。萧纲曾将陆倕与任昉所作无韵之文与谢朓、沈约之诗并誉为"文章之冠冕,述作之楷模。"萧绎为作《太常卿陆倕墓志铭》。

梁武帝萧衍普通八年、大通元年　丁未(527)　萧纲二十五岁

是年,萧纲记室参军陆罩编撰萧纲文集八十五卷。萧纲有《答张缵谢示集书》,当作于书成之后。书云:"纲少好文章,于今二十五载矣。"按,"二十五载"云云,生年欤？好文章之年欤？如系后者,则断不能系于此年。存疑,姑系于此。

萧纲令庾信修理晋代羊祜、南齐萧缅之碑庙,作《修理养太傅萧司徒碑教》。又令祭谒南齐司徒安陆王萧缅,作《祠司徒安陆王教》。

释僧旻(467—527)卒。萧纲有《庄严旻法师成实论义疏序》,序云:"凡如千卷,勒成一部。法师大渐,深相付嘱。岂直田生之亡,独卧施仇之手；马公之学,方由郑氏而陈其意云。"则序当作于本年之后,姑系于此。

梁武帝萧衍大通二年　戊申(528)　萧纲二十六岁

四月,萧纲发《北略教》攻魏荆州穰城。

萧纲总戎北伐,以徐摛兼宁蛮府长史,参赞戎政,教命军书,多自摛出。

萧纲有《与魏东荆州刺史李志书》之作。此系劝降书,当系于本年六月初五李志来降之前。按,书名有误,"东荆州"当为"南荆州"。

萧纲有《答穰城求和移文》,当作于是年前后。

昭明太子领衔之《文选》约编成于是年。

梁武帝萧衍大通三年、中大通元年　己酉(529)　萧纲二十七岁

闰六月,萧绩(505—529)卒,时年二十五,谥曰简。萧纲作

《叙南康简王薨上东宫启》。萧纲似作书与萧绎,绎有《答晋安王叙南康简王薨书》为复。

是年,梁武帝诏给萧纲鼓吹一部。萧纲因作《让鼓吹表》。

萧纲在雍州,始撰《法宝联璧》。陆罩等人抄录区分者数岁。以萧纲下年去雍州刺史职,姑系于本年。

萧纲在雍州,为法聪造禅居寺、灵泉寺,又尝发愿为诸寺檀越,并作有《为诸寺檀越愿疏》。以萧纲下年去雍州刺史职,姑系于本年。

中大通初,陶弘景献二刀于武帝,一名善胜,一名威胜,并为佳宝。后武帝以二刀赉萧纲,萧纲因作《谢敕赉善胜、威胜刀名》。未知二事具体在何年,姑系于此。

萧纲有《阻归赋》,云:"伊吾人之固陋,宅璇汉而自通。""地迩朔场,疆邻北极。垅树饶风,胡天少色。"显系刺雍时期所作。

萧纲《与刘孝绰书》,有"顷拥旄西迈","足使边心愤薄,乡思迳回。"诸语,或作于雍州,姑系于此。

梁武帝萧衍中大通二年　庚戌(530)　萧纲二十八岁

正月,征雍州刺史晋安王萧纲为都督扬南徐二州诸军事,为骠骑将军、扬州刺史。萧纲有《让骠骑扬州刺史表》,当作于此时。

萧纲罢雍州,柳津等上表请留,刘孝仪为作《为雍州柳津请留刺史晋安王表》。

萧纲将返扬州,作《罢雍州恩教》。又,为殒命而无力自返的部下作《赡恤部曲丧枢教》。又,自雍州还京途中经浔阳匡山,从匡山大林道场释智登受菩萨戒。又,有《菩提树颂》,或作于是年。

裴子野(469—530)卒,时年六十二,谥贞子。萧纲以裴子野有良史之才,而无篇什之美。萧绎视裴子野为知己,为作《裴子野墓志铭》。

梁武帝萧衍中大通三年　辛亥(531)　萧纲二十九岁

四月,萧统(501—531)卒,时年三十一岁,谥曰昭明。

五月,诏立萧纲为皇太子,萧纲作《谢为皇太子表》。又,立纲为太子,朝野多以为不顺,袁昂表立萧统长子萧欢为皇太孙,周弘正表奏萧纲使让,萧纲不从。

七月,武帝临轩策拜,以修缮东宫,权居东府。萧纲上《拜皇太子临轩竟谢表》。

九月,萧纲于东城忏悔,有《蒙预忏直疏》诗作,梁武帝、王筠有和诗。是月,萧纲入华林园宝云殿,受戒剃顶。于受戒前日受湘东王来书。又,于受戒后作《蒙华林园戒诗》,庾肩吾、释惠令并有和诗。后,萧纲作《答湘东王书》,并示所作《蒙华林园戒诗》。

萧纲置文德省学士或在是年。庾信、徐摛、徐陵、张长公、傅弘、鲍至、沈文阿等充其选。确年难考,姑系于此。后,孔敬通、杜之伟、刘陟、纪少渝等又在不同时期增补为东宫学士。

萧纲以抨击京师文体著称的《与湘东王书》或作于本年。此信当作于中大通三年到六年之间。具体作年不可确考,姑系于此。

萧纲或于是年命徐陵编《玉台新咏》。按,《玉台新咏》具体作年难以确考,其编撰时间当在中大通四年至大同元年之间,姑系于此。

萧纲为母丁贵嫔所造善觉寺碑所作《善觉寺碑铭》成于本年。

萧纲入为监抚,上黄侯萧晔献《储德颂》。又,萧纲在东宫,上黄侯萧晔与新渝侯、建安侯、南浦侯号为"东宫四友",未知确年,姑系于此。

是年,萧纲召诸儒如许懋、沈文阿等参录《长春义记》。

萧子范上表求撰昭明太子集。后萧纲编撰《昭明太子集》二十卷,又为作《昭明太子别传》五卷。未审二事为何年,姑系于此。

梁武帝萧衍中大通四年　壬子(532)　萧纲三十岁

正月,南平王萧伟迁中书令、大司马。萧纲为作《为南平王拜大司马章》。

又,立嫡皇孙萧大器封宣城郡王,食邑二千户,萧纲为作《为长子大器让宣城郡表》。萧纲子萧大心为当阳公,邑一千五百户,时大心十岁。萧纲为作《为子大心让当阳公表》。

二月,新除邵陵王萧纶有罪,免为庶人,锁之于弟,经二旬,乃脱锁,顷之复封爵。萧纲为作《谢邵陵王禁锢启》。萧纲自觉未尽兄长之职,上启谢罪。

是月,武陵王萧纪为扬州刺史,萧纲作《为武陵王让扬州表》。

五月,孔休源(469—532)卒,时年六十四,谥曰贞子。萧纲作《为孔休源举哀令》。

九月,以西中郎将、荆州刺史萧绎为平西将军。

是月,萧纲移还东宫。

是年,萧子显作《春别诗》四首,萧纲有和诗,萧绎又和太子,皆应在本年。

萧纲《吴郡石像碑》,碑云:"中大通四年,岁在壬子,临汝侯奉敕更造铜光二枚。"据此,碑文当作于是年或稍后。

萧纲、萧纶、萧纪三人并在京城,下年二月武帝幸同泰寺开讲,兄弟共同署名的《请幸重云寺开讲启》《重请开讲启》《三请开讲启》当作于本年,且当为此次开讲作。按,《广弘明集》中三启分别记作《请御讲启》《重启请御讲》《又启请御讲》。

又,萧纲《重谢上降为开讲启》,云:"敕旨垂许,来岁二月,开金字波若经题。"以下年二月开讲故,姑系此启于本年。

梁武帝萧衍中大通五年　癸丑(533)　萧纲三十一岁

三月,萧纲献《大法颂》。梁武帝有敕答。萧纲以《大法颂》示邵陵王萧纶,纶作《答皇太子示大法颂启》。

又,萧子显作《御讲金字摩诃般若波罗蜜经序》,记此次开讲之盛况。

梁武帝萧衍中大通六年　甲寅(534)　萧纲三十二岁

《法宝联璧》成书,萧纲领衔编撰,命湘东王萧绎为序。

是年,北魏分裂为东魏与西魏,隔黄河而治。

梁武帝萧衍大同元年　乙卯(535)　萧纲三十三岁

是岁,梁武帝临幸同泰寺,再设无遮大会。萧纲作《望同泰寺浮图诗》,王训、王台卿、庾信有和作。

是年,萧恭出为雍州刺史,萧纲因尝任雍州,略谙彼处风俗,有手令致萧恭。

是年,当阳公萧大心出为使持节、都督郢、南、北司、定、新五州诸军事、轻车将军、郢州刺史。萧纲以其幼,恐未达民情,戒之曰:"事无大小,悉委行事,纤毫不须措怀。"又,萧纲别有《诫当阳公大心书》,确年无考,或亦作于本年,姑系于此。

刘遵(488—535)卒,时年四十八。萧纲作《与刘孝仪令悼刘遵》。遵自随萧纲在藩及在东宫,以旧恩,偏被恩宠,同时莫及。

萧纲《谢上降为开讲启》,云:"来岁正月,开讲《三慧经》……"以梁武帝大同二年正月开讲《三慧经》,此启当作于本年。

梁武帝萧衍大同二年　丙辰(536)　萧纲三十四岁

陶弘景(456—536)卒,时年八十一,谥曰贞白先生。萧纲为作《华阳陶先生墓志铭》,萧绎作《隐居先生陶弘景碑》、萧纶作《隐居贞白先生陶君碑》。

梁武帝萧衍大同三年　丁巳(537)　萧纲三十五岁

萧纲左夫人卒。其长南海王大临,时年十一,遭左夫人忧,哭泣毁瘠,以孝闻。

梁武帝萧衍大同四年　戊午(538)　萧纲三十六岁

梁武帝萧衍大同五年　己未(539)　萧纲三十七岁

萧绎在京时,尝侍萧纲讲,作《皇太子讲学碑》。又,尝与萧纲兄弟欢宴,自夜至朝。姑皆系于此。

是岁,临城公婚,娶太子妃侄女,萧纲议婚,从徐摛之议,令停省"妇见"礼仪,并作《停省妇见令》。

梁武帝萧衍大同六年　庚申(540)　萧纲三十八岁

是月,萧绎出为使持节、都督江州诸军事、镇南将军、江州刺史,萧纲设宴送别。

是年,萧纲作《疑礼启》,问大功之末及下殇之小功行婚冠嫁三嘉之礼于梁武帝。

萧纲召朱异于玄圃讲《周易》,萧纲《请右将军朱异奉述制旨易义表》当作于是年。时朱异宣讲梁武帝《老子义》,朝士及道俗听者千余人,为一时之盛。

梁武帝萧衍大同七年　辛酉(541)　萧纲三十九岁

萧纲释奠于国学。时乐府无孔子、颜子登歌词,尚书参议令杜之伟制其文,伶人传习,以为故事。陆云公《释奠应令诗》当作于此时期,姑系于此。

萧纲四子大临十五岁、五子大连十五岁,萧纲作《求宁国、临城二公入学表》表二子同入学,时议者以与太子有齿胄之义,疑之。朝臣议之,何敬容、张缵等皆以为可,梁武帝制曰:"可。"二公同入国学。

梁武帝萧衍大同八年　壬戌(542)　萧纲四十岁

九月,萧纲作《大同八年九月诗》。

梁武帝萧衍大同九年　癸亥(543)　萧纲四十一岁

三月,顾野王修成《玉篇》三十卷。是书乃奉萧纲令撰修,书成,萧纲嫌其书详略未当,令萧恺作删改。

是月,萧纲设宴饯别湘州刺史张缵。萧纲有《赠张缵诗》,庾肩吾有《侍宴》。缵述职经途作《南征赋》。

七月,萧纲作《大同九年秋七月诗》。

刘显(481—543)卒,时年六十三。刘之遴上《乞皇太子为刘显志铭启》,复应萧纲令为撰墓志铭。刘显与河南裴子野、南阳刘之遴、吴郡顾协,连职禁中,递相师友。显博闻强记,过于裴、顾。又,萧绎尝援裴子野、刘显、萧子云为知己。

梁武帝萧衍大同十年　甲子(544)　萧纲四十二岁

三月,梁武帝幸朱方,大连与兄大临并从,颇得武帝赏识。三月,又幸兰陵、谒建宁陵,使萧纲入守京城。又,幸京口城北固楼,改北固为北顾。梁武帝作《还旧乡》诗,又作《登北顾楼诗》,萧纲有《奉和登北顾楼诗》和武帝。

十月,萧纲作《大同十年十月戊寅诗》。

是岁,萧纲选精兵以卫宫内。事武帝年高,诸王莫肯相服,并权侔人主,邵陵王萧纶尤与东宫不协。

刘潜出为临海太守,伏波将军。萧纲《饯临海太守刘孝仪、蜀郡太守刘孝胜》云:"二龙今出守",则诗当作于是年。

梁武帝萧衍大同十一年　乙丑(545)　萧纲四十三岁

萧纲大同中愍囚徒作《囚徒配役事启》,武帝弗从。以本年为大同最末一年,姑系于此。

萧纲礼遇太医正姚僧垣,僧垣子姚察年十三,萧纲引于宣猷堂听讲论难,为儒者所称。

梁武帝萧衍大同十二年　中大同元年　丙寅(546)　萧纲四十四岁

四月,萧纲以下奉赎梁武帝。武帝于同泰寺解讲,设法会,大赦,改元。是夜,同泰寺起火,武帝更起十二级浮图。

梁武帝萧衍中大同二年　太清元年　丁卯(547)　萧纲四十五岁

正月,高欢卒,侯景叛东魏,降西魏。

是年,有神马出,萧纲献《宝马颂》。

梁武帝萧衍太清二年、梁临贺王萧正德正平元年　戊辰(548)　萧纲四十六岁

十月萧纲命萧正德守宣阳门,命庾信守朱雀门,萧正德密应侯景,叛军至,萧正德降景,庾信弃军而走。叛军登东宫墙以攻台城,萧纲令焚东宫,台殿遂尽,所聚图籍数百橱,皆为灰烬。侯景乃围台城以绝内外。

十一月,侯景立萧正德为帝,正德以女妻之。萧推拒守东府,城陷而卒。后,萧纲请武帝巡城,以粗安众心。翌日,有江子一等三兄弟战死,武帝因作《赠江子一、子四、子五诏》。

是年,萧纲频于玄圃讲《老》《庄》,学士吴孜时寄詹事府,每

日入听，何敬容以为忧。纲子大器亦讲《老》《庄》。

萧恺卒于围中。殷不害从萧纲入台城。沈文阿奉萧纲命招募士卒，入援京师。台城陷后，文阿保吴兴，后窜于山野。(《陈书·儒林传》)

梁武帝萧衍太清三年　　萧正德正平二年　　己巳(549)　萧纲四十七岁

二月，侯景用王伟计，乞和，萧纲固请，梁武帝许之，封侯景，于是盟会。时武帝敕令侯景撤军，并令入援诸军班师。侯景诈和，围军未退，萧纲命萧会理、萧退等移军。萧誉、萧恺淹留不进，萧绎闻敕欲归，为史所讥。

三月，萧会理、羊鸦仁等与侯景战，皆败。后，侯景谒见武帝、萧纲，侍卫皆惊散，唯徐摛、殷不害在侧。令萧大款以诏命解外援军，台城陷落。

是月，萧纲皇后王灵宾卒。

五月，武帝卒于净居殿，时年八十六。萧纲即皇帝位，追尊丁贵嫔，追谥王氏，立萧大器为太子，并封诸子。

九月葬王皇后(灵宾)于庄陵。使萧子范、张缵制哀策文，萧纲览读之，曰："今葬礼虽阙，此文犹不减于旧。"

十月，侯景又逼萧纲幸西州曲宴，自加宇宙大将军，都督六合诸军事。萧纲惊曰："将军乃有宇宙之号乎!"

梁武帝萧衍太清四年　　简文帝大宝元年　　庚午(550)　萧纲四十八岁

正月，颁《改元大宝大赦诏》。萧纲初即位，制年号将曰"文明"，以外制强臣，取《周易》"内文明而外柔顺"之义。恐侯景觉，乃改为"大宝"。

萧绎不遵"大宝"年号，犹称"太清四年"。时朝士亦因萧纲为侯景所制，多西上荆州，往归萧绎。

二月，侯景攻陷广陵。颁《解严诏》。侯景纳萧纲女溧阳公主。侯景逼萧纲幸西州。

三月,侯景请萧纲禊宴于乐游苑,帐饮三日。萧纲撰《秀林山铭并序》。

是月,萧纲建斋设会,度人出家。

十月,侯景又逼萧纲幸西州曲宴,自加宇宙大将军,都督六合诸军事。萧纲惊曰:"将军乃有宇宙之号乎!"

又,侯景遣人杀武林侯萧咨,以咨常出入萧纲寝卧也。

简文帝萧纲大宝二年　豫章王萧栋天正元年　梁武陵王萧纪天正元年　辛未(551)　萧纲四十九岁

侯景害皇太子大器、寻阳王大心、西阳王大钧、武宁王大威、建平王大球、义安王大昕及寻阳王诸子二十人。又,遣使害南海王大临于吴郡,南郡王大连于姑孰,安陆王大春于会稽,新兴王大庄于京口。

萧纲被拘,请殷不害与居处。幽系之时,有题壁自序,又为《连珠》二首。

以侯景废萧纲立萧栋,陈霸先等奉表于江陵劝进。

十月,侯景遣人杀萧纲于永福省,纲时年四十九。侯景谥纲曰明皇帝,庙称高宗。

明年,三月癸丑,王僧辩率前百官奉梓宫升朝堂,世祖追崇为简文皇帝,庙曰太宗。四月乙丑,葬庄陵。